王更生編著

唐宋八大家叢刊

韓愈散文研讀

文史哲出版社印行

國家圖書館出版品預行編目資料

韓愈散文研讀 / 王更生編著. -- 初版. -- 臺北市：文史哲, 民 82
頁；　公分. -- (唐宋八大家叢刊 ; 1)
參考書目；頁
ISBN 978-957-547-827-8 (平裝)

1.中國文學 2.（唐 618-907）韓愈 － 作品研究 3.（唐）韓愈 － 傳記

844.17　　82008492

唐宋八大家叢刊　1

韓愈散文研讀

編著者：王更生
出版者：文史哲出版社
http:// www.lapen.com.tw
e-mail：lapen@ms74.hinet.net
登記證字號：行政院新聞局版臺業字五三三七號
發行人：彭正雄
發行所：文史哲出版社
印刷者：文史哲出版社
臺北市羅斯福路一段七十二巷四號
郵政劃撥帳號：一六一八〇一七五
電話886-2-23511028・傳真886-2-23965656

實價新臺幣四二〇元

中華民國八十二年（1993）十一月初版
中華民國一百年（2011）十月初版三刷

ISBN 978-957-547-827-8　88501

韓愈散文研讀　目次

伍、附　錄

壹、書影

圖一：取材於明王圻「三才圖會」。

圖二：韓 昌 黎 畫 像

取材於南薰殿舊藏「聖賢畫冊」。

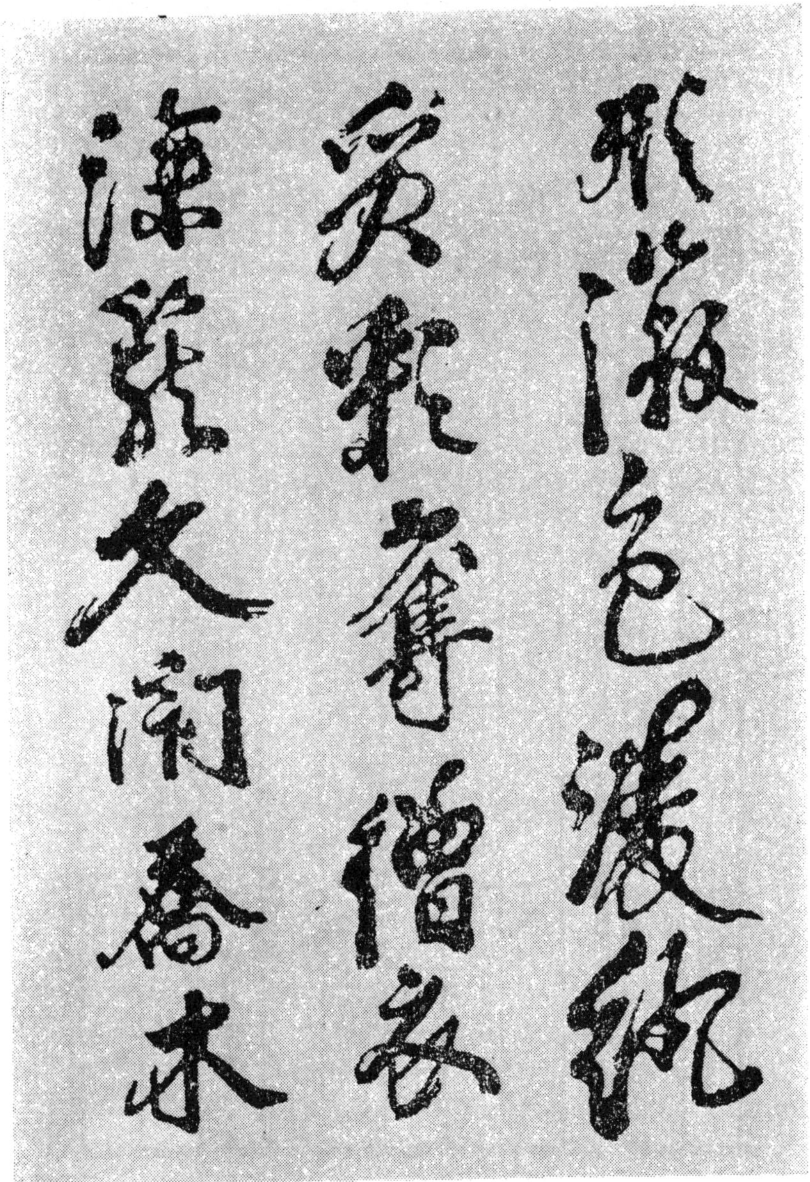

圖三：韓昌黎墨寶，行書。　　取材於反共出版社五十八年十月在臺北印行的「中國歷代墨寶精華」。

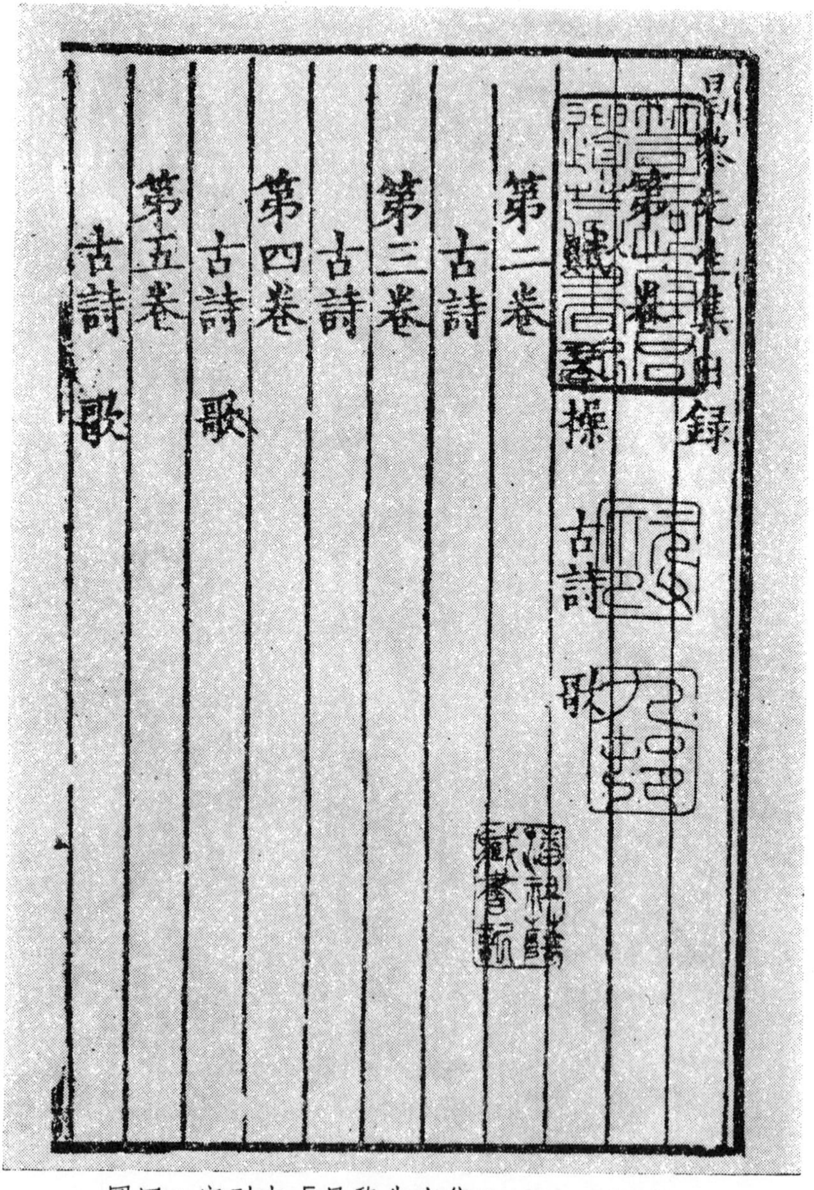

昌黎先生集目録

第一卷 賦 琴操 古詩 歌

第二卷 古詩

第三卷 古詩

第四卷 古詩 歌

第五卷 古詩 歌

圖四：宋刊本「昌黎先生集」
取材於臺北國立故宮博物院善本叢書。

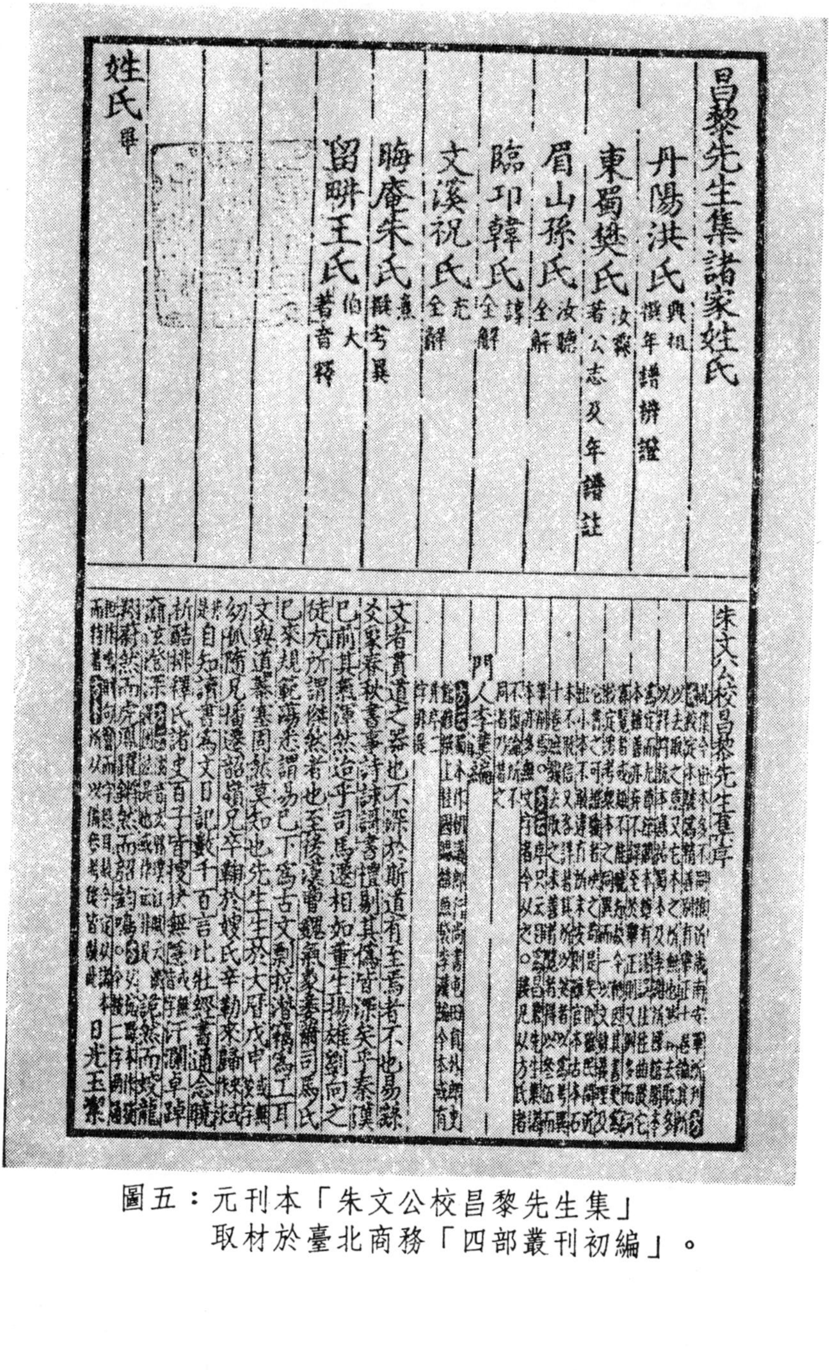

昌黎先生集諸家姓氏

丹陽洪氏 興祖 撰年譜辨證

東蜀樊氏 汝霖 著公志及年譜註

眉山孫氏 汝聽 全解

臨邛韓氏 醇 全解

文溪祝氏 充 全解

晦庵朱氏 熹 攷異

留畊王氏 伯大 著音釋

姓氏 畢

朱文公校昌黎先生集序

門人李漢編

文者貫道之器也不深於斯道有至焉者不也易繇爻象春秋書事詩詠謌書禮剔其僞皆深矣乎秦漢已前其氣渾然迨乎司馬遷相如董生揚雄劉向之徒尤所謂傑然者也至後漢曹魏氣象萎薾司馬氏已來規範蕩悉謂易已下為古文剽掠潛竊為工耳文與道蓁塞固然莫知也先生生於大曆戊申幼孤隨兄播遷韶嶺兄卒鞠於嫂氏辛勤來歸自知讀書為文日記數千百言比壯經書通念曉析酷排釋氏諸史百子皆搜抉無隱汗瀾卓踔奫泫澄深詭然而蛟龍……日光玉潔

圖五：元刊本「朱文公校昌黎先生集」
取材於臺北商務「四部叢刊初編」。

貳、序例

一、本書爲適應當前各大學中文系、中文研究所及在中小學任職的國語文教師，與一般社會人士而熱愛我國古典散文，作爲欣賞、寫作和進修借鑑者的需要而編著。

二、本書編者，有見於國內數十年來講授我國古典散文者，祇知博採三代兩漢之作，而不知三代兩漢作品之菁華，盡被唐宋八大家所汲取；祇知唐宋八大家享譽於中國文壇，而於唐宋八大家的作品，卻缺乏個別深入的探究。故有《韓愈散文研讀》的面世。

三、本書內容，凡分五大類：首爲「書影」、次爲「序例」、次爲「導言」、又次爲「選讀」，最後爲「附錄」。從開篇至卷末，由理論的闡發，到作品的宣講，循序漸進，有條不紊。

四、本書精選書影五幀，如韓昌黎畫像、韓昌黎墨寶，故宮收藏的宋刊本《昌黎先生集》，以及商務印書館編印的元刊本《朱文公校昌黎先生集》。瞻仰前哲遺墨，恍如親聆謦欬，既可發思古之幽情，亦足以興尚友之志趣。

五、本書有「導言」之設。其中計分六個單元：如〈韓愈的籍貫與家世〉、〈韓愈的生平事迹〉、〈韓愈與唐代古文運動〉、〈韓愈的文學主張〉、〈韓愈的散文藝術〉、以及〈韓愈在中國文學史上的地位和影響〉等。讀者如能以此爲基點，建立初步的認知，再進而研讀其作品，前後映照，必有會心之樂。

六、本書於選讀之韓文，蓋依體裁分爲議論文、書啓文、贈序文、記傳文、碑祭文等五類二十篇。各類作品之前附說明，綜論各類選文的特色。正文各段之上有分段要旨，正文之後有「解題」「注釋」「賞析」，綱舉目張，極便閱覽。

七、本書爲適應讀者們的需要，書末附錄多種資料，如新舊《唐書・韓愈傳》、李翺〈韓文公行狀〉、皇甫湜〈韓文公墓銘〉，以及〈研究韓愈散文參考資料類列〉、〈本書作者已出版著作年表〉等，一方面可補〈導言〉之未備，另一方面也爲有志研究韓愈散文者提供深探的門徑。

八、本書的編著，蓋起於十年之前，在師範大學國文研究所初授「唐宋八家文研究」之時。當時除馬其昶《韓昌黎文集校注》和高步瀛《唐宋文舉要》等少數幾部著作，可資參考外，其他資料絕難覓得。於是就平日授課需要，撰成講義，隨堂分發，後又屢經剪裁增補，久而積聚成帙，彙爲此編。

九、本書的編著，由於整理需時，其間除內子祁素珍多方協助外，學生鄭美慧、魏素足等不避暑熱，佐我清理繕正，當此書稿付梓，面世可待之際，特別要向辛勤支援的她們表示我虔誠的感謝。

一〇、本書爲唐宋八大家散文研讀叢書系列之一。韓愈名列八家的魁首。由於他性情耿介、遭遇坎坷，作品豐贍，文術多樣，對當時及後世影響之深廣，如長江大海，難窺涯涘。加以編著者識見短淺，想要用本書有限的篇幅，盡擷韓文的菁華，其掛一漏萬之處，必不可免，尚祈讀者諸君批評指正。

王更生書於民國八十二年臺灣光復節
大陸來臺之第四十四年也。

叁、導　言

一、韓愈的籍貫與家世

章學誠說：「年譜……譜其生平時事與其人之出處進退，而知其所以爲言，是亦論世知人之學也。文集者，一人之史也。家史、國史與一代之史，亦將取以證焉，不可不致愼也。……蓋文章乃立言之事，言當各以其時，卽同一言也，而先後有異，則是非得失，霄壤相懸。」（《文史通義》外編二：〈韓柳二先生年譜書後〉）章氏這段話扼要地說明了文與人、文與時的關係。知時論人，知人論文。想要正確理解和評價一個人的作品，必須先對他所處的時代、進退出處、言論行動，有比較清楚的了解。文集是一個人一生生活和思想的眞實記錄，卽所謂「一人之史」；所以要硏究一個人的文章，也必須先了解作者的生平，這樣，我們才能對他的文章進行深入的理解，作出公允的評價。

㈠　籍貫考索

韓愈的籍貫原本河陽（今河南省孟縣），但他卻自稱昌黎（今河北省盧龍縣）人，《舊唐書》據此而逕書之。《新唐書》又以李白所撰〈武昌宰韓君去思碑〉謂「韓仲卿（韓愈之父）南陽人」爲據，說韓愈是南陽人，而於「南陽」之上增加「鄧州」二字。這些說法，實有加以考證的必要：

第一，韓愈自稱是昌黎人，乃言其「郡望」，非實際籍貫。我們知道，在唐代，雖然豪族地主已經衰落，但社會上仍然存在著重視「門閥」的觀念，許多出身於普通地主而通過科舉考試進入仕途的人，他們講自己的家世時，往往攀援「郡望」，把自己說成屬於某郡顯貴的豪族，用以誇耀門楣。由於昌黎韓族頗盛，故韓愈自稱爲昌黎人。其實，韓愈並不是出於昌黎韓族。唐代兩支韓族的遠祖均爲西漢韓頹當（韓王信之子）。頹當於漢文帝十四年（前一六六）被封爲弓高侯，居住河間弓高縣（今河北省阜城縣）。其子孫日益繁衍，其中一個支派由韓騫徙居南陽郡的赭陽（今河南省南陽縣），傳至後魏韓播，徙居昌黎棘城，其後裔爲昌黎韓族。唐玄宗和德宗時的宰相韓休、韓滉所屬就是這一支的世族。韓頹當子孫的另一支，由韓尋徙居潁川（今河南省禹縣），其子孫雖曾徙居武安（今河北省武安縣）、九門（今河北省石家莊東北）、陳留（今河南省開封西北）等地，但仍屬於潁川韓族，韓愈應該是這一族。

第二，李白所說的「南陽」，是指處於太行山以南和黃河以北的地區（相當今河南省濟源縣至獲嘉縣一帶），它在春秋時屬於晉，在戰國時屬於魏。河陽正處於這個地區之中，所以李白說韓仲卿是南陽人，實際上是說他爲河陽人。對此，《新唐書》列傳的編撰者宋祁沒有搞清楚，以爲李白說的「南陽」是指荊州的南陽郡（治所在穰縣，今河南省鄧縣），因該郡在唐代屬鄧州，所以他就在「南陽」之上另增「鄧州」二字。

(二) 家世源流

韓愈的八世祖韓耆，於後魏明元帝（拓跋嗣）永興中（四〇九—四一三）脫離大夏赫連氏（匈奴姓氏之一），降於後魏，官至常山太守，假安武侯。七世祖韓茂（韓耆之子），於文成帝（拓跋濬）時拜尚書令、征南大將軍，卒贈安定王，謚曰桓。六世祖韓均，任定州（治所在盧奴，今河北省定縣）刺史，襲爵安定公，謚曰康。高祖韓晙，仕唐，任雅州（治所在嚴道，今四川省雅安縣）都督。但到曾祖韓仁泰，卻名位不顯，僅任曹州（治所在濟陽，今山東省曹縣西北）司馬。祖父韓叡素，任桂州（治所在覽桂，今廣西省桂林市）都督府長史。韓叡素有四子：長子仲卿、次子少卿、三子雲卿、四子紳卿。仲卿是韓愈的父親。他和大詩人李白、杜甫都有交往。李白說他任武昌令時，「惠如春風，三月大化。奸吏束手，豪宗側目。居未二載，戶口三倍」。武昌盛產「銅鐵曾青」，遂「大冶鼓鑄」，「公私共賴之」。同時，政治也得到澄清，「官絕請托之求，吏無絲毫之犯」。後調任當塗令，亦有治績，「人多懷恩」。終秘書郎。少卿任當塗縣丞，「感慨重諾，死節於義」。雲卿「文章冠世，拜監察御史，朝廷呼爲子房」。紳卿「才名振耀，幼負美譽」，官至涇陽令。

韓愈對於雲卿、紳卿兩位叔父，都很崇敬。他說雲卿「當大歷世，文詞獨行中朝，天下之欲銘述其先人功行，取信來世者，咸歸韓氏」。又說紳卿「文而能言」，其任揚州錄事時，能大膽揭露長官崔圓（揚州大都督府長史，淮南節度使）的過錯，爲崔所器重，被擢任涇陽令，「破豪家水碾，利民田頃凡百萬」。顯然，韓紳卿的鯁直和勇於打擊豪強，同情人民的思想和性格，韓雲卿的致力於文學，特別是善撰碑志，都對韓愈有一定的影響。

韓仲卿有三子：長子韓會、次子韓介、三子就是韓愈。韓會早歲與崔造、盧東美、張正則友誼甚厚。他們「好言當世事，自謂有王佐才」，「士大夫謂之四夔」。可見他們都是有政治理想的知識份子。

韓會做官，是由浙西都團練觀察使李栖筠推薦的。他視韓會爲賢者，這說明韓會是當時士子中的翹楚。後元載當國，韓會以有「文學才望」而爲元載所青睞，任起居舍人。因此，元載伏誅而韓會被貶爲韶州（治所在曲江，今廣東省韶關西南）刺史，韓愈說的「兄罹讒口，承命南遷」，即指此事而言。

韓愈仲兄韓介，「爲人孝友」，在一度出任率府（太子屬官）參軍後就去世了。他有二子：長子韓百川，早死。次子韓老成，過繼韓會爲子。老成「厚謹」，「未仕而死」。生二子：長子韓湘，長慶三年（八二三）登進士第，工詩能文，終大理丞。次子韓滂，憲宗元和十五年（八二〇）死於袁州，年僅十九歲。

韓愈官至吏部侍郎。有一子四女：子韓昶，從樊宗師學文，穆宗長慶四年（八二四）登進士第，任戶部郎中。長女嫁李漢，後改嫁樊宗懿；次女嫁陳氏；三女嫁蔣系；四女（即「女挐」）早夭。韓昶有五子：長子韓緯，任復州（治所在竟陵，今湖北省天門縣）參軍；次子韓綰，懿宗咸通四年（八六三）進士；三子韓袞，咸通七年（八六六）狀元及第；四子韓綺，五子韓紈，生平不詳。

韓少卿是否有子，無從稽考。

韓雲卿有二子，即韓俞、韓弇。韓俞任開封尉，「卓越豪縱，不治資產，喜酒色狗馬」。有三子一女：長子韓無竟，任河南參軍；次子韓啓餘，任潤州（治所在丹徒，今江蘇省鎮江）司功參軍；三子韓州來，任唐興令。長女嫁給張徹，次女嫁給周況。

韓弇，德宗建中四年（七八三）登進士第，累遷監察御史。貞元三年（七八七）閏五月，朔方行營副元帥渾瑊奉命與吐蕃盟於平涼，時韓弇任判官，不料吐蕃劫盟，唐將卒猝不及防，「死者數百人」，韓弁就是其中犧牲者之一。他有一女，嫁給李翺爲妻。

韓紳卿僅有一子，卽韓岌，任虢州（治所在弘農，今河南省靈寶縣）司戶參軍，韓愈說他「亦以能官名，少而奇，壯而強，老而通」。有一子三女，生平均不詳。

基於上述，可知從韓愈的曾祖父到他的父叔，除了他本人官至吏部侍郎外，其餘的官秩都不很高。因此，儘管他的七世祖和六世祖被封爲王、公，但這種政治地位並沒有長期保持，以後卻逐漸下降。到中唐時期，韓愈的家族入仕者，多爲政府小吏，在政治上已經非昔日可比了。再從經濟上看，韓愈的老家河陽，是他的祖先墳墓所在地，保存有一所簡陋的舊宅，這從他所說的「舊籍在東都，茅屋積棘籬」可以證實。他又說：「生也耕吾疆，死也埋吾陂」，可見那裏還有可耕的土地。不過，根據他祭老成〈祭十二郎文〉中所說的「當求數頃之田於伊潁之上，以待餘年」考察，推想他在老家的土地並不多；不然，又何必再「求數頃之田」呢？韓愈的長兄韓會確曾在宣城置有「別業」，因而不僅韓愈在少年時曾隨嫂及老成於此「就食」，而且他在對仕宦生涯感到厭倦時也打算「歸田」於此。筆者卽根據以上資料，製成「韓愈家庭世系表」附後：

附：韓愈家族世系表

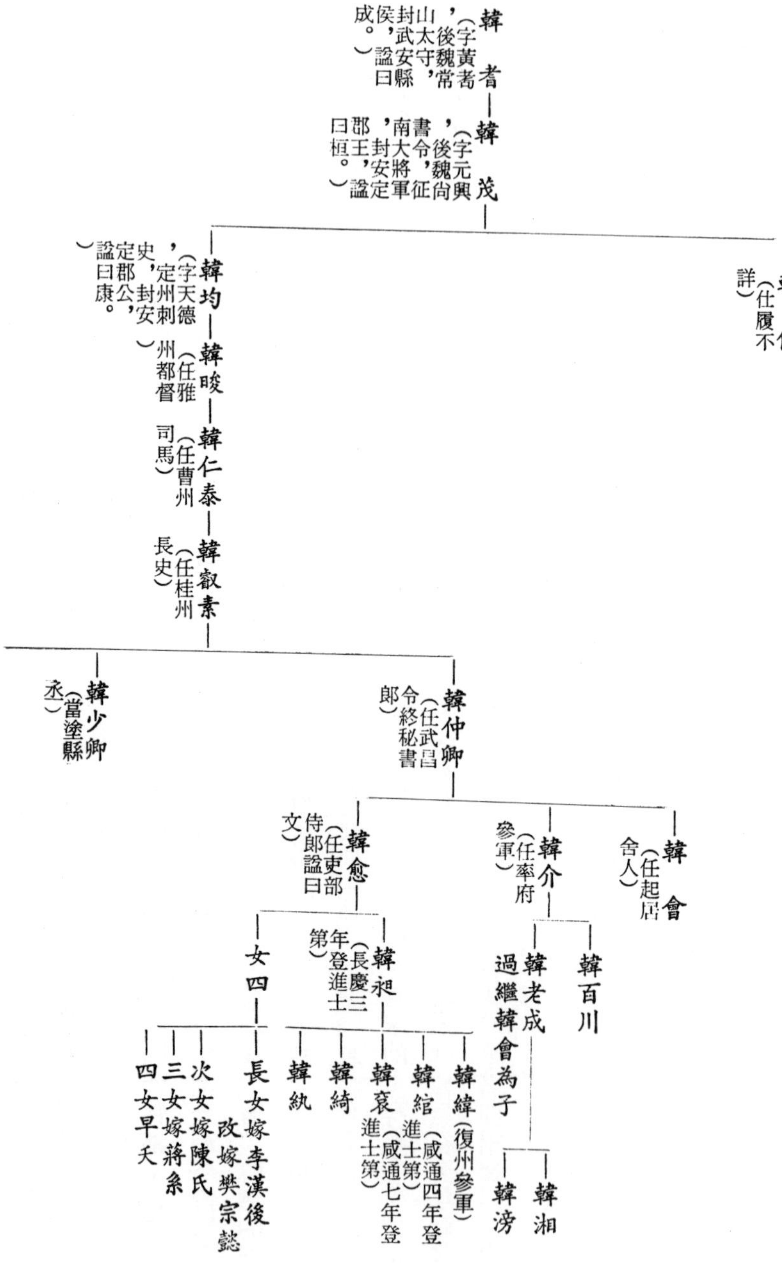
韓耆（字黃耇，後魏常山太守，封武安縣侯，諡曰成。）
韓茂（字元興，後魏尚書令，征南大將軍，封安定郡王，諡曰桓。）
韓均（字天德，定州刺史，封安定郡公，諡曰康。）
韓備（仕履不詳）
韓晙（任雅州都督）
韓仁泰（任曹州司馬）
韓叡素（任桂州長史）
韓仲卿（任武昌令終秘書郎）
韓少卿（當塗縣丞）
韓愈（任吏部侍郎諡曰文）
韓介（任率府參軍）
韓會（任起居舍人）
韓昶（長慶三年登進士第）
女四
韓老成 過繼韓會為子
韓百川
韓綽（復州參軍）
韓綰（咸通四年登進士第）
韓袞（咸通七年登進士第）
韓綺
韓紈
長女嫁李漢後改嫁樊宗懿
次女嫁陳氏
三女嫁蔣系
四女早夭
韓湘
韓滂

- 韓雲卿（任禮部侍郎）
  - 韓俞（開封尉）
    - 三子
      - 韓無竟（河南參軍）
      - 韓啓餘（潤州司功參軍）
      - 韓州來（唐興令）
    - 二女
      - 長女嫁張徹
      - 次女嫁周況
  - 韓弇（監察御史）
    - 一女嫁李翱
- 韓紳卿（任涇陽令）
  - 韓岌（虢州司戶參軍）
    - 韓家
    - 二女
      - 韓門
      - 韓都

（附注）：本世系表係參考新舊《唐書》、李白〈武昌德政碑〉及公所著各文所述內容而折中之，定名曰〈韓愈家族世系表〉。

二、韓愈的生平事迹

㈠ 青少年時代的坎坷生活

韓愈，字退之，出生於唐代宗大歷三年（七六八），這是安史之亂被平定後的第五年。唐朝在平定安史之亂以後，表面上像已除去了心腹大患，出現轉危爲安、轉亂爲治的契機；但實際上，社會危機卻在潛滋暗長，並日趨明朗化。

韓愈在未滿三歲的時候（七七〇），「失怙恃」。他的父親韓仲卿病故，他的母親是怎樣離開他的，他在詩文中從沒有提到過。對此，清沈欽韓在〈韓昌黎集補注〉指出：「祭文（指〈祭鄭夫人文〉）言父卒而不及其母，蓋所出微，終喪已嫁，故鞠於兄舍」。這個看法，我認爲是合理的。

韓愈自失去父母後，依靠長兄韓會和嫂嫂鄭氏扶養。鄭氏對他關懷備至，所以他後來有「在死而生，實維嫂恩」之語。而他的乳母李正眞，對他細心照料，用慈母般的愛，溫暖了他童年的心。使他能夠愉快地成長。所以他後來每逢「時節慶賀，輒率婦孫羅拜進壽」，以表示對她的感激！代宗大歷九年（七七四），韓愈的長兄韓會經由浙江都團練觀察使李栖筠的推薦，到朝廷去做官，於是一家人都離開河陽，遷居長安。這時，韓會在「公退之暇」，便開始教韓愈讀書。韓愈天賦聰穎，「日記數千百言」；「言出成文」。經過韓會幾年的講解，他的學業有很大的進步。

由於韓會早負盛名，甚有才辯，因而得到宰相元載的賞識，升任起居舍人。可是，元載並不是一個好官。他自恃有助代宗誅戮奸閹魚朝恩有功，「志氣驕溢」，「弄權舞智，政以賄成，僭侈無度」，引起朝廷文武百官的憤恨。大歷十二年（七七七）三月被捕並「賜自盡」後，某些人就乘機對他進行攻擊，他終於受到牽連，被貶韶州刺史。於是，韓愈就隨著兄嫂和侄兒老成等到韶州上任。韶州距離長安四千九百三十二里，他們僕僕風塵，餐風宿露，一直到大歷十三年才到達韶州，居於治所曲江（今廣東省韶關西南）。不幸的是，韓會因心情悒鬱，又在貶謫途中飽嘗流離之苦，竟然身患重病，大概到第二年（七七九）就去世了。

韓會的去世，對夫人鄭氏是一個嚴重的打擊。因爲當時她的嗣子韓老成和韓愈都年幼，而在韶州又沒有親友可依，要想將韓會的靈柩運回河陽，使一家人安全地返回故鄉，對一個女人來說，是十分艱難的。於是她勉抑悲懷，鎮靜籌畫，「水浮陸走，丹旐翩然」，居然如願以償地辦完了自己所要辦的事。

在中原動亂時，鄭氏率領韓愈、韓老成等避居於宣城「別業」。韓愈就在嫂嫂鄭氏督促下，奮發地學習。他在宣城讀書期間，寫過一些文章，這從他於貞元六年（七九〇）寫給賈耽（滑州刺史、義成軍節度使）的信中說的「竊整頓舊所著文一十五章以爲贄」可以看出。他之所以寫這些文章，是和那時許多士子一樣，用來贈送給達官顯宦和其他社會名流，希望得到他們的揄揚，期能有利於科舉考試，這就是他所說的「居窮守約，亦時有感激怨懟奇怪之辭，以求知於天下」的原因。

韓愈於貞元二年（七八六）夏往河中府，他的父親韓仲卿曾任潞州銅鞮（今山西省沁縣）縣尉，那裏不但有他的「故居」，還有他的朋友，所以他特去訪舊。路經中條山，目睹周圍山明水秀，風光明媚，突然產生隱居此山「柳谷之北」陽城以終老的念頭。

同年秋天，韓愈「苦家貧，衣食不足」，於是決定赴長安求仕。他到長安後，和一些應試於禮部的士子交往，了解一些求仕而參加進士考試的情況。十月。韓愈經過縣和州兩次考試合格後，就在當年十月底之前趕到長安，於戶部集中報名，辦理有關應試手續。貞元三年（七八七）二月，參加禮部進士科考試。由於韓愈無人推薦，因而禮部於二月放榜時，自然是名落孫山。他這時感到十分苦悶。根據規定，士子落第後，又要回到州縣重新求舉，以便來年應試；但韓愈因缺乏川資，沒有這樣做。在他「窮不能自存」的情況下，迫不得已在長安道上攔馬拜見馬燧求助。馬燧了解韓愈生活窮困，就把他帶回府第（皇城東第二街安遇里」，「軫其寒飢，賜食與衣」，並召其子馬彙、馬暢「爲之主」。而馬暢對韓愈照顧得特別周到。貞元四年，韓愈決定再應進士考試。但仍因無人推薦，所以貞元五年（七八九）的這次進士考試又再次落第。

韓愈爲了改變禮闈不利的狀態，乃離開長安，設法求助於滑州刺史、義成軍節度使賈耽。他寫了一封信給賈耽，並附寄舊文十五篇。賈耽是位「明經」及第而步入仕途的官吏，性情溫厚而「不喜臧否人物」，對韓愈的求助竟然置之不理。

貞元六年，韓愈抱著十分委屈的心情，前往謁見咸寧王、河中尹、河中節度使渾瑊。渾瑊因韓愈的堂兄韓弇是在他過去擔任「吐蕃清水會盟使」時的判官，所以韓愈的來訪，他因思念舊情而殷勤接待。當韓愈離開渾瑊府第後，便回到宣城「別業」看望嫂嫂鄭氏和侄兒韓老成，接著詣州縣求舉，十月初旬再往長安（鄉貢進士例於每年十月廿五日集吏部）。貞元七年（七九一）二月，韓愈這一次參加禮部進士科考試又慘遭失敗。他在徬徨、焦灼中，走訪文名遐邇，正在擔任朝廷右補闕兼皇太子侍讀的梁肅，並得到梁肅的稱賞和關心。大概是在他把一切應試的事情辦好的前後，適巧朝廷任命兵部侍郎陸贄「知貢舉」。接著，陸贄邀請梁肅和崔元翰擔任他的助手。

貞元八年二月，韓愈參加進士科考試，試題爲〈明水賦〉和〈御溝新柳詩〉，他以第十三名登科。同榜登科的有三十二人，其中韓愈和李觀、李絳、崔羣、王涯、歐陽詹、馮宿、庾承宣等，「皆天下選，時稱龍虎榜」。

按照唐制，士子於進士、明經考試及第後，須再經吏部考試，合格者始得任官授職，稱之爲「釋褐」，卽釋賤者之服而服官服之意。韓愈和同榜登第的三十二人在經過州舉薦後，都參加了吏部的博學宏詞科考試。試題是〈中和節詔賜公卿尤詩〉和〈鈞天樂賦〉。本來韓愈已被錄取，卻不料「黜於中書」。他在〈上考功崔虞部書〉中，感激崔員外（或云卽崔元翰）「援之幽窮之中，推之高顯之上」。接著說：「及執事既上名之後，三人之中，其二人者固所傳聞矣，華實兼者也，果竟得之，而又升焉。其一人者，則莫之聞矣，實與華違，行與時乖，果竟退之」。這裏講的實際情況是：崔員外本將韓愈和李觀、裴度三人同榜取錄，但上報中書省復審時，韓愈卻被黜於錄取的名單外，而以陸復禮代之。

韓愈爲了入仕，又在貞元九年參加吏部的博學宏詞試，試題是〈太清宮觀紫極舞賦〉和〈顏子不貳過論〉。這次考試，張復元和李絳被取錄，而韓愈仍不得志。他「退自取所試讀之」，自覺乃類「俳優者之辭，顏忸怩而心不寧者數月」。

貞元十年（七九四）春，「霖雨」連綿，「罕有晴日」，「至閏四月間，止不過一二日」。韓愈的好友，時任太子校書李觀見霪雨爲災而念及朝廷失政，因而憂慮成疾，不久去世。韓愈爲寫墓銘，稱他「才高乎當世，而行出乎古人」，給予很高評價。同年十月間，韓愈再參加吏部的博學宏詞試，試題是〈朱絲繩賦〉、〈冬日可愛詩〉和〈學生代齋郎議〉。這次考試，陳諷、王太眞、庾承宣均被取錄，惟韓愈不售。這時，崔立之寫信給韓愈，勉勵他效法獻璞玉給楚王的卞和，兩刖足仍不灰心，最後經玉人剖視得寶玉而受賞，意思是要他繼續努力，參加吏部博學宏詞試。

唐代，有於「常舉外有進獻文章並上著述之事，或付本司、或付中書考試，亦同制舉」的辦法，由此做官的也不乏其人。於是，韓愈決定走這一條路。他在貞元十一年（七九五）正月廿七日寫信給宰相趙憬、賈耽、盧邁，並將自己「所著文」選抄「若干首」（當包括詩歌和散文）寄給他們求仕，希望得到賞識而任以官職。但韓愈連等了十九天，杳無回音，他便於二月十六日寫第二封信。事後又等待廿餘日，仍如石沈大海。他感到十分焦急，便決定去親自謁見宰相，但走到光範門（在宣政殿西南，通中書省）時，守門的吏卒卻不准他進去。他憤懣地回到寓所，又於三月十六日再寫第三封信給宰相，這就是有名的三上宰相書。等到四月底，還是沒有接到宰相們片言隻字的答覆。

韓愈遭到以趙憬爲首的宰相們的冷落後，淸醒地認識到「人情忌殊異，世路多權詐」，留在長安已毫無出路，便於五月初二日含著兩眼淚水離開了飽經憂患的傷心之地。初七日，出潼關，歇息於黃河之南的旅店。一天，他看到有吏卒用籠子裝了白烏、白鸜鵒到朝廷進貢，邊走邊呼喝，兩旁行人紛紛避道。這時，他感慨橫生，覺得自己的命運還比不上二鳥，遂撰成〈感二鳥賦〉以抒憂懷。

六月初，他啓程到陝西鳳翔去，打算向鳳翔隴州觀察使邢君牙干祿。到達鳳翔後，因無人介紹，住在旅舍十多天，沒有去謁見邢君牙，就寫了一封信給邢，希望邢不要「以衆人視之」，意思是想得到邢君牙的特殊禮遇，以至辟爲幕僚。但邢君牙是行伍出身，不通文墨，不可能識俊傑於貧賤，仍然把韓愈當做「衆人」接待。於是，韓愈又快快地離開鳳翔。

這時已是「秋半」時節了，金風送爽、天候轉涼。韓愈決定回河陽「省墳墓」。九月十一日，經過偃師田橫墓下。他想到田橫以「高義」待五百壯士，深得其心而願爲之效死，但唐代的統治者卻沒有誰比得上田橫，因而他惴惴無所依從。在這裏，他把落拓失意的悲憤儘情地抒發出來。寫了一篇有名的〈祭田橫文〉。不過，他又表示：「苟余行之不迷，雖顛沛其何傷」。這種品德和精神是應當肯定的。

剛到河陽，韓愈突然看到他的侄兒韓老成護送其母鄭氏的靈柩到河陽安葬。此時此刻，韓愈回憶以前鄭氏對他的撫育和教誨的恩情，不禁悲痛得熱淚橫流，就在「逆旅」寫了一篇懇摯悱惻的祭文（卽〈祭鄭夫人文〉），祭奠鄭氏，並爲之服孝一年。在這期間，他自稱過著「朝食不盈腸，冬衣才掩骼」的艱苦歲月。

(二) 寄身藩鎮時期的飄泊生活

貞元十二年（七九六）秋，韓愈找到了入仕的門路：在同年七月初六日，朝廷任命七十二歲的東都留守董晉爲「汴州刺史、宣武軍節度使、宋、亳、潁觀察使」。由於董晉的次子董溪「賓接門下，推舉人士」，韓愈也受到董溪的推舉，被董晉辟爲觀察推官，以正九品上校書郎試用奏報。是月，韓愈和劉宗經、韋宏景隨董晉前往汴州（治所在浚儀，今河南省開封）。這年秋冬間，韓愈的侄兒韓老成到了汴州。李翺也於是年由徐州來遊。

貞元十三年（七九七）春夏之交時，韓愈的好友孟郊，作爲陸長源的座上賓來到汴州。韓愈能夠和孟郊相聚，自然感到非常愉快。七月間，韓愈自稱有「負薪之疾」，請假在寓所休息，作〈復志賦〉。十月初一日，詩人張籍到了汴州。由於孟郊曾向韓愈說過張籍富有文學才能，一旦相見，非常高興，就安排他在城西的館舍讀書，有時還和他一起持竿在「西潭」釣魚。韓老成在汴州居住一年後，向韓愈辭別，相約以後偕同妻、子再來。

貞元十四年（七九八）正月初七日，董晉命有關官員組織民工在汴水修建東西水閘，至三月初一日竣工。初三日，董晉舉行宴會慶祝，韓愈撰寫〈汴州東西水門記〉，贊揚董晉作水門，爲邦之郛，有「以固風氣，以閑寇偸」的功績。就在這一個月，孟郊決定離開汴州南歸。於是，韓愈和張籍、李翺只好依依不捨地送他上道。十月間，汴州選試進士，董晉命韓愈爲試官，張籍就試，其所作的詩和對策，都十分出色，遂膺「首薦」。

貞元十五年（七九九）正月初五日，隨陸長源到汴州，被署爲觀察巡官的崔翰突然病故，韓愈深感悲痛。因爲崔翰的「詼諧縱謔，卓詭不羈」的性格既與韓愈相合，又在掌管「軍田」的過程中做出了顯著成績。二月初三日，董晉逝世。他臨死時囑咐其子董溪等：「三日而斂，既斂而行」。韓愈以幕僚身份，護送董晉靈柩至洛陽。當韓愈等離開汴州後四日，卽二月十一日，汴州發生了動亂：留在汴州城的妻子，避亂徑往徐州。因而在將董晉靈柩護送到洛陽後，又急忙趕往徐州。二月底，才抵達目的地，與妻子團聚。接著，他晉謁徐泗濠節度使張建封。張和他有舊誼，除熱情接待外，隨卽安排他一家人到符離（在今安徽省宿縣內）睢水之北居住，並在生活上給予比較優厚的照顧。初夏時，張籍自長安東歸，經過徐州，到符離拜訪了韓愈。韓愈留他居住三十日，兩人朝夕傾吐，歡快逾恆。到了秋季，韓愈向張建封辭別，打算到另外的地方去。張建封了解他「蹙蹙靡所騁」的困境，便辟他爲節度推官，奏請以太常寺正八品上協律郎試用。他的兒子韓昶在符離誕生。就根據居住的地方，命其名爲「符」。十二月，張建封命韓愈代表他「朝正」於京師。此次，韓愈和張徹同行。到達長安後，朝廷有關官員非常客氣地招待了他，而他的朋友，正擔任國子監四門館助教的歐陽詹，則打算率領其學生奏請以他爲博士，旋因故未果。

貞元十六年（八〇〇）春，韓愈把「朝正」的事辦完，回到徐州。由於韓愈對「累累隨行，役役逐隊」的幕僚生活過不慣，而他多次向張建封進諫，又未被採納，因此，他認爲張建封對他缺乏理解，不可久與相處。五月中旬初，他離開了張建封幕府。十三日，張建封去世。十四日，韓愈和妻子兒女啓程前往洛陽。次日，徐州軍士數千人作亂。韓愈這一次「復脫禍亂」，友人衞中行致書賀之。到達洛陽後，韓愈一家人居於郊野荒僻之處。九月間，僧人澄觀敲門求見，韓愈接見了他。原來他奉泗州刺史張伾之命，特地到洛陽向韓愈「送音問」。本來，韓愈在汴州和徐州節鎭任幕僚時就聽說澄觀有才能，又工詩，故欲勸他還俗而用世。但這次見面，他發現澄觀已經衰老，難以爲世所用。想到這裏，不禁流下了同情與惋惜之淚。十月初，韓愈到京師（長安）「從調選」，也就是應吏部銓選，以期得到官職。依唐制，吏部對官員的銓選，每歲始於十月（距長安千里之內者，始於是月中旬），至次年三月結束。吏部「擇人」，其所試內容爲身、言、書、判四事，以「體貌豐偉」（身）、「言辭辯正」（言）、「楷法遒美」

〈書〉、「文理優長」〈判〉爲合格的基本標準。「四事皆可取，則先德行，德均以才，才均以勞」。凡六品以下官員，先試「書、判」，然後「察其身、言」。「已銓而注」，然後「擬官而唱」。試事延至貞元十七年（八〇一）三月結束，這次韓愈「竟無所成」。

在這期間，隱居孟州濟源縣盤谷的李愿來游京師，不得志。在他回去時，韓愈寫序（卽〈送李愿歸盤谷序〉）贈之。文稱：「是谷也，宅幽而勢阻，隱者之所盤旋，友人李愿居之。」

韓愈回到洛陽後，仍以讀書撰文「自娛」。五月，侯喜來訪，韓愈留他居住。六月二十六日，韓愈給向他請教爲文之法的李翊寫回信，提出了較具系統的寫作「古文」的見解。其中著重說明：要學古人「立言」，必須「無望其速成，無誘於勢利，養其根而竢其實，加其膏而希其光」，並以「仁義」爲依歸。七月二十二日，韓愈和李景興、侯喜、尉遲汾在洛水釣魚。韓愈從半下午起垂釣到黃昏時止，只釣得一條小魚。他由此想到自己求仕蹇連，不禁產生歸隱田園之念。接著，韓愈和李景興等在惠林寺歇宿，次日清晨回去。韓愈到家後，寫《山石》一詩，描敍山寺的清幽勝景，並抒發當時只想自由地遨游山水而不願「局束爲人役」的情感。十月，韓愈再到京師（長安）「從調選」。

㈢　踏入仕途後的官宦生活

貞元十八年（八〇二）正月，韓愈由吏部銓定，從九品下將仕郎身份，任正七品上國子監四門館博士。韓愈剛到職，就連同陸傪向權德輿薦舉侯雲長、尉遲汾、沈杞、李翊登進士第。三月間，韓愈請假到洛陽接取妻子兒女。經過華山時，韓愈與客登上華嶽峰頂。在他下山時，由於山路曲折滑溜難行，乃發狂痛哭，幸虧華陰縣的縣令派人來接，才攙扶他安全下山。接著，韓愈往洛陽，把妻子、兒女都接到長安居住。四月初五日，韓愈的好友，秘書省校書郎獨孤申叔病卒，年僅二十六歲。韓愈聽到這個消息，十分悲慟。為作「哀辭」。文有「濯濯其英，曄曄其光，如聞其聲，如見其容，烏虖遠矣，何日而忘」之句。悲悼異常！十月十二日，著名經學家施士丏逝世。韓愈為他寫「墓銘」，對他在太學講解《詩經》和《春秋左氏傳》，作了充分的肯定。有「今其死矣，誰嗣為宗」的浩嘆！

貞元十九年（八〇三）三月，長安「大雪」，氣溫很低，人們都覺得寒不可當。韓愈作〈苦寒〉詩。四月中旬，韓愈上書京兆尹李實，企圖為仕途創造客觀條件。七月中旬，韓愈對唐德宗詔停「選舉」，提出異議。由於這一年關中各地從正月乾旱起，一直到七月二十六日才下雨，旱災嚴重，發生饑荒，所以唐德宗據宰相杜佑奏，於七月初十日下詔「罷吏部試、禮部貢舉」。韓愈聽到這個消息，立即呈上奏狀。他指出，如果停止「舉選」，將造成不良後果。在和奏請勿停「舉選」的差不多時間，韓愈悲痛地派家人建中向病故的侄兒老成致祭。在祭文中，韓愈既敍述了他和老成年幼時「未嘗一日相離」，與以後因自己應試及求仕與進入仕途而常離別的情況，又對長兄韓會有「盛德」而「夭其嗣」，志意「純明而不克蒙其澤」表示疑惑。這就是他寫的家喻戶曉的「祭十二郎文」。閏十月，韓愈被擢任為正八品上的監察御史。他這次得到的官職品秩雖不高，卻擁有較大權力，是由御史中丞李汶的推薦。

貞元十九年十二月，韓愈忽奉詔被貶為陽山縣令。陽山屬連州，連州在唐代隸湖南（為湖南觀察使下屬），距長安三千六百六十五里，在當時乃荒僻之地。韓愈被貶為陽山令，正是十二月舉行蠟祭之時。宦官奉旨到他家催他上道，不能遲延片刻。這時，韓愈患病的妹妹（當為旁系親屬）臥於床褥，恐一別難以再見，因悲哀痛哭，啼不成聲，但不管她怎麼請求，宦官仍不允許。而韓愈的夫人則顧不上羞慚，抱著小孩，出來與韓愈拜別。當韓愈和張署動身到南方貶所的時候，大雪紛飛，氣候酷寒。他們從藍田入終南山，因路途結冰，馬不能行，只得搴衣徒步，推馬前進。山陡路滑，多次跌倒，寒風刺骨，催人下淚。他們在終南山歇了一晚，次日繼續前行。一路辛苦奔走，到進入湖南境時，已是貞元二十年的孟春了。韓愈抵達連州，參見刺史蕭著蔡。他辭別刺史。沿連江乘舟前進，至同冠峽，已是「落英千尺墮」的二月半了。不很久，他到達位於湟水（一名湟水）之北的陽山縣治。

韓愈被貶於荒僻的陽山，過著「幽居默默如藏逃」的生活，但由於他博學工文而名馳海內，所以他到陽山的第一年（即貞元二十年），劉師命、區冊、竇存亮、區弘就相繼拜訪了他，向他求教爲文之法。這四個人的品行和訪拜韓愈的意圖各不相同，所以韓愈對他們的態度也有區別。這年夏天，湖南觀察使府支使楊儀之「以使事至陽山。」韓愈予以熱情招待。分手時，既贈以「序」（即〈送楊支使序〉），又作〈別知賦〉以抒發自己的感慨。冬，韓愈想起自己去年在路過郴州時受到刺史李伯康的熱情招待，爲表示謝意，便派人把陽山所產的黃柑送一些給李，李亦回贈紙筆。在這前後，韓愈還到臨武訪問過張署。這一年，韓愈的好友，被貶爲連州司戶參軍的王仲舒，在其居所後面的「丘荒之間」，建造起「燕喜亭」，韓愈爲之作記。

貞元二十一年（八〇五）正月二十三日，唐德宗去世。二十六日，太子李誦卽位，是爲順宗。順宗於去年九月中風，「不能言」，常臥病，故以王叔文爲首的政治集團得以執掌實際的政柄。二月二十四日，順宗下詔「大赦天下」。本來，依據大赦詔，韓愈和張署皆可以召回朝廷任職。但是，在當地刺史

（郇連州與郴州刺史）提名上報湖南觀察使楊憑時，卻爲楊所抑，致使他們回朝任職的希望落空。

韓愈任陽山縣令只有一年半的時間，雖無赫赫的政績，但他是以愛民之心推行政令。李翺說：「政有惠於下。及公去，百姓多以公之姓命其子。」七月二十八日，順宗下詔，「軍國政事」，「權令」太子李純「勾當」；八月初四日，順宗下詔傳位於太子。初五日，順宗再次下詔，「改貞元二十一年爲永貞元年」。初六日，太子李純下制：貶王伾爲開州（治所在開江，今四川省開縣）司馬，王叔文爲渝州（治所在巴縣，今四川省重慶）司戶。於是，以王叔文爲首的政治集團的改革事業陷於失敗。不久，湖南觀察使楊憑才將朝廷決定（實際上是王叔文、韋執誼等決定的）韓愈「量移」爲江陵府法曹參軍，張署「量移」爲江陵府功曹參軍的詔令告知韓、張二人。韓愈和張署接到徙掾江陵的詔令後，都感到失望。他們就在八月十五日中秋節的晚上，以酒澆愁，互訴衷腸。不久，韓愈和張署等乘舟由耒水出發，至衡陽縣已是九月初旬。他們受到衡州刺史鄒儒立的盛情款待。韓愈和張署等到石鼓山合江亭遊覽。由於衡山縣西三十里的南岳，是南方的名勝，古迹很多，因而韓愈和張署等便乘興登南嶽。等到二人到達長沙時，已是九月下旬了。長沙地處濕熱帶，雖屬「秋殘」季節，暑氣尚未盡斂。韓愈等和「杜侍御」一道到「湘西」的岳麓寺和道林寺遊覽。

韓愈和張署離開長沙後，乘舟由湘江過洞庭湖。當時正是「陰氣盛」的十月，湖中波濤洶湧。韓愈等既不能前進，又已經「糧絕」，不得已停泊在距巴陵縣（今岳陽市）南五十里的鹿角山湖濱，七日後。離開岳陽，又乘舟經江口（即荆江口）前行。到達江陵後，韓、張晉見荆南節度使、江陵知府裴均。隨後，各自接任新職。

韓愈接任新職不久，劉禹錫因被貶為連州刺史路過江陵而與之相會。這次韓、劉會晤，於寒喧之外，不免因敍近況而話及往事。韓愈回憶自己八、九年來仕途坎坷，飽受挫折，覺得這固然有客觀的原因，但也有應當自我反省之處，於是寫〈五箴〉「以訟其惡」。十二月初九日，韓愈寫信給兵部侍郎李巽，敍述自己從「應舉覓官」直到目前的二十年中，「動遭讒謗」，「因困厄悲愁，無所告語」，遂奮志讀書和從事寫作。他請求李巽援引，並將自己所撰關於「扶樹教道」的舊文，和貶陽山後寫的詩歌各一卷寄給李巽。由於李巽「天資長於吏事」，深為宰相杜佑器重，因而這次韓愈寫信向他求援，相信收到一定的效果。

元和元年（八〇六）六月十日，韓愈奉詔暫代國子監博士；他隨即和區弘等離開江陵到長安去。行至鄧州北境，他復函給襄州刺史、山南東道節度使于頔，對於頔寄給他看的〈武順聖樂辭〉、〈天保詩〉、〈讀蔡琰胡笳辭詩〉等，作了稱贊。

到達長安後，韓愈就任國子館博士，再度從事教育工作。國子監設博士五人，「掌教三品以上及國公子孫、從二品以上曾孫」。學生名額僅八十人，年齡限於「十四以上，十九以下。」博士講授的是《周禮》、《儀禮》、《禮記》、《毛詩》、《春秋左氏傳》。看來，這是一所正規的培養貴族子弟的學校。但是，由於「自天寶後，學校益廢，生徒流散」；同時，由於時人重進士，而應進士試者可以不入「館學」肄業，只要工詩賦，經州縣舉選就可以應試，因而「館學」受到影響而呈日漸「式微」之態。在這種情況下韓愈擔任博士職務，工作十分清閒。七月十一日，憲宗為他的父親順宗舉行隆重的葬禮（順宗死於元和元年正月十九日），八月間，秋雨連綿，韓愈和孟郊以作聯句消遣。九月初旬（在重陽節前幾天），韓愈因孟郊在京師求官無成即將離去，對他的遭遇深表同情，便寫了一首〈薦士〉詩給太子賓客鄭餘慶，稱贊孟郊的詩歌，不僅具有「橫空盤硬語，妥貼力排奡」的雄健特色，而且「榮華肖天秀，捷疾愈響報」，不僅辭藻秀美而自然，且文思又極爲敏捷。秋冬間，從陽山隨韓愈到長安的區弘，因思鄉情切，辭歸故里。啓程前，韓愈寫了一首〈送區弘南歸〉詩給他。

元和二年（八〇七）正月初一日，憲宗「親獻太清宮太廟」。這在當時是極爲隆重的祀典，實際上是憲宗通過將自己即位以來平定叛亂的功績稟告於祖先和「天帝」的儀式，來激勵臣民，進一步促成國內的統一，鞏固大唐統治。四月中旬，韓愈作〈張中丞傳後敍〉，以歌頌在安史叛亂中堅持抗敵、壯烈犧牲的張巡、許遠等。

元和三年（八〇八），韓愈在東都洛陽國子館講學，工作比在長安更清閒。十二月，韓愈寫信給「刻志於學，歸隱少室」的山人李渤，勸他接受朝廷徵辟，出任右拾遺。

元和四年（八〇九）六月十日，朝廷任命韓愈爲刑部都官員外郎，仍「分司東都」。新職的官秩雖爲從六品上，卻有實權。東都留守鄭餘慶命韓愈「獨判祠部」。

元和五年（八一〇）春，韓愈雖仍任都官員外郎，但從他所寫的〈東都遇春〉和〈感春五首〉所反映的生活狀況和思想情調看，他大概因對宦官裁抑不能繼續下去，而鄭餘慶又未給他安排其他工作，所以只好「悠悠度朝昏」，深感「孤吟屢闋莫與和」，心情十分苦悶。十月，韓愈奉命出任正五品上的河南縣令。就在這一個月，河南府舉行「鄉貢」考試，李賀在韓愈的鼓勵下應舉，並以優秀成績入選而一時名噪士林。

元和六年（八一一）七月，韓愈由河南縣令調任爲六品上的兵部職方員外郎，「掌地圖、城隍、鎭戍、烽候、防人、道路之遠近及四夷歸化之事」，任務比較繁雜。九月，京兆富平縣梁悅，「爲父殺仇人秦果，投縣請罪。」此案上報朝廷，憲宗命尙書都省官員商議處理辦法。韓愈上「狀」，提出自己的意見。十一月，韓愈送別賈島，並作〈送無本師歸范陽〉詩贈之，提出作詩須「由奇怪入平淡」的重要觀點。

元和七年（八一二）二月，韓愈由職方員外郎復任國子館博士。十二月初四日，韓愈作〈石鼎聯句詩序〉，對宰相大臣隱加譏刺。

元和八年（八一三）春，韓愈作〈進學解〉，假託學生發問和自己回答，委婉地抒發了懷才不遇的感慨，同時還提出了他的治學和從經傳及西漢以前作品吸取爲文之法的見解。宰相看到〈進學解〉後，對韓愈數次被黜，深爲同情，又認爲他有「史才」，便於三月二十二日任命他爲五品上的刑部比部郎中、史館修撰。十一月，宰相李吉甫鑒於韋處厚所撰《順宗實錄》三卷，敍事欠「周悉」，命韓愈「重修」。韓愈便和沈傳師、宇文籍等「共加采訪，並尋檢詔敕」，據實編寫《順宗實錄》。

元和九年（八一四）二月，韓愈收到柳宗元於是年正月二十一日寫的「論史官」書。由於柳宗元遠處永州，不了解韓愈從去年十一月後思想發生的變化，從而挑起重修《順宗實錄》的重擔的情況，而只看到韓愈明言不願任史官的〈答劉秀才書〉，因而便寫信給韓愈，對於韓愈自稱不願任史官的原因（即修史「不有人禍，則有天刑」之說），進行尖銳的批評。九月，韓愈撰成《順宗實錄》初稿，共有五卷。「削去常事，著其繫於政者。比之舊錄，十增六七。忠良奸佞，莫不備書。」十月二十一日，韓愈以正五品上考功郎中（屬吏部）依前充史館修撰。十二月十五日，韓愈以考功郎中知制誥。

元和十年（八一五）正月，淮西吳元濟反叛，「縱兵侵掠，及於東畿。」二十七日，唐憲宗下詔削其官爵，「命宣武等十六道進軍討之」。五月，憲宗以「諸軍討淮西，久未有功」，遂命御史中丞裴度「詣行營宣慰，察用兵形勢。」裴度視察回朝，認爲淮西叛亂，可以平定。韓愈對裴度的看法，極爲贊同，便上「狀」給憲宗。這一年夏季（具體月份不可考），韓愈將《順宗實錄》修改完畢，呈送憲宗。憲宗披閱後，謂「其間有錯誤」，令作「刊正」。韓愈遵旨辦理，隨即復呈。十二月，韓愈爲衞中立（字退之）寫墓誌銘（即〈唐故監察御史衞府君墓誌銘〉），敍述了衞中立服食金丹而死的情況。

元和十一年（八一六）正月二十日，韓愈被調任中書省中書舍人。中書舍人雖仍爲正五品上，但職權較重：「掌侍奉進奏，參議表章。凡誥旨制敕及璽書册命，皆按典故起草進畫，既下則署而行之」。因而唐人認爲：「中書舍人，文士之極任，朝廷之盛選，諸官莫得比。」

元和十二年（八一七）七月二十九日任命裴度以宰相兼彰義節度使、淮西宣慰處置使。裴度奏請以馬總爲宣慰副使，韓愈爲行軍司馬，李正封、馮宿、李宗閔爲判官書記。八月初三日，韓愈等隨裴度出發。過潼關時，韓愈經裴度同意，自己先往汴州，說服宣武節度使韓宏協力同心討賊。八月二十七日，裴度至偃城，奏准免去以宦官「監陣」事，使諸將能「專軍事」。韓愈離開汴州，隨即到偃城。他了解到「蔡州精卒，悉聚界上以拒官軍，守城者率老弱，且不過千人」，遂見裴度，「請以兵三千人間道以入，必擒吳元濟。」十月十五日，唐鄧隨節度使李愬用降將李祐計，自文城率軍前進，夜至張柴村，據守其柵。直趨蔡州（今河南省汝南縣），「時大風雪，旌旗裂，人馬凍死者相望」。「夜半雪愈甚」。行走七十里，到達蔡州城下。十六日四更攻入城中，活捉吳元濟。於是，淮西叛亂平定。十一月二十八日，韓愈隨裴度離開蔡州回朝。十二月二十一日，韓愈以功擢升爲正四品下刑部侍郎。

元和十三年（八一八）正月十四日，韓愈奏唐憲宗命撰《平淮西碑》，三月二十五日撰成呈上。

元和十四年（八一九）正月，宦官杜英奇迎佛骨至長安，唐憲宗命「留禁中三日，乃歷送諸寺。王公士民，瞻奉舍施，惟恐弗及。有竭產充施者，有然香臂頂供養者。」韓愈針對這種情況，便上表極諫。憲宗看到韓愈的奏「表」，大怒，將加以「極刑」。幸虧裴度、崔羣力救，始於正月十四日下詔貶韓愈爲潮州刺史。二月初二日，韓愈至宜城，觀覽楚昭王廟，還作詩弔古。愛女拏就在這一天病死於商州上洛縣的層峰驛，因行色倉促，便草草瘞於道南山下。三月十五日，韓愈至韶州樂昌縣。其地「兩山逼蹙，江流險峻」，「古名瀧水」。「南人名湍曰瀧。」韓愈經過此地，寫了〈瀧吏〉一詩，抒發自己的怨憤之情。四月二十五日，韓愈到達潮州，接印視事。當時潮州惡溪（現名意溪）「有鱷魚，長者百尺，每一怒，則湫水騰溢，林嶙如震，民之馬牛有濱其水者，輒吸而噬之，一瞬而盡。爲所害者，莫可勝計。」韓愈了解到這一情況後，便命軍事衙推秦濟，以一羊一豬，投於惡溪給鱷魚吃，並撰文令其遠徙。（即〈祭鱷魚文〉）

韓愈上表憲宗「哀謝」，敍述自己貶於潮州的艱苦生活和衰病情況，意欲得到憲宗的矜憫而召之還朝。愈鑒於潮州「學廢日久」，遂捐資興辦鄉校，命趙德攝海陽尉，負責督辦州學。又因孤寂無聊，遂召靈山寺（寺在今廣東省潮陽縣銅盂鄉龍山灣）老僧大顛至州郭留十餘日，韓愈說他「實能外形骸，以理自勝，不爲事物侵亂。與之語，雖不盡解，要自胸中無滯礙，以爲難得，因與來往」。七月十三日，唐憲宗因接受羣臣所上「尊號」而大「赦天下」。十月二十四日，韓愈被改授爲袁州刺史。

元和十五年（八二〇）閏正月初八日，韓愈帶領全家人等到達袁州。袁州在江右上游，「山水秀麗，爲江右奧居。」五月初五日，韓愈作祭柳宗元文。柳宗元於元和十四年十一月初五卒於柳州，歸葬於萬年（在今陝西省西安）先人之兆，取道袁州，故韓愈躬詣棺前致祭。在祭文中，著重痛惜柳氏「以蓋世文章，竟不能供國家之用。」後又爲柳氏寫墓誌銘（即〈柳子厚墓誌銘〉），對柳氏的才能、文章造詣和重義的品德，都作了充分的肯定。

九月，唐穆宗召韓愈返京任國子監祭酒，十月接到詔命，旋即帶領全家人等回京。袁州距長安三千五百八十里，韓愈和全家人等行至十二月，始到達長安。

㈣ 鞠躬盡瘁的晚年生活

韓愈於元和十五年十二月到達長安後，隨即就任國子監職務。

長慶元年（八二一）正月以後，韓愈鑒於國子監存在不少問題，就大力加以整頓，其要點計有：㈠選擇學官，㈡擴大招收生徒名額，㈢要求學官互相尊重。韓愈又奏請以秘書省校書郞張籍爲國子學博士。經過韓愈這番整頓，官學有了一定發展。七月二十六日，韓愈改任正四品下兵部侍郞。

長慶二年（八二二）二月初二日，因王庭湊包圍「深州益急」，朝廷不得已以王爲成德節度使，並派韓愈前往宣慰。歸來後，將有關情況奏報，穆宗大喜。四日，戶部侍郞判度支張平叔奏請「官自賣鹽」，「詔百官議可否」。韓愈上「狀」，提出了自己的意見。

長慶三年（八二三）正月二十六日，韓愈爲他的「兄孫女婿」李于寫墓誌銘（即〈故太學博士李君墓誌銘〉）。六月初八日，韓愈被任命爲京兆尹兼御史大夫。韓愈的兒子韓昶在本年應進士試登第。

長慶四年（八二四）正月二十二日，唐穆宗因服金丹而死。二十六日，敬宗即位（李湛）。夏，韓愈病，請假於城南莊療養，張籍和賈島陪著他遊覽，或垂釣，或聯句，或泛舟南溪，頗感樂趣。八月，韓愈病假「滿百日，免吏部侍郎」。十六日晚上，明月當空，愈和張籍坐在階楹閑談，「乃出二侍女，合彈琵琶箏。」十二月初二日卒於靖安里第，年五十七。寶歷元年（八二五）三月二十九日，歸葬於河陽。

三、韓愈與唐代古文運動

㈠ 唐代古文運動的回顧

韓愈領導古文運動，既要求以「古文」取代駢文，又企圖通過復興儒學和排斥佛老來挽救中唐的社會政治危機。現在先談韓愈的反對駢文和提倡古文。

我們爲了清楚地認識韓愈反對駢文和提倡古文的艱鉅性和其貢獻，有必要對韓愈以前有些人欲革駢文之弊，而未能成功的原因，略作回顧和探索。

從唐高祖到高宗統治時，凡文士操觚爲文，完全是以徐陵、庾信的駢文爲榜樣，盡管當時王勃、楊炯、盧照鄰、駱賓王「四傑」寫的文章，在文風上較前有所改進。但從文體上來看，仍然是駢四儷六，講究聲律的作品。到武則天統治時，陳子昂爲反對只重「彩麗」的齊梁詩而提倡「興寄」，他寫的章表書疏，雖然雜有駢語，但樸實條暢，不崇雕琢，亦尙雅正，故應視爲「古文」之濫觴。至於稍後的張說、蘇頲寫的制誥、碑誌，特別是碑誌，固然較之六朝「鋪排郡望，藻飾官階，殆於以人爲賦」已大不相同，但語句卻仍多駢儷，未在陳子昂文章崇尙雅正的基礎上有更多的開拓。

唐玄宗天寶間，蕭穎士、李華、元結有意於改革文體和文風。元結無文論，只從事簡奧的「古文」創作，蕭、李則不但有創作，而且還有較具系統的文論。他們都主張宗經重道。蕭穎士說：「僕有識以來，寡於嗜好，經術之外，略不嬰心」；又說：「孔經沒而微言絕，暴秦興而挾書罪。雖戰國遺策舊章，駁雜於縱橫；漢臣著紀新體，互紛於表志，其道末者其文雜，其才淺者其意煩，豈聖人存易簡之旨，盡芟夷之義也？」和蕭穎士同時而年齡稍輕的李華也說：「文者本乎作者，而哀樂系乎時。本乎作者，六經之志也；系乎時者，樂文武而哀幽厲也。」又說：「反魏晉之浮誕，合立言於世教，其於道也至乎哉？」可見，蕭、李對儒家經典和「道」都非常重視。他們寫的某些文章，已與駢體文大不相同，駸駸乎趨於散體。

李華存活到唐代宗大歷年間，經過他的獎勵，當時又出現了以獨孤及、韓雲卿、韓會、梁肅爲代表的提倡者，或從事「古文」創作的人。獨孤及曾以撰寫「古文」的旨要教導其弟子梁肅說：「爲學在勤，爲文在經，勤則能深，經則可行」，又說：「文章可以假道，道德可以常保。華而不實，君子所醜。」獨孤及又說：「自典謨缺，雅頌寢，世道陵夷，文亦下衰。故作者往往先文字，後比興，其風流盪而不返，乃至有飾其辭而遺其意旨，則潤色愈工，其實愈喪。」韓會撰《文衡》，也是崇儒重道而不滿於駢體文的。梁肅活到貞元九年，他既強調「道」，又重視「文」對社會政治的作用。他說：「文之作，上所以發揚道德，正性命之紀；次所以裁成典禮，厚人俗之義；又其次所以昭顯義類，立天下之中」。又說：「文章之道，與政通矣。世教之汚隆，人情之薄厚，與立言立事者邪正臧否皆在焉。」又說：「道德仁義，非文不明；禮樂刑政，非文不立。」值得注意的是，梁肅還要求由「道」而養「氣」，他說：「文本於道，失道則博之以氣，氣不足則飾之以辭。蓋道能兼氣，氣能兼辭，辭不當則文斯敗矣。」可見，梁肅的文論比他的前輩都周密，而其所寫的「古文」，也比他的老師獨孤及更向前邁進了一大步。

韓愈應進士試，得梁肅賞識而登第，因而韓愈受其影響最大。同時，由於梁肅當時在文壇有「執牛耳」的地位，故其他有志於從事「古文」創作者，亦均受其啓廸。孫光憲說：「唐代韓愈、柳宗元洎李翺、李觀、皇甫湜數君子之文，凌轢荀，孟，糠粃顏、謝；其所宗仰者，唯梁補闕一人而已，乃諸人之龜鑑。」這一看法和事實是符合的。

綜上所述，可以看出，從蕭穎士、李華、元結到獨孤及、梁肅，反對駢文和提倡「古文」的風氣已逐步擴展和深化，其成績也相當顯著。既然如此，爲什麼他們還不能將駢文從文壇推翻，以「古文」取代呢？爲什麼他們提倡「古文」得不到社會的普遍支持呢？我認爲，其主要原因在於：㈠從蕭穎士、李華到獨孤及，都只片面地宗經，要求「古文」取法於先秦的儒家經典，而對於屈原，宋玉和漢代的作品。都採取排斥或輕視的態度。㈡從蕭穎士、李華到梁肅都重視「道」，雖然他們說明了「道」有益於「世教」或「與政通」，但都講得非常空洞，而沒有把解決當時嚴重的社會現實問題作爲「道」的主要內容。㈢蕭穎士、李華、獨孤及等反對華靡的駢文，其主張是正確的；但是，他們的理論宣傳和自己的創作實踐往往缺乏完善地結合。

韓愈在古文運動中反對駢文，其所以能建立「摧陷廓清之功」，從而使「古文」在文壇取得支配文壇的地位，我認爲原因在於：他在總結先驅者的經驗基礎上，運用創造性思維，從歷史的聯繫、現實的需要和文學本身發展的規律等方面進行探索，營造了關於撰寫「古文」的完整理論體系，同時他以百折不撓的精神，不顧流俗的譏笑、非議，不畏權貴的排斥、打擊，始終堅持自己的理想，用自己寫出的具有高度的思想性和藝術性的散文，來擴大其影響力，使人們逐漸認識到他把「經誥之指歸，遷、雄之氣格」結合起來，而寫出的「古文」，確實比那「儷花鬥葉」和「氣萎體敗」的駢文，具有不可相提並論的優越性，並由此而大量的從事「古文」創作。因此，韓愈的反對駢文和提倡「古文」，也就在這樣的形勢下取得了空前的勝利。

(二) 唐代古文運動中的問題

首先、「文」和「道」的關係問題：

韓愈和他的先驅者蕭穎士、李華、獨孤及、梁肅一樣，也強調文章必須重道或明道。早在長安應進士和博學宏詞科考試時，韓愈便接觸到這個問題；他在〈爭臣論〉中說：「君子居其位，則思死其官；未得位，則思修其辭以明其道。」又在〈上宰相書〉中說自己「名不著於農、工、商賈之版，其業則讀書著文，歌頌堯舜之道。」其所著皆「約六經之旨而成文；抑邪與正，辨時俗之所惑。」韓愈應博學宏詞試失敗後，又在〈答崔立之書〉中說，自己如果不能入仕，則將「求國家之遺事，考賢人哲士之終始，作唐之一經，垂之於無窮，誅奸諛於既死，發潛德之幽光。」韓愈在這些話裏，都是講「文以載道」或「文以貫道」的問題。我們只有把握韓愈對道的這些表述，才能辨別他的「道」和他的先驅者的「道」的異同。明確地說，就是他的先驅者所宣揚的「道」，都是復述儒家的某些門面話，缺乏現實需要的內容；而他所謂的「道」，則是把「堯舜之道」和「六經之旨」(後來韓愈將此二者概括為「先王之教」）跟褒貶賢不肖及解決世俗疑惑問題相結合的政治倫理觀念。顯然，由此而寫作的「古文」，不僅不會和現實脫節，而且更具有深刻的現實性和蓬勃的生命力。

其次、作者的「道德修養」與「文」的關係問題：

韓愈所謂的道德修養，是從儒家的要求出發的。在他的先驅者那裏，對此都有不同程度的忽視；而他卻視此爲寫作「古文」的最重要條件。他在〈答李翊書〉中說：「將蘄至於古之立言者，則無望其速成，無誘於勢利，養其根而俟其實，加其膏而希其光。根之茂者其實遂，膏之沃者其光曄，仁義之人，其言藹如也」，在這裏，韓愈對李翊進行開導，認爲要想使「古文」創作達到像古代立言者的那種水準，就應當加強以「仁」、「義」爲主的道德修養。這種修養是長期的，不可急於求成，同時對修養要堅持下去，不可爲勢利所引誘而動搖。如果一個作者眞正有了良好的道德修養，那末，他的「古文」就會寫得純正和平。由此可知，韓愈對「古文」創作者的道德修養十分重視。並暗示道德修養的好壞，會眞實地反映於文章之中。這對當時忽視「仁義」，而從事「古文」創作的社會風氣來說，確實具有重大的影響。

(三) 韓愈從事古文運動的目的

韓愈領導古文運動，不但要求以「古文」取代駢文，而且還有更爲深刻的社會政治意圖，這就是要通過「古文」的「明道」，來復興儒學和反對佛老。以下我們作進一步的分析：

1. 改革文體：

古文運動是發生在八世紀至十一世紀唐、宋時代的一次文學運動，這次運動用簡單的話來說，就是提倡散文、反對當時駢體文的一次運動。因爲參加這次運動的人數很多，並有共同一致的要求和目標，形成了相當具有規模的風潮，經過了長期的起伏奮鬪，終於取得了最後的勝利，所以大家把它稱作文學史上發生的一次重要「運動」。

駢文和散文，在性質上和形式上都有所不同：駢文這個名稱是從唐朝柳宗元開始叫起來的，駢是二馬並駕的意思，它是由對稱的字句組成，字句的音韻必須協調，最初原是爲了便於上口誦讀而形成的一種有規律的文體；散文則是不受那些嚴格形式的拘束，比較散體單行的作品。駢文起源於秦漢，形成在魏、晉，到六朝大爲興盛，獨占文壇而成了統治者地位。駢文的興起，對我國文學的發展曾起過一定的積極作用：它根據漢語文字的特點，組織成整齊美觀的對偶形式，挑選色彩鮮明的字句給人以美感，利用典故表達複雜的情景事物，促進讀者的聯想，又注重音調的鏗鏘悅耳，增強文章的音樂性和節奏感的效果，使他富於和諧性。這些都大大地豐富和提高了我國文學的藝術功能和技巧，對散文也發生了良好影響。駢文中的優秀作品，除高度的藝術技巧外，也具有一定的思想內容，成爲古典文學中的寶貴遺產之一。至今還受到我們的學習、傳誦和借鑒。

但是駢文發展到後來，產生了很大的弊病，它的末流，忽略了思想內容的重要意義，只一味地去堆砌華麗的辭藻，玩弄數不清楚的典故，音調聲韻方面的限制也愈來愈嚴，造成文風的萎靡和形式的僵化，因而就不能眞實地反映現實，或自由地描寫各種不同類型的事物，同時更難以眞實地抒發作者的思想感情。它既然走進了形式主義的死胡同，於是就成了文學發展道路上的障礙，在這種情況下，散文便順應時勢的需求，起而和它進行空前未有的拼搏。

散文爲什麼被稱做「古文」呢？原來古文有多重含義：有時是指「古代的文字」。公元前九十年，卽漢武帝時，魯恭王懷孔子宅，在牆壁裏發現了一種用古代大篆體寫成的經書，與當時通行的今文隸字不同，人們便稱這種文字爲古文，在經學史上常常提到它。有時是指「古代的散文」，這是八世紀和九世紀中唐時候的作者爲了區別於「時文」的一種新興文體。

古文運動既要從形式上、思想上反對駢文的空虛無聊和浮華輕豔。所以「古文」除了古代散文的含義外，它還有「古代道統」（聖賢之道）的含義。因此古文運動從形式到內容都打著「復古」的旗幟。唐代古文運動的領導人韓愈說過這樣的話：「愈之爲古文，豈獨取其句讀不類於今者邪？思古人而不得見，學古道則欲兼通其辭，通其辭者本志乎古道者也。」（〈題歐陽生哀辭後〉）明顯的揭示了「古文」運動的現實性。

2.復興儒學：

儒家學說是傳統社會裏最重要的政治理論，是爲當政者服務的良好工具。因爲它的理論有傾向中央集權，加強統一的思想；儒家學說不但爲當政者所歡迎，在客觀上對人民也有相當的利益。傳統社會裏的知識份子，都想根據儒家的政治學說，來輔助君王，建設一個富強統一，「四夷」賓服的帝國，實現他們「選賢與能，講信修睦」以及「鰥寡孤獨廢疾者，皆有所養」的理想，這個理想，對於中唐時代的韓愈來說，尤爲迫切。因爲大唐王朝在中唐時代，正處於內憂外患，國勢岌岌可危的境地；一方面，邊境騷動，民不聊生；另一方面，藩鎮跋扈，「天子」力不能制。戰爭的發生，不但使人民因爲負擔繁重的賦稅和傜役，陷於家破人亡的慘境，而且也嚴重地阻礙了社會經濟的發展。內部除藩鎮外，宦官專權更是唐朝的心腹大患；德宗自涇原兵變後，疑忌武將專橫，乃以宦官竇文場、霍仙鳴掌管禁兵，又使宦官參預機務。這樣，就使宦官上下彌縫，共爲不法，大則構陷藩鎮，傾危國家，小則賣官鬻爵，蠹害朝政。遂使政治日趨黑暗。

韓愈鑒於當時社會危機嚴重，指出惟有從外攘夷狄，內重君權，才是消弭國內的叛亂，革除太阿倒持的最佳途徑。例如在《原道》裏，他先強調古代「聖人」在社會上的重要作用，接著指出：「……是故君者，出令者也；臣者，行君之令而致之民者也；民者，出粟米絲麻、作器皿，通貨財以事其上者也。君不出令，則失其所以爲君；臣不行君之令而致之民，民不出粟米絲麻，作器皿，通貨財以事其上，則誅。」韓愈對君、臣、民的要求是這樣的：君主應振作有爲地發號施令，臣僚應忠誠地加以輔佐，人民應盡捐納賦稅及貢舉之義務；如臣、民不服從君命，就必須責罰。這套理論，結合中唐時代的國家及社會具體狀況，加以推闡，就表現了當時的知識分子希望出現一位英明而有魄力的君主，整飭混亂的封建秩序，加強中央集權，使國家走向富強統一的道路。基於以上所述，可見韓愈的提倡「古文」與復興儒學是有密切關係的。雖然他所講的儒學內容，不及以後宋明理學那麼豐富，但是卻具有堅實的哲學基礎，和極其鮮明的政治色彩。

3. 反對佛老：

韓愈的反對佛老，究其原因，內含比較複雜的，除上文說明他「安內」與「攘夷」的意旨外，還可以從下列三方面剖析。

(1) **經濟方面**

自東漢以後，佛老逐漸盛行，特別是佛教，在東晉、南北朝、隋、唐之際，達到了空前的鼎盛。衆多的僧侶，不但居住著壯麗宏敞的寺廟，還占有大量的土地。他們又有免賦稅及徭役的特權。因此，寺院幾乎成了逃賦的淵藪。

韓愈在〈原道〉中指出：「古之爲民者四，今之爲民者六；古之敎者處其一，今之敎者處其三；農之家一，而食粟之家六；工之家一，而用器之家六；賈之家一，而資焉之家六，奈之何民不窮且盜也。」再加上這些僧尼不耕而食，不織而衣，只知消費，不事生產，國家的經濟十分惡劣，財政瀕臨破產，人民經濟生活受到嚴重影響。

當韓愈集中力量反對佛敎之時，對道敎也沒有放鬆。如上面所引〈原道〉中的「今之敎者處其三」便包括道敎，而所謂「食粟之家六」等也包括道士。因爲唐朝的皇帝，不但沈溺佛敎，也崇信道敎，並追認李耳爲始祖，道敎爲國敎，因而道敎的勢力，足與佛敎抗衡。

韓愈不顧任何艱難險阻，毅然決然出來反對佛老，迫切要求國家維護國家在經濟、財政方面的權利。由於反對佛老是韓愈領導的古文運動的主要內容之一，而古文運動所包括的社會政治意圖，又在於建立一個「大一統」而富強的封建帝國，所以韓愈強調淸除佛老對國家經濟、財政的惡劣影響，正是要藉古文運動來實現這個理想。

(2)倫理方面

佛老學說與儒家的倫理觀是相反的；首先，儒家強調「君臣之義」，以「尊君」爲最高準則，而佛家「不敬王者」，道敎的莊子認爲「聖人不死，大盜不止。」其次，儒家的愛，重在「親親」，特別強調「人人親其親，長其長，而天下平。」可是佛敎的「愛」則非常廣泛，幾乎沒有差等。主張「應身無量，度脫衆生。」儒家認爲「不孝有三，無後爲大」，而佛敎僧徒和道士則不准婚媾。儒家主張「父母在，不遠游，游必有方」，而佛教僧侶和道士則須離家棄親，於寺觀修行。這是佛老學說與儒家倫理觀矛盾、衝突的地方，也是韓愈反對佛老的原因之一。

基於上述，韓愈立足於儒家的立場，反對佛老違背封建等級制度的觀點。在《原道》裏，韓愈既對佛教鼓吹「棄而君臣，去而父子，禁而相生養之道，以求其所謂清淨寂滅」的做法不滿，又批判佛老：「今也欲治其心，而外天下國家，滅其天常，子焉而不父其父，臣焉而不君其君，民焉而不事其事。」這些話，在在說明韓愈反對佛老，除經濟、財政方面的原因外，主要是爲了維護傳統的封建秩序。因此，他就強調儒家的「天無二日，土無二王，家無二尊，以一治之也」的倫理學說，強調「君君、臣臣、父父、子子」的封建等級，名分的合理性和必要性，而對於與此相反的佛老學說，就必然竭力的加以反對。

(四) 韓愈對古文創作的實踐

韓愈在駢文相當盛行的時候提倡「古文」，並要求作者在遵守「道」的原則，和既取法三代兩漢之文，又勇於革新的情況下從事創作，這是非常困難的事情。爲了取得「古文運動」的勝利，韓愈做了多方面的努力：

1. 和柳宗元並肩作戰：

在韓愈的朋友中，只有柳宗元工於古文，足與韓愈頡頏。柳宗元的文論，在重道、宗經，文以行爲本，和要求以「古文」取代駢文等根本問題上，又和韓愈完全相同，因而韓氏在古文運動中便和柳宗元結成了親密的戰友。韓愈對柳宗元的文章非常贊賞，曾向韋衍表示不及柳。而柳宗元則以爲韓愈之文，與司馬遷「相上下」，而「過揚雄遠甚」。因爲揚雄「遣言措意，頗短局滯澀」，比不上韓愈的「猖狂恣睢，肆意有所作。」這說明了柳宗元對韓愈也是極爲推重的。例如在韓愈寫了《毛穎傳》而遭受某些迂腐文士指責時，柳宗元在「與楊誨之書」中卻表示「甚奇其書」，以爲韓愈的《毛穎傳》確實是怪於文，讀之，「若捕龍蛇，搏虎豹，急與之角而力不敢暇」，因此，「世之模擬竄竊，取青媲白，肥皮厚肉，柔筋脆骨而以爲辭者」，讀此文，自然會「大笑」。柳宗元這幾句話，是站在擁護「古文」的立場，對某些人因迷戀浮華的駢文而譏笑韓愈散體寫作的〈毛穎傳〉這一件事所作的駁斥。

柳宗元在被貶後，雖然「不敢爲人師」，但他對於那些向他請教爲文之法的年輕人，卻都熱情地指導。韓愈說：「衡湘以南爲進士者，皆以子厚爲師。其經子厚口講指畫爲文詞者，悉有法度可觀」。可見柳宗元在古文運動中是有重大貢獻的。

2. 建立師弟關係

韓愈以師道自居，對於許多原列於「門牆」的年輕文士，熱情地進行指導，使他們成爲從事「古文」創作的基本力量。他這樣做，付出了爲我們想不到的代價。柳宗元說：「……今之世不聞有師，有輒嘩笑之，以爲狂人。獨韓愈奮不顧流俗，犯笑侮，收召後學，作〈師說〉，因抗顏而爲師，世果羣怪聚罵，指目牽引，而增與爲言辭，愈以是得狂名。居長安炊不暇熟，又挈挈而東，如是者數矣。」從柳宗元這一段話可以看出，韓愈在充任四門博士前後，在建立師弟關係，大力提倡「古文」等方面，曾經遇到某些人士嚴重的譏笑、詆毀和排擠的，但他並不懊悔、屈服，仍然堅持不懈。顯然，這對於「古文」的發展起了積極的作用。韓氏弟子寫作「古文」成就最大的是李翱、皇甫湜，由於他們的支持和繼續努力，終於使「古文」戰勝了駢文。

3.擴大古文影響

韓愈爲了擴大「古文」在社會上的影響力，就在自己的創作中著重寫這三種類型的文章：⑴碑誌。唐代，許多在社會上有一定地位的人去世，其子孫都要爲之請名人寫碑誌。韓愈當時文名籍甚，故求其寫「碑誌」者甚多。他寫這一類型的文章，固然不免有貪圖潤筆之意，但也應承認：他的目的，在企圖通過這方面的寫作，使人們認識到用「古文」敍事抒情，較之駢文具有不可比擬的優越性。⑵書信。韓愈給各方面人士寫的書信，都不是率爾操觚，而是經過慘澹經營，一再琢磨，富有感情的優秀「古文」。這樣，別人看到他的書信，就必然引起對「古文」的興趣，而有意識地從事模仿，寫作「古文」。⑶贈序。韓愈寫的「贈序」，更多精彩之筆。姚鼐說：「唐初贈人始以序名，作者亦衆。至於昌黎，乃得古人之意，其文冠絕前後作者。」韓愈寫的「贈序」之所以「冠絕前後作者」，既由於他懂得古人「贈人以言」之意，故能擺脫「貢諛」的俗套而有所勸勉；又由於他有意爲文，或「運辭典雅雍容，而雄直之氣自在」，或「淡折夷猶，風神絕遠」，或「用意高妙，造言瑰奇」，或「字字峭立，倜儻軒偉」，或「措語形容，一一奇崛」。這樣，韓愈寫的贈序，就不但爲被贈者所喜愛，而且必然在社會上廣爲傳誦，受到人們的慕效。

四、韓愈的文學主張

蘇軾稱韓愈「文起八代之衰」，(〈潮州韓文公廟碑〉)並認爲杜詩、韓文是「集大成者」。清代劉熙載在《藝概、文概》中也說：「韓文起八代之衰，實集八代之成。蓋惟善用古者能變古，以無所不包，故能無所不指也」。「八代之衰，其文內竭而外侈，昌黎易之萬怪惶惑，抑遏蔽掩，在當時眞爲補虛消腫良劑。」現在分析說明之：

(一) 文以明道與文道統一

在韓愈生活的中唐，文學創作所面臨的首要問題還是「文」與「道」的關係問題。重文輕道的駢文作家和重道輕文的古文作家們都在這個根本問題上出現了偏頗。韓愈認眞研究了當時文壇的情況後，於是以高屋建瓴的目光，緊緊抓住了文壇所面臨的問題所在，從新的角度和新的高度上解決了「文」與「道」的關係問題。

韓愈在〈上宰相書〉中就明確說過：「其業則讀書著文，歌頌堯舜之道。」「其所著皆約六經之旨而成文，抑邪與正，辨時俗之所惑。」可見，他在未入仕之前，早就自覺地宣揚儒家思想，批評當時社會上的不良傾向，並把宗經、明道作爲文學創作的原則提出來。例如他把學古文與學古道作緊密的結合，他說：「愈之志在好古道，又甚好其言辭。」(〈答陳生書〉)「然愈之所志於古者，不惟其辭之好，好其道焉爾。」（〈答李秀才書〉）「愈之爲古文，豈獨取其句讀不類於今者耶？思古人而不得見，學古道則欲兼通其辭；通其辭者，本志乎古道者也。」（〈題歐陽生哀辭後〉）韓愈讀古文是爲了學古道，寫古文是爲了宣傳古道，所以從他堅持的理論來說，其提倡古文總是和學習古道、宣傳古道聯系在一起。古道卽指儒道。他從來就十分重視文和道的統一關係。在〈進學解〉中寫道：「觝排異端，攘斥佛老，補苴罅漏，張皇幽眇。尋墜緒之茫茫，獨旁搜而遠紹。障百川而東之，迴狂瀾於旣倒。」在〈爭臣論〉中，他說：「君子居其位，則思死其官；未得位，則思修其辭以明其道，我將以明道也。」這就更明確地提出了文以明道的原則。在〈送陳秀才彤序〉中又說：「讀書以爲學，纘言以爲文；非以誇多而鬥靡也，蓋學所以爲道，文所以爲理耳。」其意在說明學是爲了求道，作文是爲了明理。

然而從文學理論的角度來講，韓愈的這個思想又反映了他對文、道關係的正確認識。「道」是目的，「文」是手段，「道」是內容，「文」是形式。因此，也就比較正確地揭示了文章的內容與形式之關係，這是有積極意義的。韓愈講文以「明道」，宋代理學家周敦頤講「文以載道」，後人也就多用「文以載道」來表述韓愈在這個問題上的基本觀點。其實載道，明道，二者在字面上雖無本質的區別，但細究起來，卻也有明顯的差異。就韓愈來說：「明道」的提出是當時社會現實的需要，而「爲文」則是他樂之終生的志趣，他對文學的興趣，主要在寫作新體古文，而不在宣傳儒家的教義。宋人吳曾說：「古之人好道而及文，韓退之學文以及道。」（《能改齋漫錄》卷八）的確如此，韓愈的首要目標在學文，學文既久，於道亦有所得，但也只是得其大體輪廓而已，並未進行深入精細的研討。而理學家的「載道」則不同，其首要目標在學道，於道有得，也就不重視文了，他們完全把「文」當作載道的工具。韓愈是因文而及道，他追求的目標是寫及「道」之文，寫言之有物之文，而不作言之無物，輕薄浮泛之文。這樣，韓愈的所謂「道」、「理」也就有了新的含意。

韓愈非常重視文章要有充實的內容，「文」要爲「道」服務，但他並不重本輕末，重道輕文。他主張文與道二者必須互相結合，他在〈答尉遲生書〉中說：「本深而末茂，形大而聲宏。」「體不備不可以成人，辭不足不可以成文。」在〈進撰平淮西碑文表〉中又說：「文字曖昧，雖有美實，其誰觀之？」韓愈以「文」來明「道」，又爲更好地「明道」而重「文」，因此，他既避免了駢體文只講形式，忽視內容的偏差，又避免了他的前輩們重道而輕文的傾向，他把「文」與「道」有機地統一起來，把古文理論的發展與創作實踐密切的加以結合，這是他對文學發展最富於創造性的貢獻之一。

由於韓愈重視文章的內容，又強調要文道統一，所以他特別注重作家個人的思想、人格、氣質、品德的修養，也就是說，十分重視作家的內在精神力量對文學作品成敗的影響。在〈答尉遲生書〉中說：「夫所謂文者，必有諸其中，是故君子愼其實。實之美惡，其發也不掩。」這裏的「實」即指作家的思想和品德修養。在〈答劉正夫書〉中又說：「能者非他，能自樹立，不因循者是也。有文字以來，誰不爲文？然其存於今者，必其能者耳。」在〈答李翊書〉中更明確地提出了「行之乎仁義之途，游之乎《詩》《書》之源」的養氣論，並指出：「無望其速成，無誘於勢利。養其根而俟其實，加其膏而希其光。根之茂者其實遂，膏之沃者其光曄。仁義之人，其言藹如也。」強調道德修養應先於爲文。他又以水與浮物爲喻，進一步揭示「氣」與「言」的關係：「氣，水也，言，浮物也。水大，而物之浮者大小必浮。氣之與言猶是也。氣盛，則言之短長與聲之高下者皆宜。」顯然，這裏的「氣」主要是指文氣，其中更包括了作家的志氣、精神、毅力等，這段話強調了「氣」對文學形式的主導作用，道出了養氣與爲文的關係。

文以明道，文道統一，是韓愈古文理論的基本出發點。韓愈以前的古文家們，都不同程度地存在著重道輕文的情形，因此，他們都未能解決好文與道，內容與形式的關係問題。而韓愈在繼承前人文學理論的基礎上，從理論和實踐的結合上解決了文道統一的問題，並在實際上突破了「道」乃指儒家教條的局限，擴大而爲具體的一事一物之理，卽文章的具體內容，這就爲古文運動的發展端正了方向。

(二) 提倡古文反對六朝浮豔文風

韓愈博覽羣書，師承極廣。「凡自唐虞已來，編簡所存，大之爲河海，高之爲山嶽，明之爲日月，幽之爲鬼神，纖之爲珠璣華實，變之爲雷霆風雨，奇辭奥旨，靡不通達。」（〈上兵部李侍郎書〉），又說：「沈浸醲郁，含英咀華，作爲文章，其書滿家。上規姚姒，渾渾無涯，周誥殷盤，佶屈聱牙，《春秋》謹嚴、《左氏》浮夸，《易》奇而法，《詩》正而葩，下逮《莊》、《騷》，太史所錄，子雲、相如，同工異曲，先生之於文，可謂閎其中而肆其外矣。」（〈進學解〉）可見他不囿於一家一派，而是含英咀華，博采前賢之長，鑄就一家之體，這本身就是對舊文體的一種繼承和解放。而韓愈的更可貴之處，是他在此基礎上又大膽創新，突破傳統，形成新的文體、文風和文學語言，這是他古文理論的主要菁華所在。

在文體方面，韓愈堅決反對駢體，提倡散體，他心中所嚮往的是質樸明曉的散文，他在〈進學解〉

中所列的經、史、子等各方面的書，正是他努力追求的楷模。《舊唐書・韓愈傳》說：「常以爲自魏以還，爲文者多拘偶對，而經、誥之指歸，遷、雄之氣格不復振矣。故愈所爲文，務反近體，決意立言，後進之士取爲師法。當時作者甚衆，無以過之，故時稱韓文焉。」

駢體文是古文運動主要的對立面，是古文運動所要改變的對象，但韓愈對駢體文，未採取虛無主義的態度，一筆抹煞。如「其下魏、晉氏，鳴者不及於古，然亦未嘗絕也。」（〈送孟東野序〉）他認爲六朝的作家，雖不及古人「善鳴」，但還是有「能鳴者」。在〈新修滕王閣記〉中，他對王勃的駢體文名作〈滕王閣序〉大爲贊賞。並認爲自己能「詞列三王（王勃〈滕王閣序〉、王緒〈滕王閣賦〉、王仲舒〈修閣記〉）之次，有榮耀焉。」從其創作實踐來看，他並不盲目排斥駢體文，更不一味排斥駢體文的表現技巧。他只是反對空洞無物的駢體文，反對駢體文僵化的形式。並不反對用駢偶句型。在他的許多名篇中，都吸收了駢體文的某些表現手法，如〈師說〉、〈原毀〉、〈進學解〉、〈送李愿歸盤谷序〉等，都大量運用對偶和排比，駢散調和，很有氣勢。他這種從事寫作的態度，正是他的過人之處。蔣湘南說：「淺儒但震其起八代之衰，而不知其吸六朝之髓也。」（《七經樓文鈔》卷四：〈與田叔子論古文第二書〉），此言頗有道理。

在文風方面，韓愈堅決反對六朝駢文的浮豔習氣，他在〈薦士〉詩中說：「齊、梁及陳、隋，衆作等蟬噪。搜春摘花卉，沿襲傷剽盜。」在〈送孟東野序〉中，批評六朝文是「其聲淸以浮，其節數以急，其辭淫以哀，其志弛以肆。其爲言也，亂雜而無章。」可見，他對六朝文風所持批評態度的眞象。但鑒於他的前輩們已對駢體文文風進行了激烈的批評和討伐，所以在這個問題上，他的主要力量不是怎麼樣去「破」，而是如何來「立」，他認爲「至寶不雕琢」（〈醉贈張秘書〉），文風應質樸自然，「不以琢雕爲工。」（〈答李秀才書〉）他用自己實際創作經驗，通過優秀新體古文的示範作用，來扭轉文風，取得了極大的成就。

(三) 詞必己出與文從字順

文學語言的革新是古文運動中一個極其重要的關鍵，也是韓愈要求最嚴，用功最勤，取得成就尤爲突出的一個方面，從總體而言，他主張文章語言要以先秦兩漢散文的單行句式爲主。從具體內容而言，他對文學語言有一系列明確的要求。這些要求，可分兩個方面：一方面，他主張務去陳言，詞必已出，求新奇，貴獨創。在〈答李翊書〉中，他明確提出「惟陳言之務去。」「陳言」卽浮詞濫調。黃宗羲說：「昌黎之所謂陳言者，庸俗之議論也，豈在字句哉！」（〈論文管見〉）清人劉熙載說：「所謂陳言者，非必剿襲古人之說以爲己有也，只識見議論落於凡近，未能高出一頭，深入一境，自結撰至思者觀之，皆陳言也」。（《藝概・文概》）對於用詞的陳陳相因，韓愈大爲不滿。他把那些無益之語，庸俗之談，以及早已用濫、用舊的浮詞濫語，統統歸於「務去」之列。他在〈南陽樊紹述墓誌銘〉中說：「惟古於詞必已出，降而不能乃剽賊，後皆指前公相襲，從漢迄今用一律。」古人詞必已出，後人抄襲剽竊，韓愈反對這種剽竊之風，他要求「不蹈襲前人一言一句。」並明確提出，對古人的著作，卽使是經典，也只能「師其意，不師其詞」（〈答劉正夫書〉），絕不能生吞活剝地生搬硬套。他認爲文學家應對文學語言大膽創新。「若皆與世浮沈，不自樹立，雖不爲當世所怪，亦必無後世之傳也。」「能者非他，能自樹立，不因循者是也。」「足下家中百物，皆賴而用也。然其所珍愛，必非常物。夫君子之於文，豈異是乎哉？」（同上）他反因襲，貴獨創，甚而至於爲求新求奇主張「怪怪奇奇」（〈送窮文〉）。這裏雖有某種追求艱澀險怪的傾向，但主要是指爲文要標新立異，不落俗套，大膽地創造表達自己思想的新詞滙，新語言。

另一方面，他要求「文從字順各識職」（〈南陽樊紹述墓志銘〉）即文句要妥貼流暢，書面語言要規範化，要符合語法規律和語言的自然氣勢，反對語言艱澀詭譎。所謂：「文章言語，與事相侔。憚赫若雷霆，浩汗若河漢，正聲諧韶濩，勁氣沮金石，豐而不餘一言，約而不失一辭，其事信，其理切。」（〈上襄陽于相公書〉）即要求文學語言要從實際出發，「因事陳辭」，作到繁簡適宜。他在〈答劉正夫書〉中還認爲文「無難易，惟其是耳」。就是指根據實際需要，用恰當的語言，作自由的表達，並沒有固定不變的語言模式。

「詞必己出」與「文從字順」的結合，奇特與平易的結合，體現了韓愈對文學語言的總要求和全面的看法。他既要求語言新穎獨到，又要求語言平易自然，從這兩個方面的有機結合，可於平易中見新奇，並形成精煉、準確、奇特、生動、明曉、流暢的散文語言，從而大大縮小了書面語言和口頭語言之間的距離。

㈣　不平則鳴與反映現實

在文學與現實的關係方面，提出了不平則鳴的觀點。韓愈在〈送孟東野序〉中說：「大凡物不得其平則鳴，……人之於言也亦然，有不得已者而後言，其歌也有思，其哭也有懷。凡出乎口而爲聲者，其皆有弗平者乎？」他認爲文章是現實的產物，只有那些備受壓抑的人，才能寫出深刻反映社會現實的作品，這裏實際上是提出了一個文學與現實，作家與現實的關係問題。在〈荆潭唱和詩序〉中他又進一步提出：「夫和平之音淡薄，而愁苦之思要妙，歡愉之辭難工，而窮苦之言易好也。是故文章之作，恒發於羈旅草野。至於王公貴人，氣滿志得，非性能而好之，則不暇以爲。」他認爲作者處在和平、歡樂的環境中，不可能寫出激動人心的作品；只有在坎坷失意、悲憤鬱悒之中，才能深深感觸到時代的脈動，社會的矛盾，寫出揭露社會、抒發激情、有聲有色，如泣如訴的動人之作。這是他「不平則鳴」觀點的具體化。這段強烈憤世嫉俗色彩的論述，既是對司馬遷發憤著書觀點的發揚，又是他自己創作實踐的總結。韓愈還把柳宗元當作典型來進一步闡述自己這一觀點，他說：「然子厚斥不久，窮不極，雖有出於人，其文學辭章必不能自力以致必傳於後如今無疑也。」（〈柳子厚墓誌銘〉）韓愈的這種看法，既是對儒家關於《詩經》的「怨」、「刺」作用，屈原的「發憤以抒情」（〈九章・惜誦〉），司馬遷「發憤著書」等說的繼承和發展，又對宋代歐陽修「窮而後工」說產生了直接的影響。歐陽修將其概括爲「非詩之能窮人，殆窮者而後工也。」（〈梅聖俞詩集序〉）從此，「詩窮而後工」，「文窮而後工」的文學觀點才正式提出。韓愈從「不平則鳴」的文學觀點出發，進一步把作家的生活、思想、創作動機與現實社會聯接起來，把「文」作爲鳴不平的工具；這實際上是把文以「明道」與對社會現實的揭露加以聯系，並成爲「明道」的一種具體說明和補充，也就是說，韓愈把「古文」創作，當成「鳴不平」的工具，這在封建社會裏是十分大膽地。

㈤ 革新必須本於繼承

文學的發展，離不開繼承與革新，沒有繼承，就割斷了歷史的臍帶，使革新缺乏出發的基礎；沒有革新，文學就會僵化而無從開展。對此，韓愈是有深刻體認的。他在談到自己寫文章如何向古代典籍和作品學習時，假托「弟子」的口吻說：「沈浸醲郁，含英咀華，作爲文章，其書滿家。上規姚姒，渾渾無涯，周誥殷盤，佶屈聱牙，《春秋》謹嚴，《左氏》浮誇，《易》奇而法，《詩》正而葩，下逮《莊》、《騷》，太史所錄，子雲，相如，同工異曲：先生之於文，可謂閎其中而肆於外矣。」在這段話裏，韓愈着重談了繼承，也涉及到革新。他對於《尚書》、《春秋》、《左傳》、《周易》、《詩經》、《莊子》、《離騷》、《史記》以及司馬相如、揚雄的辭賦，大部份說出了他們在風貌和語言上的特徵，以之作爲自己仿效的重點。

顯然韓愈這樣做，是既有所繼承，又有所革新的，關於這一點，他還說過：「或問爲文宜何師？必謹對曰：宜師古聖賢人。曰：古聖賢人所爲書具存，辭皆不同；宜何師？必謹對曰：師其意不師其辭。……」

韓愈學習古代的典籍和作品，側重於他們立意的新穎和表現手法的巧妙，而對於他們的詞句，則從不沿襲，間因敍事和說理的需要，則加以借用或反用，但大多是「自鑄偉詞」。在此還應指出，韓愈對「八代」駢偶之作，也不是絕對地摒棄，而仍然作某種程度的擷取。袁枚說：「唐以前，未有不精文選理者，不獨杜少陵也。韓柳兩家文字，其穠麗處，俱從此出。宋人以八代爲衰，遂一筆抹煞，而詩文從此平弱矣」。這一說法是正確的。試觀韓愈的〈送李愿歸盤谷序〉、〈進學解〉、〈祭河南張員外文〉、〈柳州羅池廟碑〉等文，雖其「雄直之氣」，凌駕八代之上，而其「穠麗處」，則不能說沒有受到八代之文的沾溉。我認爲，韓愈處理繼承與革新的問題，不但要求將二者統一，還淸楚地意識到，繼承是革新的手段，而革新是繼承的目的。

(六) 結　語

韓愈爲唐代古文運動提出了一系列重要的理論觀點，適當地解決了他的前輩們沒有解決好的一些重大問題。他的古文運動的主張，是唐代古文運動的理論基礎和指導思想，它不但指導唐代古文運動取得了重大的勝利，而且也原則上確定了宋代古文運動的基本內容。它不僅爲唐宋古文作出了重大貢獻，同時，對元明淸散文發展，也產生了極大的影響。

五、韓愈的散文藝術

韓愈的散文，在藝術上取得了很大的成就。《新唐書》本傳稱他的散文「刊落陳言，橫騖別驅，汪洋恣肆」；蘇洵謂其文「如長江大河，渾浩流轉；魚黿蛟龍，萬怪惶惑，而抑遏蔽掩，不使自露；而人望見其淵然之光、蒼然之色，亦自畏避，不敢迫視」。這些贊揚韓愈的評語，可說是完全正確。不過，作爲「文起八代之衰」的傑出作家，韓愈的古文能夠以全新的面貌出現於中唐，流傳於後世，產生巨大的影響，不僅在於其內容的充實，還在於他富有高超的藝術表現能力，因而形成了奇偉不凡的風格。

㈠ 氣勢雄健

韓愈非常重視文章的氣勢。所謂「氣」，蓋指作家所具備的內在精神力量。要使文章氣盛，首先必使文章的內容要充實，思想要正確，同時作者對自己所論的問題要先有「自以爲是」的精神。

韓愈一生雖仕途坎坷，多遭磨難，但始終未能動搖他的自信力。他以孔門正統繼承人自居，並公開說：「若世無孔子，不當在弟子之列。」（〈答呂毉山人書〉）批評荀子、揚雄對儒學「擇焉而不精，語焉而不詳」，說他們是「大醇而小疵」。先秦盛漢的文章如羣經、諸子之學以及子雲、相如、司馬遷的著作，都是他師法的對象。但他也曾不無自負地說過：「臣受性愚陋，人事多所不通。惟酷好學問文章，未嘗一日暫廢，實爲時輩所見推許。臣於當時之文，亦未有過人者。至於論述陛下功德，與《詩》、

《書》相表裏，作爲歌詩，薦之郊廟，紀泰山之封，鏤白玉之牒；鋪張對天之閎休，揚厲無前之偉蹟，編之乎《詩》、《書》之策而無愧，措之乎天地之間而無虧，雖使古人復生，臣亦未肯多讓。」（《潮州刺史謝上表》）由於他在文、道兩方面的高度自信，所以他的文章大都能夠寫得氣勢雄健有力。

韓愈許多優秀作品都是有爲而作。敢於發別人所不敢發，道別人所不敢道。《舊唐書・韓愈傳》說他「發言眞率，無所畏避。」《新唐書・韓愈傳》說他「鯁言無所忌。」都是中肯之論。韓愈爲文，以「道」爲本，喜歡發表意見，見到「弊事」、見到「不平」，便如骨鯁在喉，必吐而後快。如〈論佛骨表〉一文，是他有感於憲宗佞佛而發的。憲宗迎佛骨，頂禮膜拜，本求長壽，韓愈卻舉大量例子證明歷史上奉佛的皇帝「事佛漸謹，年代尤促」；憲宗迎佛骨在社會上引起強烈反響，韓愈指出這是「傷德敗俗，傳笑四方，非細事也」，並且大罵佛骨是「枯朽之骨，凶穢之餘」，「羣臣不言其非，御史不舉其失，臣實恥之。乞以此骨付之有司，投諸水火，永絕根本，斷天下之疑，絕後代之惑……豈不盛哉！豈不快哉！佛如有靈，能作禍祟，凡有殃咎，宜加臣身。上天臨鑒，臣不怨悔！」這種對佛教的深惡痛絕，對佞佛者愚陋虛妄的抨擊，即使是皇帝老子，他也毫不客氣。又如中唐時期，藩鎭氣焰囂張，大造分裂割據的輿論，誹謗爲維護國家統一而犧牲的英雄，韓愈針對這種情況，寫下了〈張中丞傳後敍〉一文，高度評價了張巡、許遠死守睢陽的不朽業績，猛烈抨擊見死不救的藩鎭和捏造流言蜚語的無恥之徒。義正詞嚴，理直氣壯，無以復加。由此可以看出他的卓見、勇氣和膽識。至於某些干祿的文章，往往也寫得氣勢不凡。如三〈上宰相書〉，便是顯例。在第一書的開頭，就引經據典指出：「孰能長育天下之人材，將非吾君與吾相乎？孰能教育天下之英材，將非吾君與吾相乎？」並據此提出，自己「時有感激怨懟奇怪之辭，求知於天下，亦不悖於教化」。使自己先立足於主動地位。三封信均以堂堂正正的理由向宰相求薦，並在文中對時相不能薦賢多有微詞，少有求憐取媚之態，而無狷狂恣肆之氣。再如他的〈上張僕射書〉，當時他在張建封部下做節度推官，因爲受不了刻板的上下班時間限制，願自定時間上下班，於是寫信給張建封商量，這本是下級請求上級之事，但韓愈此信卻寫得意氣很盛，他說：「古人有言曰：人各有能有不能。若此者，非愈之所能也。抑而行之，必發狂疾。上無以承事於公，忘其將所以報德者；下無以自立，喪失其所以爲心。夫如是，則安得而不言？凡執事之擇於愈者，非爲其能晨入夜歸也，必將有以取之。苟有以取之，雖不晨入而夜歸，其所取者猶在也。下之事上，不一其事；上之使下，不一其事。量力而任之，度才而處之。其所不能，不強使爲是，故爲下者不獲罪於上，爲上者不得怨於下矣。……若寬假之使不失其性，加待之使足以爲名。寅而入，盡辰而退；申而入，終酉而退，率以爲常，亦不廢事。天下之人聞執事之於愈如是也，必皆曰：執事之好士也如此，執事之待士以禮如此，執事之使人不枉其性而能有容如此，執事之欲成人之名如此，執事之厚於故舊如此。又將曰：韓愈之識其所依歸也如此，韓愈之不諂屈於富貴之人如此，韓愈之賢能使其主待之以禮如此，則死於執事之門無悔也。若使隨行而入，逐隊而趨，言不敢盡其誠，道有所屈於已。天下之人聞執事之於愈如此，皆曰：執事之用韓愈，哀其窮，收之而已耳！韓愈之事執事，不以道，利之而已耳！苟如是，雖日受千金之賜，一歲九遷其官，感恩則有之矣。將以稱於天下曰：『知己知己，則未也。』」理由堂而皇之，氣勢咄咄逼人，實非情辭卑下、氣格不高、求容取悅之詞可比。

由於韓愈自以爲是、自信其眞，所以他無論談什麼問題，觀點都非常明確，結論如刀劈斧砍，是就是是，非就是非，絕不含糊其辭，呑呑吐吐，故其文章多顯得氣勢磅礴，不同凡響，有一種震懾人心的力量。錢基博說，韓愈這類文章，「未爲人占地步，先自己占地步，高睨大談，不免矜心作意，而自兀岸可喜。」這確是韓愈爲人、爲文的特點。

(二) 感情真摯

文章單單做到氣盛還是不夠的，因爲氣盛則文易嚴峻、峭刻，威懾則易有之，感人往往不足。故文章還必須情眞。情眞，則文易直率、平易，白居易說：「感人心者，莫先乎情。」（〈與元九書〉）文以情動人，這是文學創作的一條重要原則和規律，古今中外，概莫能背，韓文之所以爲人們所喜愛，感情的眞摯又是極其重要的因素。

韓愈的許多作品都有著強烈的感情色彩。如〈祭十二郎文〉，抒寫悼念亡侄的無限哀痛之情，其中有一段追憶叔姪幼時孤苦相依的情景，是這樣說的：「吾上有三兄，皆不幸早世，承先人後者，在孫惟汝，在子惟吾，兩世一身，形單影隻。嫂嘗撫汝指吾而言曰：『韓氏兩世，惟此而已！』汝時猶小，當不復記憶；吾時雖能記憶，亦未知其言之悲也。」在追憶叔姪間多次匆匆離合而最後導至死別之悲，作者寫道：「嗚呼！孰謂汝遽去吾而歿乎！吾與汝俱少年，以爲雖暫相別，終當久與相處，故舍汝而旅食京師，以求斗斛之祿；誠知其如此，雖萬乘之公相，吾不忍一日輟汝而就也！」而本文的兩次抒情高潮，一在作者得到老成噩耗之時，一在最後抒發自責之情之時，全文感情深摯，如泣如訴，字字句句皆從肺腑流出。《古文觀止》評此文說：「情之至者，自然流爲至文。讀此等文，須想其一面哭一面寫，字字是血，字字是淚，未嘗有意爲文，而文無不工。」並譽此文爲「祭文中千年絕調。」（吳楚材《古文觀止》卷八）所謂之「絕調」，就在它運淋漓酣暢之筆，抒發了自己眞摯哀痛之情。

韓愈的贈序文中也有不少抒情強烈的作品，如〈送李愿歸盤谷序〉，文章極其生動地描繪了志滿意得的達官顯貴，投機鑽營者及懷才不遇的隱者，這三個類型的人物。同時也表達了自己愛憎褒貶之情；〈送董邵南序〉既對董邵南的懷才不遇深表同情，對當權者不能任用賢才更表示不滿，也委婉含蓄地表達了自己反對董邵南到河北去爲藩鎮效勞之意。〈送孟東野序〉更是一篇感情激憤，不平則鳴的文章，全文寫得峰巒迭起，噴薄而出，其憤懣之情，直如萬丈飛瀑，奔流而下。

韓愈寫給朋友們的那些書信，更是眞摯動人。崔羣是韓愈的好友，韓愈在〈與崔羣書〉中，向他傾訴了自己的肺腑眞情說：「自古賢者少，不肖者多。自省事已來，又見賢者恆不遇，不賢者比肩青紫；賢者恆無以自存，不賢者志滿氣得；賢者雖得卑位則旋而死，不賢者或至眉壽。不知造物者意竟如何？無乃所好惡與人異心哉？又不知無乃都不省記，任其死生壽夭邪？未可知也。人固有薄卿相之官、千乘之位，而甘陋巷菜羹者。同是人也，猶有好惡如此之異者，況天之與人當異其所好惡無疑也。合於天而乖於人，何害？況又時有兼得者邪？崔君崔君，無怠無怠！」這簡直是一篇憂憤極深的抒情小品，爲崔羣，爲自己，也爲那些不遇於時的賢者大鳴不平，將自己的困頓處境，衰憊之態，歸隱之念，思友之情，和盤托出，最後又叮嚀崔羣珍重自愛，眞可謂推心置腹，情深意濃。再如〈與李翺書〉、〈進學解〉、〈送窮文〉、〈毛穎傳〉、〈柳子厚墓誌銘〉、〈貞曜先生墓誌銘〉、〈南陽樊紹述墓誌銘〉等，均眞誠坦率，剖肝瀝膽，感情眞摯而強烈，語言恣肆而盡意，有著巨大的藝術感染力，能引起讀者感情上的強烈共鳴。

韓愈的各類文章均有強烈的主觀感情色彩，他自己的喜怒哀樂、抑揚褒貶都發自內心，他不避醜拙，不掩蓋自己的眞情，這種坦露胸懷和熾烈感情的文字，使人感到親切、自然、眞誠、實在，使讀者在無意之中受到作者情緒的感染，而產生無可名狀的傾慕與同情。

㈢ 立意深邃

韓愈有不少文章題材不見得有什麼新鮮之處，但讀後卻給人耳目一新之感。習見的內容而能寫出新意，這在很大程度上應歸功於作家立意新。

立意，關乎一篇文章的成敗。立意高不高，決定一篇文章有無深度，有無力量，以及思想價值之大小。如〈送李愿歸盤谷序〉只不過是送隱士歸山，但作者並未把它寫成一篇寒暄客套的送別文字，而是著眼於整個社會，從仕者與隱者的鮮明對比中，把文章的主題放在揭露官場腐敗上，淋漓盡致地展示了得意的大丈夫、奔波鑽營的利祿小人，同時也表現了對隱士的贊譽和對其懷才不遇的同情，實際上是抒發自己一肚子牢騷不平，這就使得文章有了更廣泛、更深刻的社會意義。〈送董邵南序〉亦係送一個落拓無業的書生游河北，作者並沒有在惜別和挽留上兜圈子，而是把董邵南到河北謀求出路與河北不稟王命的藩鎮聯繫起來，從反對藩鎮割據，維護國家統一的角度上去立意，既表示了自己對朋友懷才不遇的同情，又表現了對朝廷遺賢棄才的不滿，同時也淸楚地表現了勸阻朋友到河北向藩鎮謀職的意向。

韓愈還善於借題發揮，增加作品的社會意義。譬如李于是一位太學博士，又是韓愈的侄孫女婿，此人迷信丹鼎，服食喪命。韓愈在爲其撰寫的〈故太常博士李君墓誌銘〉中，沒有按傳統的碑誌慣例以稱頌或病惜悼念爲主，而是在服食問題上大作文章。如云：「余不知服食說自何世起，殺人不可計而世慕尚之益至，此其惑也。」從這一基點出發，他一連列舉了六七位自己親與交遊而以服食喪生的實例，論證了「蘄不死，乃速得死」的命題，尖銳地批評了「不信常道，而務鬼怪」者的虛妄。工部尚書孟簡篤信佛教，聽說韓愈奉佛，很感興趣，寫信問訊，韓愈寫了〈與孟尚書書〉一文作答，但韓愈並沒有把此信寫成解釋性的辯誣文字，而是以絕大部分篇幅講自己不能「去聖人之道，舍先王之法，而從夷狄之教以求福利」，猛烈地抨擊佛教：「假如釋氏能與人爲禍祟，非守道君子之所懼也，況萬萬無此理。況彼佛者果何人哉？其行事類君子邪？小人邪？若君子也，必不妄加禍於守道之人；如小人也，其身已死，其鬼不靈，天地神祇，昭布森列，非可誣也，又肯令其鬼行胸臆，作威福於其間哉！……釋老之害，過於楊、墨，韓愈之賢，不及孟子。孟子不能救之於未亡之前，而韓愈乃欲全之於已壞之後。嗚呼！其亦不量其力，且見其身之危，莫之救以死也。」完全是一篇激烈的排佛、老文字。

總之，韓愈寫文章，大都能站在更高更遠的角度上去看待某一事件的意義，所以他的文章，事無大小，都能開拓得廣，挖掘得深，和當時社會上一些重大問題加以聯繫起來，擴大文章的社會意義。故其文思路開闊、內容充實。所以如此，這和他政治的敏感、思想的深邃、學問的淵博有著密切的關係。

(四) 構思新穎

文章的立意往往和構思密不可分，只講立意高，不講構思巧，則文章容易直露，以至生澀，牽強附會，令人生厭；同樣不講立意高，一味追求構思巧，則只能在技巧上變花樣，以至使文章過分雕琢，流於尖巧。韓愈爲文，力戒此弊，在注重文章立意的同時，又十分重視文章的構思新穎。

〈送董邵南序〉是一篇很難寫的送別文章。因爲從作者的本心講，是反對董邵南到河北去投靠藩鎭的，但現在朋友要走，又要爲文送別，他既不能違心地鼓勵朋友去河北爲藩鎭效力，又不能直言不諱地阻止朋友到河北去找出路，要達到既送且留的目的，就要靠新穎的構思。文章以「燕趙古稱多感慨悲歌之士」起筆，緊接著寫道：「董生舉進士，連不得志於有司。懷抱利器，鬱鬱適茲土，吾知其必有合也。董生勉乎哉！」既點出董生懷才不遇，又祝福其到河北「必有合」，勉其前往。然而第二段，作者筆鋒一轉，寫到「風俗與化移易，吾惡知其今不異於古所云邪？聊以吾子之行卜之矣」。即是說，如今的燕趙，未必有感慨悲歌之士，董生此去也未必有合；末段則託董生代爲「弔望諸君之墓」，並代向燕市的隱者致意，說：「明天子在上，可以出而仕矣。」既然河北的隱者可以到朝廷來做官，那麼已在天子腳下的董邵南，還有什麼理由要到河北去干祿呢？全文構思新穎，貌似處處送之，實則處處留之，將自己大篇的議論，難於明言的本意，蘊藏在冠冕堂皇的送別文字中，既無損友道，又不違己意，眞可謂妙手天成！再如〈送高閑上人序〉也是一篇很難下筆的文字。高閑上人是佛教徒，善草書。於是韓愈爲序就先從書法講起，通過高閑的書法與張旭書法的對比，指出：「往時張旭善草書，不治他伎，喜怒窘窮，憂悲鬱佚，怨恨思慕，酣醉無聊不平，有動於心，必於草書焉發之……故旭之書，變動猶鬼神，不可端倪，以此終其身而名後世。」「今閑師浮屠氏，一生死，解外膠，是其爲心，必泊然無所起；其於世，必淡然無所嗜。泊與淡相遭，頹墮委靡，潰敗不可收拾，則其於書，得無象之然乎？」他藉著談論草書，達到排佛的目的，使高閑上人雖有不悅，亦難以啓齒。

韓愈有些求人的文章寫得不卑不亢，甚至咄咄逼人，也與其新穎的構思有關。如〈與鳳翔邢尙書書〉，這是求人引薦的書信。文章先講了一通先達與後進之士間之上下相須，先後相資的道理，又說邢尙書之所以未能「納君於唐虞，收地於河湟」，就在於「待士之道未甚厚，遇士之禮未甚優」；接著又大講「擇其人之賢愚而厚薄等級之可也，假如賢者至，閣下乃一見之；愚者至，不得見焉，則賢者莫不至，而愚者日遠矣。假如愚者至，閣下以千金與之，賢者至，亦以千金與之，則愚者莫不至，而賢者日遠矣。欲求得士之道，盡於此而已矣」，最後他又說：「愈也布衣之士也……居十日而不敢進者，誠以左右無先爲容，懼閣下以衆人視之，則殺身不足以滅恥，徒悔恨於無窮，故先此書序其所以來之意，閣下其無以爲狂而以禮進退之」。儼然把自己當作賢者，理應受到特殊禮遇。邢尙書用不用自己，都無損於自己的身價。

韓愈所寫的墓誌銘，也有不少構思新穎之作。如〈襄陽盧丞墓誌銘〉，是爲范陽盧行簡之父所撰。韓愈對盧丞生平全不了解，故此墓誌通篇都是用盧行簡乞銘的話，對盧丞本人未置一詞，只是在最後寫道：盧行簡「葬其父母，乞銘以圖長存，是眞能子矣！可銘也，遂以銘」。雖係應酬文字，構思十分新奇。再如〈殿中少監馬君墓誌〉，是爲馬繼祖所寫，而馬繼祖本人平平毫無可志之事，於是韓愈就在墓誌中記敍了自己與馬家祖孫三代交往的經過，及四十年間哭其「祖子孫三世」之事，其他概未涉及。不可不謂其巧於構思。

總之，韓愈的文章在立意和構思方面都花了極大的工夫，立意新穎、構思新穎，這是韓文的又一重要特色。他把文章的立意與構思自然巧妙地結合起來，使作品的思想內容和藝術表現，得以和諧完美的結合，使文章能夠做到因人而異，因事而異，因時而異，隨事立意，窮情盡相。

㈤ 形象逼真

韓文長於議論，無論什麼文體，都寫得汪洋恣肆，議論風發。在韓愈的文章中，成功地勾畫和描繪出一系列人物和其他事物的生動形象。韓愈的碑誌和傳記文可以說是他的人物畫廊，這裏作者爲我們塑造了形形色色的人物。我們先看〈柳子厚墓誌銘〉中青年時代的柳宗元：「子厚少精敏，無不通達。逮其父時，雖少年，已自成人，能取進士第，嶄然見頭角，衆謂柳氏有子矣。其後以博學宏詞授集賢殿正字。俊傑廉悍，議論證據今古，出入經史百子，踔厲風發，率常屈其座人，名聲大振，一時皆慕與之交，諸公要人爭欲令出我門下，交口薦譽之。」簡單的幾筆，就把一個滿腹經綸、才華橫溢、春風得意的青年政治家的形象完全突顯在讀者的面前。至於在〈試大理評事王君墓誌銘〉中寫的那位天下奇男子王適，說他：「好讀書，懷奇負氣，不肯隨人後舉選。」朝廷「以四科募天下士，君笑曰：『此非吾時邪！』即提所作書，緣道歌吟，趨直言試。既至，對語驚人，不中第，益困」。「久之，聞金吾李將軍年少喜士，可撼，乃蹐門告曰：『天下奇男子王適，願見將軍白事』。一見，語合意，往來門下。」跋扈藩鎮盧從史「欲聞無顧忌大語」，遣客鉤致，「君曰：『狂子不足以共事。』立謝客。」此後，李將軍待之益厚，官亦遷升。得「居歲餘，如有所不樂，一旦載妻子入閿鄉南山不顧。」至此，這位懷奇負氣，不媚世俗，出處任意的奇男子形象已很鮮明了。但作者在最後又詳細追述了王適當年娶妻的一段佚事：

「初，處士將嫁其女。懲曰：『吾以齟齬窮，一女，憐之，必嫁官人，不以與凡子。』君曰：『吾求婦氏久矣，惟此翁可人意，且聞其女賢，不可以失。』卽謾謂媒嫗：『吾明經及第，且選，卽官人。侯翁女幸嫁，若能令翁許我，請進百金爲嫗謝』。諾，許白翁。翁曰：『誠官人耶？取文書來。』君計窮吐實。嫗曰：『無苦，翁大人不疑人欺我，得一卷書粗若告身者，我袖以往，翁見，未必取眎，幸而聽我。』行其謀。翁望見文書銜袖，果信不疑，曰：『足矣。』以女與王氏。」這一段精彩的騙婚趣事，給奇男子臉上又重重地抹了一筆濃艷的色彩。而王適這個小人物，也就借著韓愈的大手筆，永傳於後世了。

〈張中丞傳後敍〉中的南霽雲，是韓愈筆下一位有血有肉的英雄人物，文中對他有簡潔精彩的描繪：「南霽雲之乞救於賀蘭也，賀蘭嫉巡、遠之聲威，功績出己上，不肯出師救。愛霽雲之勇且壯，不聽其語，強留之。俱食與樂，延霽雲坐。霽雲慷慨語曰：『雲來時，睢陽之人不食月餘日矣。雲雖欲獨食，義不忍；雖食，且不下咽。』因拔所佩刀，斷一指，血淋漓以示賀蘭。一座大驚，皆感激，爲雲泣下。雲知賀蘭終無爲雲出師意。卽馳去。將出城，抽矢射佛寺浮圖，矢著其上磚半箭。曰：『吾歸破賊，必滅賀蘭，此矢所以志也。』愈貞元中過泗州，船上人猶指以相語。城陷，賊以刃脅降巡，巡不屈，卽牽去，將斬之。又降霽雲，雲未應。巡呼雲曰：『南八，男兒死耳，不可爲不義屈。』雲笑曰：『欲將以有爲也，公有言，雲敢不死！卽不屈。」三個場面，三句話，兩個有典型意義的行動，就把一個忠勇義烈、肝膽照人的英雄形象寫得栩栩如生，呼之欲出！

韓愈還非常善於概括出不同類型的人物羣像。如在〈送李愿歸盤谷序〉中，作者生動地描繪出三種類型的人物：一類是志滿意得的達官顯貴：「利澤施於人，名聲昭於時，坐於廟朝，進退百官，而佐天子出令。其在外，則樹旗旄，羅弓矢，武夫前呵，從者塞途，供給之人，各執其物，夾道而疾馳。喜有賞，怒有刑。才俊滿前，道古今而譽盛德，入耳而不煩。曲眉豐頰，清聲而便體，秀外而惠中，飄輕裾，翳長袖，粉白黛綠者，列屋而閒居，妒寵而負恃，爭妍而取憐。」另一類是懷才不遇的隱士：「窮居而野處，升高而遠望，坐茂樹以終日，濯清泉以自潔。采於山，美可茹；釣於水，鮮可食。起居無時，惟適之安。」再一類是無恥的投機鑽營者：「伺候於公卿之門，奔走於形勢之途，足將進而趑趄，口將言而囁嚅，處汚穢而不羞，觸刑辟而誅戮，僥幸於萬一，老死而後止者，其與爲人賢不肖何如也！」在〈柳子厚墓誌銘〉中，作者又將現實生活中的市儈拉出來示衆，說：「今夫平居里巷相慕悅，酒食游戲相徵逐，詡詡強笑語以取下，握手出肺肝相示，指天日泣涕，誓生死不相背負，眞若可信！一旦臨小利害，僅如毛髮比，反眼若不相識，落陷穽，不一引手救，反擠之，又下石焉者，皆是也。」這五花八門的人物類型，作者都準確地抓住了他們的共通性和本質特徵，很能發人深思，啓人聯想。

除了人物之外，韓愈的散文中也不乏對動物、景物和其他事物的生動描繪。在這方面最突出的例子恐怕要數〈畫記〉了。其記人：「騎而立者五人，騎而被甲載兵立者十人……甲冑坐睡者一人，方涉者一人，坐而脫足者一人，寒附火者一人……凡人之事三十有二，爲人大小百二十有三，而莫有同者焉。」其寫馬：「馬大者九匹。於馬之中，又有上者、下者、行者、牽者、涉者、陸者……人立者，齕者、飲者、溲者、陟者、降者、痒磨樹者……凡馬之事二十有七，爲馬大小八十有三，而莫有同者焉。」文中共涉及人、馬、鳥獸及其他物器共五百有餘，不加任何評說，純以狀物見長，描繪極爲精彩，形象極其生動。

韓文中類似這些豐富多采的藝術形象，給讀者留下了極爲深刻的印象，讓讀者從這些藝術形象中去認識和理解事理，去了解作者的思想和感情，從而去深化作品的社會意義。

㈥ 比喻多樣

韓愈在各類文章中都大量使用精彩的比喻和比擬。利用比擬、比喻進行抒情、議論，來增加作品的形象性，以彌補散文不宜大量用典故所產生的缺陷。

1.寓言式的比擬

韓愈有些作品，採用了寓言式的比擬手法。如〈雜說〉四，用伯樂和千里馬的故事來比擬統治者和人才之間的關係。文章不另加議論，只從識馬、養馬、知馬幾方面來比擬人才的被發現、培養和合理使用，全文處處講馬，實際上是處處寫人。〈獲麟解〉也是用麟與聖人的關係來比擬統治者和人才之間之關係。此外像〈龍說〉中的游龍，〈送窮文〉中的窮鬼，〈毛穎傳〉中的毛穎，〈應科目時與人書〉中的怪物，都是採用了以物擬人的手法，用這些具體生動的形象去代替直接的描寫和大段的議論。

2.修辭上的比喻

韓文中應用最廣的還是修辭上的比喻。如〈送王秀才序〉，作者在闡述儒家與楊、墨、老、莊、佛學相對立時說：「道於楊、墨、老、莊、佛之學，而欲之聖人之道，猶航斷港絕潢，以望至於海也」。說明這樣做是南轅北轍，永遠不可能達到目的。陳生向韓愈求「速化」之術，韓愈在〈答陳生書〉中說，「是所謂借聽於聾，求道於盲。」說明自己對「速化」之術一竅不通，陳生所求非人；在〈送權秀才序〉中，他用「伯樂之廐多良馬，卞和之匱多美玉」，來比喻董晉府中多才德之士。在〈與袁相公書〉中，他向袁相公推薦樊宗師，但他既不直說樊宗師有才，也不說袁相公府中有空缺，而說「不忍奇寶橫棄道側，而閣下篋櫝尙有少闕不滿之處，猶足更容，輒冒言之。」不僅生動、形象，而且委婉、得體；在〈與李翺書〉中他寫道：「僕在京師八九年，無所取資，日求於人以度時月，當時行之不覺也。今而思之，如痛定之人思當痛之時，不知何能自處也。」用痛定思痛來比喻自己非常痛苦而又難於言狀的思想感情；在〈答張籍書〉中，他用「脫然若沉痾去體，洒然若執熱者之濯清風」，來比喻自己聽到那些抽象的感情，難於三言兩語講清的道理，或不便直說的意思，都表現得十分生動而準確，讓讀者從這些具體可感的形象中去領悟作者的意圖。

3. 連續使用比喻

韓文常常連續使用比喻，即所謂的博喻。如〈韋侍講盛山十二詩序〉中寫道：「夫儒者之於患難，苟非其自取之，其拒而不受於懷也，若築河堤以障屋霤；其容而消之也，若水之於海，冰之於夏日；其翫而忘之以文辭也，若奏金石以破蟋蟀之鳴，蟲飛之聲。」連用五個比喻，把韋處厚被貶官後豁達大度，不戚戚於心的思想表達得十分具體，給人以強烈的感受。在〈上襄陽于相公書〉中，他用「憚赫若雷霆、浩瀚若河漢，正聲諧韶濩；勁氣沮金石，豐而不餘一言，約而不失一辭」來稱頌于頔的文章。在〈與崔羣書〉中，他用「鳳皇芝草」、「青天白日」、「稻也、粱也、膾也、炙也」，來比喻崔羣之美德；在〈答李翊書〉中，他用「處若忘，行若遺，儼乎其若思，茫乎其若迷」來形容自己如癡如醉從事古文創作的情態；在〈送石處士序〉，用「若河決下流而東注，若駟馬駕輕就熟路，而王良、造父爲之先後也。若燭照數計而龜卜也」，來描繪石洪的通曉古今，能言善辯。這些比喩的運用不是簡單地堆砌，而是從各個角度鋪排作比，來描寫一個人物，一種思想或情態，使其內容更加充實，形象更加豐滿，效果更加強烈。

通過大量具體生動的形象和新穎精妙的比喩、比擬來進行敍事、狀物、抒情、議論，大大增加了文章的生動性和形象性，更能帶動讀者豐富的想像和聯想，從而增加作品思想的深度和藝術魅力。

(七) 語言精煉

韓愈的散文，不僅注意語言的來源，而且對於如何把這種語言組成富有表現力的文句，也非常講究，如：

1. 短句和長句。 散文中的短句，如果多加錘煉，就顯得勁拔，具有強烈的表現力。韓愈〈原道〉中的：「人其人，火其書，廬其居」；又〈送孟東野序〉中的「其躍也，或激之；其趨也，或梗之；其沸也，或炙之」等句，都簡短而勁拔，含意很深刻。至於長句，運用起來比較困難，因爲它必須具有精密而合乎語法的結構，才會妥貼，從而發揮其應有的功能。韓愈散文中的長句，確實造得很好：(1)善於將複合小句用於反問的語言格式之中，如〈張中丞傳後敍〉裏的「烏有城壞其徒俱死，獨蒙愧恥求活，雖至愚者不忍爲，嗚呼！而謂遠之賢而爲之邪？」(2)善於將許多並列的小句組織成作爲主語的「者」字結構，如〈柳子厚墓誌銘〉裏的「今夫平居里巷相慕悅，酒食游戲相征逐，詡詡強笑語以相取下，握手出肺肝相示，指天日涕泣，誓生死不相背負，眞若可信，一旦臨小利害，僅如毛髮比，反眼若不相識，落陷穽，不一引手救，反擠之，又下石焉者，皆是也。」⑶善於用關聯語連結複句，如〈送高閑上人序〉中的「苟可以寓其巧智，使機運於心，不挫於氣，則神完而守固，雖外物至，不膠於心」。對於韓愈這些長句，在閱讀時，要用高亢急讀的聲調，才能領會其所表現的雄偉奔放的氣勢。

2. **對偶句和排比句**。韓愈的散文，雖然是從齊梁駢體文的束縛下解放出來的新文體，但它還適當地保存著一些對偶句和排比句，這對於文體的純淨，不僅沒有妨礙，而且還能增加藝術力量，例如〈送李愿歸盤谷序〉中的「伺候於公卿之門，奔走於形勢之徒；足將進而趑趄，口將言而囁嚅」；又〈答李翊書〉中的「養其根而俟其實，加其膏而希其光，根之茂者其實遂，膏之沃者其光曄」等等，都對仗工整，詞采斐然，不愧爲對偶句中的翹楚。至於排比句，他除集中地在〈原毀〉裏加以運用外，又如〈送孟東野序〉中的「以鳥鳴春，以雷鳴夏，以蟲鳴秋，以風鳴冬」，也可以作爲例證。他的排比句，形式較整齊而勁氣內歛，不失「奇崛」本色。

3. **疊句和錯綜句**。韓愈對於疊句和錯綜句，都運用得很熟練。首先，試看〈畫記〉中的這一段疊句：

> ……行者、牽者、涉者、陸者、翹者、顧者、鳴者、寢者、訛者、立者、人立者、齕者、飲者、溲者、陟者、降者、癢磨樹者、噓者、嗅者、喜相戲者、怒相踶嚙者，秣者、騎者、驟者、走者、載服物者、載狐兔者。

這樣連疊二十多句，描寫了馬的種種不同姿態，而語言也參差錯落，層出不窮，讀起來毫無煩瑣板滯之感。其次，韓愈也善於使用錯綜句，如〈原道〉中的「周道衰，孔子沒，火於秦，黃老於漢，佛於晉魏梁隋之間」；又同篇中的「其民士農工賈，其位君臣父子師友賓主昆弟夫婦，其服麻絲，其居宮室，其食粟米果蔬魚肉」等等均可做爲例證，同時用得自然醇練，毫無雕琢痕迹。

4. 頓挫句。 韓愈的散文，往往縱橫飛動而顯得蘊藉，這主要得力於頓挫句，例如〈送高閑上人序〉的頭一段，提出「神完而守固」，則「外物至，不膠於心」的論題下，接著列舉歷史人物，說明他們對於自己所從事的某種業務，終身樂而不厭，哪裏來得及羨慕外物？文章寫到這裏，已如怒馬奔馳，一往無前，韓愈卻及時加以控制，接著寫道：「夫外慕徙業者，皆不造其堂，不嚌其胾者也」。這樣，在文氣極盛之處，頓加收斂，蓄積氣勢，就有助於下文作更好地開展。

5. 宕句和鎖句。 散文要跌宕，才富有丰神，所以須適當地使用宕句，使文意搖曳生姿。韓愈〈應科目時與人書〉中的「無高山大陵曠途絕險爲之關隔也」，和〈與鄂州柳中丞書〉中的「豈常習於威暴之事，而樂其鬥戰之危也哉」，以及〈爭臣論〉中的「彼二聖一賢者，豈不自知安佚之爲樂哉」等，都是很好的宕句，它們使文章顯得韵調飄逸。至於鎖句，其作用和宕句不同，但在散文裏也是不可缺少的，因爲前者是總括性的關鎖，使文氣凝聚；而後者則是翻承前意，使文氣昂揚，二者皆不可廢。韓愈〈原道〉中的「嗚呼！其亦幸而出於三代之前，不見正於禹湯文武周公孔子也」，就是根據上文對佛老的批判，而加以關鎖，不僅文氣得到凝聚，而且意義也更加突出有力了。

6. 文字平易，接近口語。 韓愈爲文，努力實踐自己「文從字順」的主張，力求語言明白曉暢，接近口語。如：

右臣伏以今年已來，京畿諸縣，夏逢亢旱，秋又早霜。田種所收，十不存一。陛下恩踰慈母，仁

> 過陽春。租賦之間，例皆蠲免。所徵至少，所放至多。上恩雖弘，下困猶甚。至聞有棄子妻逐，以求口食，拆屋伐樹，以納稅錢……。（〈御史台上論天旱人饑狀〉）

> 近者尤衰憊。左車第二牙無故動搖脫去，目視昏花，尋常間便不分人顏色，兩鬢半白，頭髮五分亦白其一。鬚亦有一莖兩莖白者。僕家不幸，諸父諸兄皆康強早世，如僕者，又可以圖於久長哉！以此忽忽思與足下相見，一道其懷。小兒女滿前，能不顧念……。（〈與崔羣書〉）

此外〈師說〉、〈爭臣論〉、〈論佛骨表〉、〈祭十二郎文〉、〈張中丞傳後敍〉等文章，都寫得通俗明白，特別是像〈試大理評事王君墓誌銘〉、〈藍田縣丞廳壁記〉等，文中穿插的人物對話，更接近口語，味之生動有趣。

7. **善於提煉、重鑄新詞**。韓愈又極善提煉古人有生命力的語言，重鑄新詞。如《詩經·小雅·狼跋》有「狼跋其胡，載疐其尾」的句子，他則改造爲「跋前疐後」（〈進學解〉）；《春秋穀梁傳·文公六年》有「上泄則下暗，下暗則上聾，且暗且聾，無不相通」的話，他則加工爲「下塞上聾」；曹植〈洛神賦〉有「飄輕裾，翳長袖」（韓文見〈送李愿歸盤谷序〉）；李密〈陳情表〉中有「煢煢孑立，形影相弔」的話，他則提煉爲「形單影隻」（〈祭十二郎文〉）。這些古代詩句文句，經過他的加工改造後，都變成了生動、形象、凝練、精粹的新語，並且讓人覺得無剽竊之嫌，猶如水中鹽味，消融無迹，宛如由韓愈「己出」，確有點鐵成金之妙。

8. **濃縮詞語**。他還善於通過多種修辭手法，濃縮成一批含義豐富的詞語，有些直接作爲成語流傳後世。例如「刮垢磨光」、「細大不捐」、「含英咀華」、「同工異曲」、「動輒得咎」、「曲盡其妙」、「曠日經久」、「自強不息」、「一髮千鈞」、「進寸退尺」、「蠅營狗苟」、「百孔千瘡」、「垂頭喪氣」、「屏息潛聽」、「深居簡出」、「冥頑不靈」、「語言無味」、「面目可憎」等。有些是後人將他的生動語句提煉成爲成語的如：「冬煖而兒號寒，年豐而妻啼饑」，精煉成「啼饑號寒」；「大凡物不得其平則鳴」，精煉成「不平則鳴」；「落陷穽不一援手救，反擠之，又下石焉」，精煉成「落井下石」；「若駟馬駕輕車就熟路」，精煉爲「駕輕就熟」等等，這些言簡意豐的語言，大大增強了韓文的生動性和表現力。

9. **活用詞語**。此外，韓愈還善於活用詞類，錯綜詞序。如：

甲冑坐睡者。

人立者。（〈畫記〉）

諸侯用夷禮則夷之，進於中國則中國之。

人其人，火其書，廬其居。（〈原道〉）

或用名詞作動詞，或用名詞作狀語，都使句子簡練，用法新鮮。

春與猿吟兮，秋與鶴飛。（〈柳州羅池羅碑〉）

惟我得汝，人皆嫌汝。（〈送窮文〉）

有意變化詞序，錯綜成文，讀來頗覺新穎別致。

韓愈還善於變化說法，拙中求巧。如：

牛大小十一頭，橐駝三頭，驢如橐駝之數而加一焉。（〈畫記〉）

子之朋儔，非六非四，在十去五，滿七除二。（〈送窮文〉）

> 獨閣下奮然率先，揚兵界上……武夫關其口而奪其氣……雖國家故所失地，旬歲可坐而得，況此小寇，安足置齒牙間。（〈與鄂州柳中丞書〉）

這種拙中見巧的寫法，偶爾爲之，亦使人感到耳目一新。

10. **大量運用語助詞**。韓文還善於大量運用語助詞，使文章靈活多姿，情致豐富。如：

> 嗚呼！其然邪？其夢邪？其傳之非其真邪？信也，吾兄之盛德而夭其嗣乎？汝之純明而不克蒙其澤乎？少者強者而夭歿，長者衰者而存全乎？未可以為信也。夢也，傳之非其真也，東野之書，耿蘭之報，何為而在吾側也？嗚呼！其信然矣，吾兄之盛德而夭其嗣矣，汝之純明宜業其家者，不克蒙其澤矣。所謂天者誠難測，而神者誠難明矣，所謂理者不可推，而壽者不可知矣！雖然，吾自今年來，蒼蒼者或化而為白矣，動搖者或脫而落矣，毛血日益衰，志氣日益微，幾何不從汝而死也。（〈祭十二郎文〉）

宋代費袞在〈梁谿漫志〉卷六中曾論及這一段文章的虛字運用，說：「僅三十句，凡句尾連用『邪』字者三，連用『乎』字者三，連用『也』字者四，連用『矣』字者七，幾於句句用助詞矣。而反復出沒，如怒濤驚湍，變化不測，非妙於文章者，安能及此？」此說確有道理，韓文中妙用語助詞之處，比比皆是。又如：

> 吾年未四十，而視茫茫，而髮蒼蒼，而齒牙動搖。（〈祭十二郎文〉）

> 今若聞有以書進宰相而求仕者，而宰相不辱焉，而薦之天子，而爵命之，而布其書於四方……（〈上宰相書〉）

連用轉折連詞「而」，大大增強了文章的語氣和力量。

古之君子，其責己也重以周，其待人也輕以約。今之君子則不然，其責人也詳，其待己也廉。（〈原毀〉）

嗚呼！師道之不傳也久矣，欲人之無惑也難矣。古之聖人，其出人也遠矣，猶且從師問焉；今之衆人，其下聖人也亦遠矣，而恥學於師。（〈師說〉）

在句中加用「也」字表示提頓，強調和突出後邊要表達的意思，使文章邏輯重點清楚，表達的主要思想明確。

夫不知者，非其人之罪也；知而不為者，惑也；悅乎故不能卽乎新者，弱也；知而不以告人者，不仁也；告而不以實者，不信也。（〈送浮屠文暢師序〉）

士之特立獨行，適於義而已，不顧人之是非，皆豪傑之士，信道篤而自知明者也。一家非之，力行而不惑者，寡矣；至於一國一州非之，力行而不惑者，蓋天下一人而已矣；若至於擧世非之，力行而不惑者，則千百年乃一人而已耳；若伯夷者，窮天地亘萬世而不顧者也。（〈伯夷頌〉）

在句中連用「……者也」、「……者矣」，加強論斷，使語氣斬釘截鐵，勢如破竹。至於像〈馬說〉，全文共一百五十一個字，而語助詞就占了四十一個，則更是妙用語助詞的典型作品。

韓文由於對多種表現方法的交替使用，使得語言駢散加雜，長短錯落，緩急相間，舒卷自然，既文從字順，合於典範，又新穎獨到，極富創造性。韓愈能根據不同的文體，不同的內容和不同的對象，採用不同的語言，使其豐富多彩的語言與其深厚廣博的內容，多種多樣的文體取得了和諧一致，從而大大增強了文章的氣勢、色彩和表現力。韓愈對散文語言的創造，使得書面語言在接近當時口語方面，向前跨越了一大步。

(八) 結　語

韓愈在寫作藝術上特色獨具，這是有目共睹的事實。當然，這並不意味著韓文在藝術上已是白璧無瑕，盡善盡美。韓愈雖力倡文從字順，但其少數的幾篇文章，如〈曹成王碑〉之類，不免古奥生澀，不無「佶屈聱牙」之嫌；韓文富於氣勢，雄辯滔滔，新穎巧妙，但稍嫌少「行雲流水」的自然感。令人感覺「做」文章的味道較濃，即使是像〈獲麟解〉、〈送窮文〉、〈進學解〉這樣的名作，也都不乏「艱難勞苦之態」，讓人讀起來總有吃力之感。

韓愈自己在〈進學解〉中曾借太學生之口說：「先生之於文，可謂閎其中而肆其外矣。」這「閎中肆外」，準確地抓住韓文內容博大精深、地負海含，形式無拘無束，文辭波瀾起伏的特點。是韓愈的「夫子自道」，也是對韓文風格特色的最好的概括。

柳宗元在〈答韋珩書〉中說：「退之猖狂恣睢，肆意有所作。」韓愈的弟子皇甫湜也說：「韓吏部之文，如長江秋清，千里一道，沖飈激浪，瀚流不滯。」（〈諭業〉）「茹古涵今，無有端涯，渾渾灝灝，不可窺校。」（〈韓文公墓銘〉）宋代蘇洵說：「韓子之文，如長江大河，渾浩流轉，魚黿蛟龍，萬怪惶惑，而抑遏掩蔽，不使自露。」（〈上歐陽內翰第一書〉）宋代李塗說：「韓文如海。」（《文章精義》）明代茅坤在《唐宋八大家文鈔・論例》中也說：「吞吐騁頓，若千里之駒，而走赤電，鞭疾風，常者山立，怪者霆擊，韓愈之文也。」這些評語，都從不同的角度，生動而準確地說出了韓文的完整風貌和特色。

六、韓愈在中國文學史上的地位和影響

(一) 韓愈在中國文學史上的地位

韓愈畢生從事古文運動，他爲古文運動提出了一套理論主張，解決了前代古文家們沒有解決或沒有解決好的問題，特別是他關於文以明道、文道合一的學說，給統治文壇數百年的駢體文以致命的打擊，爲唐宋和後世的散文發展奠定了堅實的理論基礎，使以後的散文能在明確的理論指導下自覺地發展，可以說，韓愈在中國古代散文理論的發展上，作出了具有劃時代的貢獻。

他畢生從事古文運動，一生爲古文運動奔波呼號。聯絡朋輩，獎掖後進；爲中唐古文運動培養和造就了許多位古文作家，使中唐的古文運動出現了繁盛的局面，眞不愧是一位傑出的文學家。

他畢生致力於古文創作，寫了大量優秀的作品，創造了既不同於三代兩漢的散文，又不同於六朝以來的駢體文的新體古文，這種散句單行，以文言書面語言爲主的新體古文，爲當世和後世的散文樹立了楷模，並成爲中國傳統經典性和正統性的文體。大大提高了這種新體古文的文學性和實用性，爲中國古代散文的發展開拓了一條廣闊的道路。

歷來學者都高度地評價了韓愈及韓文。如李漢在〈昌黎先生集序〉中說：「先生於文，摧陷廓淸之功，比於武事，可謂雄偉不常者矣。」《舊唐書・韓愈傳》說：「自魏晉以還，爲文者多拘偶對，而經誥之指歸，遷雄之氣格，不復振起矣。故愈所爲文，務反近體，抒意立言，自成一家新語。後學之士，取爲師法。當時作者甚衆，無以過之……。」《新唐書・韓愈傳贊》說：「自愈說，其言大行，學者仰之，若泰山北斗云。」張籍稱韓愈：「公文爲時師。」（〈祭退之〉）劉禹錫稱韓愈爲「文章盟主」。（〈唐故中書侍郎平章事韋公集〉）宋初王禹偁說：「近世爲古文之主者，韓吏部而已。」（〈答張扶書〉）石介說：「李唐元和間，文人如蜂起……卒能覇斯文，昌黎韓夫子。」（〈贈張績禹功〉），范仲淹說：「近則唐貞元、元和之間，韓退之主盟於文，而古道最盛。」（〈尹師魯河南集序〉）歐陽修說：「韓氏之文之道，萬世所共尊，天下所共傳而有也。」（〈記舊本韓文後〉）蘇東坡說：「文起八代之衰，而道濟天下之溺；忠犯人主之怒，而勇奪三軍之帥，此豈非參天地，關盛衰，浩然而獨存者乎？」「匹夫而爲百世師，一言而爲天下法。」（〈潮州韓文公廟碑〉）「故詩至於杜子美，文至於韓退之，書至於顏魯公，畫至於吳道子，而古今之變，天下之能事畢矣。」（〈書吳道子畫後〉）眞可謂推崇備至，但就文而論，韓愈當是受之無愧的。

韓愈主盟中唐文壇，確爲一代文宗，他爲掃蕩駢體文而衝鋒陷陣，功業顯赫。對後世散文的發展作出了開創性的貢獻。他是「唐宋八大家之首。」這不但因他所處的時代早，最主要的是他成就高，影響大。章學誠說：「八家莫不步趨韓子。」（《文史通義・與汪龍莊書》）其他七家都直接間接學韓，這也確係事實。古文運動是一場自覺的文學革新運動，韓愈是這場革新運動的主要倡導者和組織者。同時，古文運動也是我國散文發展史上的一塊豐碑，具有劃時代的意義，而韓愈就是這座豐碑的主要奠基者。

韓愈是繼司馬遷之後，我國古代最傑出的散文家之一，他的文學理論、文學活動，以及典範性的作品，以至他那豐富多采的表現手法，至今仍是我們學習和借鑑的一份寶貴財富。他集前人之大成，而又給後世無窮的沾溉。

(二) 韓愈對當時及後世文壇的影響

韓愈的古文運動及其作品，對當時及後世產生了深遠的影響。以下我們先言韓愈對當代文壇的影響：

韓愈爲了使古文運動取得勝利，便通過建立師弟關係，具體而明確地宣揚他的「道」，他的弟子們也以積極的態度加以響應。如李翺，雖然吸取佛理寫〈復性書〉，但他還是站在儒家的立場上反對佛教，揭露佛教對社會的禍害，這顯然和韓愈〈原道〉中的觀點是完全一致的。於此可以說明李翺排佛的思想得自韓愈。

皇甫湜之接受韓愈的學術思想，較之李翺更加堅定。他也排佛，並認爲「浮屠之法，入中國六百年，天下胥而化。其所崇奉，乃公卿大夫，野益荒，人益飢，教益頹。」韓愈在〈原道〉中以「孔子之作《春秋》也，諸侯用夷禮則夷之，進於中國則中國之」等語來說明「夷狄」的含義，皇甫湜對這一點更作了充分發揮，他說：「所以爲中國者，以禮義也；所謂夷狄者，無禮義也，豈係於地哉！杞用夷禮，杞卽夷矣，子居九夷，夷不陋矣。」這一分析，對於理解韓愈何以把佛教同「夷狄」相提並論的看法，更有了進一步的澄清。

元和十三年楊倞注《荀子》，援引韓愈之說，可能他也受到韓愈的影響。因爲在韓愈以前，司馬遷曾爲荀況作傳，班固也在《漢書・藝文志》中著錄其書，但其書卻長期不爲學界所重視。韓愈在寫〈原道〉時，對之亦有微辭，直到元和八年寫〈進學解〉，始將其與孟軻同列，稱其「吐辭爲經」，「優入聖域」。正由於韓愈對於《荀子》作了這樣高度的評價，因而楊倞便聞風興起，以非常認眞的態度，對編簡爛脫，傳寫謬誤的《荀子》進行編校，並爲之作注。

到了唐懿宗咸通年間，皮日休稱贊韓愈，說他「蹴楊墨於不毛之地，蹂釋老於無人之境，」（《皮子文藪》卷三），故請求配食孔子。這更是唐代士大夫純粹站在儒家的立場，對韓愈作出最高的推崇。

韓愈領導的古文運動，既摧垮了駢文的壁壘取以散文代之，這使流行於當代的傳奇小說更加發展。陳寅恪認爲，「古文之興起，乃其時古文家以古文試作小說，而能成功之所致，而古文乃最宜於作小說者也。」（《元白詩箋證稿》），因爲這時「駢文固已腐化，即散文亦極端公式化，實不勝敘寫表達人物情態之職任，」只有以古文寫的小說，才能克服這種缺點。陳氏的看法，固然有一定的道理，但我認爲唐代的傳奇小說，是在六朝志怪小說的基礎上發展起來的，如果硬說他是古文運動下的產物，固然是不太符合歷史事實；但也應指出，韓愈所提倡的便於表情達意的新散文——古文，對於寫作傳奇小說，確實是最爲有效的工具，因爲傳奇小說要通過細緻曲折而生動的細節描寫，來塑造人物。例如李公佐的〈南柯傳〉描寫淳于棼的剛強放浪的性格，沒有作概念化抽象的敍述，完全是根據他入夢前的嗜酒被黜，入夢後作太守時的任意放蕩，不理政事等行徑，進行刻劃，所以性格鮮明，給讀者非常完整的印象，可見韓愈所領導的古文運動，對作爲唐代最具有代表性的文學創作——傳奇小說——的發展，是有一定影響的。

作爲一個復興儒學，革新文學的非常艱巨的運動，應當是由一位具有相當高的社會地位，和學術上有較大成就的人來充任領導者，才能號召羣雄，收到轉移風氣的效果。韓愈於貞元八年登進士第，十二年七月至十五年二月佐董晉於汴州，同年秋至十六年夏，佐張建封於徐州。在這幾年間，韓愈雖曾致力於古文的寫作，而李翺、張籍也曾從他於汴、徐學文，但他當時社會地位不高，處境非常困窘，這從他的〈與李翺書〉說：「僕無所依歸，無簞食，無瓢飲，無所取資」等語可以看出，在這種情況下，貞元十八年春，韓愈在京師充任四門博士，他的社會地位提高了，生活也比較好了，而他處在當時文化薈萃的長安，聯系面較前廣泛，學識見解自然也更充實。他提倡古文運動，大約便在此時開始。至於古文運動在社會上造成較大影響，則當在貞元之末。樊汝霖說：「自三代以還，陵夷至江左，斯文掃地，唐興，貞觀開元之盛，終莫能起，而貞元末，公（指韓愈）出，於是以六經之文，爲諸儒倡」（魏仲舉《五百家注昌黎文集》卷十六〈答李翊書〉注引），今觀其集中所載答後進之士論文書函，大多作於貞元末年，可見古文運動之在當時已著有成效，故後進之士有志於文者，皆聞風興起，爭相慕效。

由於韓愈大力反對形式主義的駢文，提倡便於表情達意的古文，又確定其爲文學的正宗，於是他和柳宗元一道，通過理論宣揚和創作實踐，完全打破了這種「文」「筆」之間的界限，並進一步以「筆」爲「文」了。劉師培在《論文雜記》裏指出：「唐人以筆爲文，始於韓柳。……夫二子之文，氣盛言宜，追踪子史。而韓門弟子有李翺，皇甫湜諸人，偶有所作，咸能易排偶爲單行，易平易爲奇古，復能務去陳言，辭必己出。當時之士，以其異於韻語偶文之作也，遂羣然目之爲古文，以筆爲文，至此始矣。而昌黎之作，尤爲學者所盛推。……」

時至宋代，首先尊韓的是柳開，他在〈應責〉中說：「吾之道，孔子、孟軻、揚雄，韓愈之道也。」這表明柳開對韓愈「道」的服膺。接著，孫復，石介，歐陽修繼起，都繼續發揚韓愈的「文道合一」的理論。尤其孫復，一方面贊成韓愈提出的「道統」說並加以補充。他說：「吾之所謂道者，堯、舜、禹、湯、文、武、周公、孔子之道也，孟軻、荀卿、揚雄、王通、韓愈之道也。吾學堯、舜、禹、湯、文、武、周公、孔子、孟軻、荀卿、揚雄、王通、韓愈之道三十年，處乎今之世，故不知進之所以爲進也，退之所以爲退也，喜之所以爲喜也，譽之所以爲譽也」；另一方面，他又佩服韓愈的排佛老。以爲：「聖人不生，怪亂不平，故楊墨起而孟子闢之，申、韓出而揚雄距之，佛老盛而韓文公排之。微三子，則天下之人胥而爲夷狄矣。」（分見〈信道堂記〉及〈儒辱〉）由於他多年講學，弟子眾多，因而他的思想在學術界造成了巨大影響，孫復的高弟如石介，更本韓愈之說，激烈地排斥佛老，說他們是「妖妄怪誕之教」（〈怪語〉），還有歐陽修，他和石介是好友；也堅決排佛。他在〈本論〉裏，認爲對佛教應當「修其本以勝之」。所謂「本」，即「孔子之道」，也就是「禮義」，他說：「禮義者，勝佛之本也。」顯然，這和韓愈在〈原道〉裏所說的「明先王之道以道之」的主旨是相同的。

正因爲北宋這些學者大力崇儒排佛，造成了聲勢很大的時代思潮，所以張載就進一步從哲學思想方面，對佛教進行了批判。張載排佛，雖然理論淵源主要根據《易傳》，但他排佛的著作，卻是由孫復、歐陽修根據韓愈學說而掀起的復興儒學的思潮推動下寫成的，故不能視爲和韓愈絕無關係。至於以程頤、程顥、朱熹爲代表的理學家，他們在吸取了佛老哲學的某些因素後，仍然堅持儒家基本的倫理觀和人生觀，對佛教的「外於倫理」和「不足以開物成務」極爲不滿；認爲「佛氏之言，比之楊墨尤爲近理，所以其爲害尤甚。」他們對於韓愈的學說，固然貶多於褒，但是，值得玩味的是程朱理學家在非薄韓愈的同時，卻又從韓愈那裏接受了一些他們可以利用的東西。

行文至此，我覺得有必要對佛教受到韓愈擯排以後的變化情況，略作觀察。自韓愈從維護民族傳統意識出發，提出「道統」說，同佛教的「法統」說相抗衡，產生了深遠的影響，迫使佛教中國化。於是，有的名僧就盡力使自己所歸依的佛教中國化，以避免儒家士大夫的攻擊，從而尋找可資發展的道路。宋太宗當政時，名僧智圓，「於宣講佛經外，又好讀周、孔、揚、孟之書，往往學爲古文，以宗其道」。他服膺中庸，自號「中庸子」。並認爲韓愈以儒者而排佛，乃理所當然。他在〈讀韓文〉一詩中，頌揚韓愈「力扶姬孔道」（〈閑居編自序〉），而把佛、老稱爲「異端」。他明確地表示：自己的著作是以「宗儒爲本」的。在他看來，儒家尚修身和佛家主治心同樣重要。不過，如果沒有儒學，則必然造成「國不治，家不守，身不安」的狀況，而佛家之道也就不可能實現。因此，儒佛只有調和，才能相得益彰。到宋仁宗和英宗時，名僧契嵩撰《輔教篇》三卷，肯定禮教的重要性，說明佛教也重視孝道。他還指出：儒家宣揚的仁、義、禮、智、信，和佛家的「慈悲」、「布施」、「恭敬」、「無我慢」、「不妄言綺語」等教義作比較，「其目雖不同，而所以立誠修行，善世教人，豈異乎哉？」（〈寂子解〉），契嵩強調說：「儒佛者，聖人之教也。其所出雖不同，而同歸乎治」（同上），可見在韓愈提出道統說和作〈論佛骨表〉以後，佛教徒已被迫逐漸改變某些教義，而走向中國化了。

自韓愈提倡古文運動後，雖然使散文取駢文的地位而代之。但由於以後的作者，多數走皇甫湜、孫樵好奇尙怪的道路，惟務變本加厲，不思推陳出新，故引起人們不滿，於是李商隱、段成式又提倡駢體文，古文之勢頓衰。至北宋眞宗時，楊億，劉筠，錢惟演等倡西崑體，奉李商隱爲宗。不但作詩專門講究豔麗雕飾，而且作文也是一樣。這種文字，徒以表面的藻采取巧，內容則極其空虛。楊億，劉筠，錢惟演等又都是掌理制誥，主管貢舉的館閣大臣，儼然爲文壇魁首，所以一時之間，他們倡導的形式主義文風，對社會發生極大影響。

首先起來反對的這種文風的是穆修，他指出：「今世士子習尙淺近，非章句聲偶之辭不置目，浮軌濫轍，相迹而奔，靡有途焉」，與此同時，他又大力提倡韓柳古文。只是由於積重難返，收效甚微。然而，隨著社會現實情況的變化，這種文風不能不發生動搖，因爲北宋社會發展到了仁宗慶歷以後，危機四伏，局勢杌隉，外則連年與西夏作戰，內則因重稅而激起農民反抗，於是范仲淹、韓琦、富弼，提出一系列革新政治的主張，對於腐朽貪婪的官僚，給予嚴重的打擊。

爲了配合此一政治形勢，以石介爲首的學者，就針對那形式主義的西崑體，進行攻擊，如石介在〈怪說〉中，謂楊億「窮嬌積態，綴風月，弄花草，淫巧侈麗，浮華纂組」，違背和破壞了「聖人」之「道」，必須革除這種文風。除石介外，還有蘇舜卿、尹洙等，均激烈地反對西崑體。他們一致強調「文以明道」，能夠爲仁義教化服務，這雖然揭開了革新文體運動的序幕，但仍未能遏止形式主義的延續，直到歐陽修出來，才把這形式主義的文風和務求艱深的「西崑體」徹底廓清。

歐陽修堅決擁護范仲淹等除舊佈新的改革措施，並受到一些思想進步的學者推重，同時由於他具有豐富的學識和特殊的創作能力，而又樂於培養後進，所以便成爲文學界的領導者。他對韓文特別愛好，從他的〈記舊本韓文後〉裏可以看出端倪，他在提倡古文運動時，竭力尊韓，要繼承韓愈的文學事業，使自己寫出的作品能流傳於後世。歐陽修的文學思想，基本上是闡發韓愈的見解，如云：「夫學者未始不爲道，而至者鮮；非道之於人遠也，學者亦有所溺焉爾。蓋文之爲言，難工而可喜，易悅而自足。世之學者往往溺之；一有工焉，則曰吾學足矣。甚者至棄百事不關於心，曰：吾文士也，職於文而已，此其所以至之鮮也。……聖人之文，雖不可及，大抵道勝者文不難而自至也」（〈答吳充秀才書〉）。「古人之於學也，講之深而信之篤，其充於中者足，而後發乎外者大以光。」（〈與樂秀才第一書〉）他認爲「道」是文學的本質，文學是爲「道」所左右，故欲工於文，必須致力於「道」，這種說法與韓愈沒有差別。只要對「道」有深刻的體會，就能寫出好的作品。

歐陽修對於從事寫作提出兩項要求：一是「事信」，卽題材的眞實性；二是「言文」，卽語言的完美性。認爲只有這樣做；才能賦予作品以藝術生命。

由於歐陽修在文學理論上，既本韓愈之說，故其於領導文體革新時，能使之健康地進展；同時他對於開展古文運動，也和韓愈一樣具有相當的勇氣。嘉祐二年，他主貢舉，對語句「磔裂詭異」的試卷，概不取錄，而文字寫得條暢明朗的蘇軾、蘇轍和曾鞏，均登高第。此後，士子們寫應試文字，就逐漸走向「平易」之路了。同時，歐陽修也團結了許多志同道合的作者如尹洙，梅堯臣、蘇洵、蘇軾、蘇轍、曾鞏、王安石等進行詩文的革新。經過他們共同的努力，終於取得古文創作方面又一次空前的豐收。

韓愈的「古文」不但促進了北宋的文學革新，而且對明淸以後的作者也有影響；如淸朝的桐城派作者，提出撰寫「古文」的原則；首先，強調非宗經明理，謹於修身者，不可操筆。方苞說：「……若古文則本經術而依於事物之理，非中有所得不可以爲僞，故自劉歆承父之學，議禮稽經而外，未聞奸險汚邪之人，而古人爲世所傳述者。韓子有言：『行之乎仁義之塗，游之乎詩書之源。』玆乃所以能約六經之旨以成文，而非前後文士所可比並也。」可見方苞這種理論受了韓愈的啓發。

其次，桐城派對古文的藝術形式，也提出了嚴格的要求。劉大櫆在〈論文偶記〉裏指出：「文貴去陳言，昌黎論文，以去陳言爲第一義。後人見爲昌黎好奇故云爾，不知作古文無不去陳言者。……〈南陽樊紹述墓誌銘〉曰：『惟古於詞必己出，降而不能乃剽賊，後皆指前公相襲，從漢迄今用一律。』今人行文，反以用古人成語，自謂有出處，自矜典雅；不知其爲『襲』也，『剽賊』也。……大約文字是日新之物，若陳陳相因，安得不目爲朽腐！原本古人意義，到行文時，卻須重加鑄造，一樣語言不可便直用古文，此謂去陳言。」這些話，闡述了韓愈的文貴創造，「務去陳言」的觀點，對桐城派的作者，具有巨大的指導意義。

再其次，桐城派作者對於韓愈所強調的「氣盛言宜」，也很注意。劉大櫆說：「古人行文至不可阻處，便是他氣盛」（〈論文偶記〉），而氣盛又主要是在音節上表現出來的，「音節高則神氣必高，音節下則神氣必下」（同上）。音節能否高，則有賴於「字句」，故劉氏又說：「學者求神氣而得之於音節，求音節而得之於字句，則思過半矣」（同上）。這些話，可說是對韓愈「氣盛言宜」理論的發揮。姚鼐也重視「氣」，他說「文字者，猶人之言語也。有氣以充之，則觀其文也，雖百世而後如立其人而與語於此。無氣，則積字焉而已」（〈答錢學書〉）。由於「氣」是作者思想情感具體的體現，所以「氣盛」就能使文章通過字句的妥貼安排，表現出抑揚頓挫的音節美。不過，韓愈講「氣盛」，強調對「氣」要「養」。

而「養」的方法，除了要從《詩》《書》等古代典籍吸取營養外，就是要「行之乎仁義之途」，亦卽注重「道」。不過，韓愈的「道」，是繼承儒家學說中的政治倫理，並以之與人民生活的關注相聯系的「道」，這樣的「道」在中唐具有積極意義，故以之對「氣」進行「養」，則發之於文，必然蘊藏著令人感奮的精神力量。然而，桐城派大多數作者用以養「氣」的資源，卻是以「三綱」「五常」爲內核的程朱理學。劉師培說：「凡桐城古文家，無不治程朱之學，以欺世盜名，惟海峰稍有思想」。這一看法，大體上是符合實際的。劉大櫆對程朱理學不十分崇信，這從他說的「專以理爲主者，則猶未盡其妙也」一語可以看出。

至於後起的曾國藩，他對韓愈的文章也十分喜愛，他說：「余好古人雄奇之文，以昌黎爲第一，揚子雲次之……昌黎〈曹成王碑〉，〈韓許公碑〉，固屬千奇萬變，不可方物，卽盧夫人之銘，女挐之志，寥寥短篇，亦復雄奇崛強」（〈諭紀澤〉）：「韓公之於文，技也進乎道矣；」（《曾國藩日記》）「雄奇者，瑰瑋俊邁，以揚、馬爲最。詼詭恣肆，以莊生爲最。兼擅瑰瑋詼詭之勝者，則莫勝於韓子」（《曾國藩雜著》）。可見，曾國藩對韓文是既愛好又有深刻研究。他寫的文章，正如李詳說的：「雖由姬傳入手，後蓋探源楊馬，專宗退之，奇偶綜錯，而偶多於奇；復字單誼，雜厠其間，厚集其氣，使聲光炳煥，而戛焉有聲。」（〈論桐城派〉）從藝術上看，曾國藩的文章所以有較高成就，確實得力於昌黎韓愈。

肆、選讀

一、議論文選讀

議論文是韓愈散文創作中的一個重要部份，其中包括政治性、哲學性、以及文藝性論文和其他雜論，內容十分豐富。他的議論文既不像《孟子》那樣的語錄體，又不像《荀子》那樣的皇皇巨幅。但是他卻吸取了《孟子》的善辯，縱橫家的氣勢和《荀子》的縝密，再加上他自己雄健的筆力，寫出了大量具有現實意義的議論文。

韓愈的議論文內容非常廣博，像〈守戒〉、〈論淮西事宜狀〉、〈原道〉、〈論佛骨表〉、〈御史臺上論天旱人饑狀〉、〈黃家賊事宜狀〉、〈應所在典貼良人男女等狀〉、〈論今年權停選舉狀〉、〈論捕賊行賞表〉、〈錢重物輕狀〉、〈論變鹽法事宜狀〉、〈子產不毀鄉校頌〉等，都涉及到當時國家的政治、經濟、軍事、文化教育等，像〈原道〉、〈原性〉、〈原人〉、〈原鬼〉這些哲學論文，反映了韓愈對社會，對人生的觀點，而像〈讀荀子〉、〈讀墨子〉、〈讀鶡冠子〉、讀儀禮〉等，這些篇幅短小的讀書札記，以及〈後漢三賢贊〉、〈伯夷頌〉等關於歷史人物的評論，均充分表現了他對諸子百家兼收併蓄的思想和態度，甚而其中有些與傳統儒家的思想和看法相牴牾的，如〈南陽樊紹述墓誌銘〉、〈送孟東野序〉、〈荊潭唱和詩序〉、〈答李翊書〉、〈答劉正夫書〉、〈答尉遲生書〉、〈與馮宿論文書〉、〈答崔立之書〉等，都是他重要的文論著作，表現了他的文學主張；像〈原毀〉、〈師說〉、〈諱辯〉、〈爭臣論〉、〈馬說〉、〈獲麟解〉、〈進學解〉等這類的雜論，則更廣泛、更深刻地表現了他對各種問題的態度和看法。總之，韓愈的議論文涉及的範圍非常廣泛，其中除了少數作品強調「道」的色彩外，絕大部份都是針對社會現實，有爲而發的。

韓愈的議論文不僅內容豐富，而且體裁更不拘一格。他很少有堂而皇之的長篇大作，像〈原道〉這樣的論文大概就算是最正規的論文了。但這樣的論文在韓集中卻屈指可數，最大量的是含藏在其他各種體裁中的，如墓誌、書啓、贈序、碑銘、表狀等。也就是說，韓愈的議論文大部份是雜文，論述的問題可大可小，文章的篇幅可長可短，採用的形式靈活多樣，使議論文更切於實用，擴大了應用範圍，增加了實用價值。

韓愈的議論文，不論採用什麼體裁，也不論篇幅大小，都能做到觀點鮮明，論點突出，而且往往立意新穎，見識卓越，大膽坦率，備有議論文所應有的尖銳性。

韓愈議論文的表現手法也有豐富多采的。有正面立論的，如〈原道〉、〈原毀〉、〈論佛骨表〉、〈論淮西事宜狀〉、〈論今年權停選舉狀〉、〈師說〉等，正面立論，闡明主題，寫得有根有據，令人心服口服；也有十分精彩的駁論文字，如〈爭臣論〉、〈諱辯〉等，更是引經據典，要言不煩。在辯駁時，盛氣凌人，無懈可擊。無論是立論、駁論，文章都不拘一格，表現手法多種多樣。像〈故太學博士李君墓誌銘〉、〈論佛骨表〉等文，批判信道、佞佛之虛妄，均採用了以事實爲論據的例證法，或夾敘夾議，或先敍後議，無一不讓人覺得眞實、深刻，有無可辯駁的說服力。像〈師說〉、〈原毁〉等文章，又主要採用了對比法，通過多層次，多角度的比對，突顯問題的本質，確立自己的論點，不但使人感到是非分明，而且讓人覺得內容豐富，對讀者充滿了啓發性。至於把所議的抽象道理，化爲具體、形象，他更採用大量的比喻法。像〈進學解〉中以木材、藥材來比喻人材，〈守戒〉中以防獸、防盜來比喻防藩鎭作亂，通過生動、具體的故事和比喻，使讀者從中悟出道理，接受作者的觀點。

韓愈不但善用比喻，而且還善用寓言式的故事來說明事理，有的甚至通篇都是一個寓言故事，如〈雜說四首〉和〈獲麟解〉，都是「取類至深，寄托至廣」（淸李光地語）的文章，形象鮮明，寓意深刻，深入淺出，耐人尋味。一篇文章中，作者又往往是多種手法同時使用，互爲補充。如〈師說〉一文，既有正面的論述，也有反面的批評；既有大量的例證，也有鮮明的對比，使文章深入、開闊，生氣勃勃。再如〈原毁〉，全文以正面論述爲主，而文中又大量運用對比，末段還揷入了形象化的描寫。便是明顯的證據。

因爲韓愈的議論文多爲明道，鳴不平之作，所以在語言方面，頗具時代色彩，再加上進行議論時，又能以坦率、大膽地態度，表露自己的愛憎，使其語言具有強烈的主觀感情。此外，他又十分注意語言的凝煉，準確、形象、生動，一篇百字左右的短文，在他手下，寫來議論橫生、說理周密、峰回路轉、新意疊出。其所以如此，主要得力於語言之精粹，而能讓讀者不覺其枯燥乏味。

總之，韓愈的議論文數量多、內容廣，富於現實性和時代感，因而也更切乎實用。其體裁雜、手法多，更豐富了作品的內涵。使文章突破成規，不拘一格。也可以說，韓愈的議論文將理論、形象和抒情結合在一起，使議論文更富藝術性，更有文學色彩，為後世議論文的發展，提供了可資借鑑的經驗。

㈠師說

首段論述教師的基本任務在傳道、受業、解惑，而重點在於傳道。

古之學者必有師。師者，所以傳道、受業、解惑也㈠。人非生而知之者㈡，孰能無惑？惑而不從師，其爲惑也，終不解矣。生乎㈢吾前，其聞道也㈣，固先乎吾，吾從而師之㈤；生乎吾後，其聞道也，亦先乎吾，吾從而師之；吾師道也，夫庸㈥知其年之先後生於吾乎？是故無貴無賤、無長無少，道之所存，師之所存也。

次段言師道不傳的嚴重後果。

嗟乎！師道㈦之不傳久矣，欲人之無惑也難矣！古之聖人，其出人也遠矣，猶且從師而問焉；今之衆人，其下聖人也亦遠矣，而恥學於師。是故聖益聖，愚益愚；聖人之所以爲聖，愚人之所以爲愚，其㈧皆出於此乎？愛其子，擇師而教之；於其身也，則恥師焉㈨，惑矣㈩！彼童子之師，授之書而習其句讀者⑪，非吾所謂傳其道解其惑者也。句讀之不知，惑之不解，或師焉，或不焉⑫，小學而大遺，吾未見其明也⑬。

三段引孔子的言行爲證，說明人必有師，教師

巫醫⑭樂師百工之人，不恥相師⑮。士大夫之族，曰師、曰弟子云者⑯，則羣聚而笑之。問之，則曰：「彼與彼年相若⑰也，道⑱相似也。」位卑則足羞，

官盛則近諛。嗚呼！師道之不復可知矣！巫醫樂師百工之人，君子⑲不齒，今其智乃⑳反不能及，其可怪也歟！

與學生亦只是相對而言。

聖人無常師㉑，孔子師郯子㉒、萇弘㉓、師襄㉔、老聃㉕。郯子之徒，其賢不及孔子。孔子曰：「三人行，則必有我師㉖。」是故弟子不必不如師，師不必賢㉗於弟子，聞道有先後，術業有專攻，如是而已。李氏子蟠㉘，年十七，好古文㉙，六藝經傳㉚，皆通習之，不拘於時㉛，學於余。余嘉其能行古道，作師說以貽之。

末段說明寫作的目的，藉鼓勵李蟠，能行古道，來鍼砭時弊，闡明從師問學的重要性。

【解　題】

「說」是古代議論文的一體。蓋漢人經學之傳，宋人理學之傳，彼此授受，各有淵源，獨唐人恥於相師。故韓愈在古文運動中，剴切闡述從師學習之道，諷刺恥於相師的世態，樹立了正確的教育觀念，轉變了不良的社會風氣。柳宗元〈答韋中立論師道書〉說：「由魏晉氏以下，人益不事師。今之世不聞有師，獨韓愈不顧流俗，犯笑侮，收召後學，作〈師說〉，因抗顏而爲師，以是得狂名。」又〈報嚴厚與書〉云：「僕才能勇敢不如韓退之，故不爲人師。人之所見有同異，無以韓責我。」由此反映當時作者寫作本文，是具有相當勇氣的。而文章也寫得傲岸不凡。全文篇幅雖非鉅製，但含義深遠，閃耀著眞知灼見的光輝。於結構緊嚴，脈絡明暢之中，又有錯綜變化之妙。可謂論說文中的典範作品。

【注釋】

㈠ **傳道受業解惑** 傳道，傳授孔孟的學術思想，可參看韓愈作的〈原道〉。受業，受，通授。業，泛指經史諸子作品，可參看〈進學解〉中作者自述的治學內容。解惑，就傳道、受業中發生的疑難問題，進行解釋。

㈡ **人非生而知之者** 語本《論語・述而》：「子曰：我非生而知之者，好古敏以求之者也。」

㈢ **乎** 介詞，作「於」解。

㈣ **其聞道也** 語本《論語・里仁》：「子曰：朝聞道，夕死可矣。」聞，聽見，引申為懂得。

㈤ **從而師之** 跟著他學習。師，動詞，有學習、從師之意。

㈥ **夫庸知** 夫，發語詞，無義。庸，豈，表示反詰語氣。夫庸知，還哪裏計較。

㈦ **師道** 此處「師道」作名詞用，指從師學習的風氣言。

㈧ **其** 揣度之詞，有「難道」「莫非」意。

㈨ **恥師** 言恥於從師學習。

㈩ **惑矣** 此處「惑」字作迷惑方向，糊塗不清解，和前文「解惑」的惑字意義略別。

⑪ **句讀** 又叫「句逗」。所謂「積字成句」，句、語意完足之稱。語意未足而在語氣上稍作停頓處，叫讀。

⑫ **或不焉** 不，讀同否。

⑬ **小學而大遺我未見其明也**　小學，指上文說的「習其句讀」的小事。大遺，指遺忘傳道受業解惑的大事。其，指今之衆人。我未見其明，言我看不出他們的高明之處。

⑭ **巫醫樂師百工之人**　巫，古代祭神召鬼可代主人祈福的人，亦能爲人治病。古人迷信，往往巫醫不分，此文分做兩種職業。樂師，精通音樂的官員。百工，各種技術工人。以上各業都有專門技藝。

⑮ **不恥相師**　言師傅弟子代代相傳，不以向老師學習爲恥。

⑯ **曰師曰弟子云者**　說到誰是老師，誰是弟子這些話時。云者，語尾詞，有如此等等之意。

⑰ **年相若**　年齡差不多。

⑱ **道相似**　學問修養很接近。

⑲ **君子不齒**　君子，指士大夫階級。不齒，不屑於同列。齒，列。

⑳ **乃**　竟。

㉑ **聖人無常師**　師，專門跟一個固定的老師學習，言聖人隨時隨地不斷向人們學習。語本《論語・子張》：「子貢曰：……夫子焉不學，而亦何常師之有。」

㉒ **郯子**　春秋時郯國（今山東郯城）的國君，己姓，名字無考。孔子三十八歲時，曾向他請教過古代帝王少皞氏「以鳥名官」的事。郯，音ㄊㄢˊ。

㉓ **萇弘**　東周敬王時大夫，根據《家語・觀周》篇，知孔子曾向萇弘請教過古樂。萇，音ㄔㄤˊ。

㉔ **師襄**　春秋時魯國樂官，師，樂師。襄，是樂師之名。跟據《史記・孔子世家》及《家語》、《韓詩外傳》、《淮南子》等書，知孔子曾向師襄學琴。

㉕ **老聃**　即老子，春秋楚人，曾爲周守藏史，根據《史記・孔子世家》、《老莊列傳》及《莊子・天運》篇，知孔子曾向老聃請教禮儀。聃，音ㄉㄢ。

㉖ **三人行則必有我師**　語本《論語・述而》：「子曰：三人行，必有我師焉。擇其善者而從之，其不善者而改之。」

㉗ **不必賢**　不必，不一定。賢，高明。

㉘ **李氏子蟠**　李蟠，字聖陶，唐德宗貞元十九年（八〇三）進士。蟠，音ㄆㄢˊ。

㉙ **古文**　指先秦兩漢時代通行的散體文字。魏晉以後盛行駢儷，唐代稱駢文爲時文，因稱上述散體爲古文，而韓愈特加提倡。

㉚ **六藝經傳**　六藝，指六經，即《易》、《書》、《詩》、《禮》、《樂》、《春秋》。經傳，經，指六經的正文；傳，指注釋經文的著作。

㉛ **不拘於時**　不被當時的社會風氣（指「恥於從師」）所束縛。

【賞　析】

作者於唐德宗貞元十九年（八〇三），三十五歲，中進士第的後十年，時任監察御史；雖然官職不高，但在文壇上已嶄露頭角，爲了使古文運動有更好的開展，不僅在理論與實踐中刻苦自勵，而且廣泛地與同道交往，收召後學，因作〈師說〉。

唐代以科舉取士，一些貴游子弟多憑門第或祖先的餘蔭，即可躋身朝廷，飛黃騰達；因此彼等恥於從師。而且對收召後學，敢於公開傳道者，往往加之以「狂」名，一時造成風氣。韓氏作〈師說〉，卽在鍼對此種歪風，反復闡述從師求學之必要；並抨擊士大夫傲慢自大，悖棄師道之妄行可恥。文中見解，無論在當時或現在，均俱有借鑑的意義。

〈師說〉這篇文章在寫作上非常成功。首先從理論上看：它有高度的說服力。整篇文章從師道的必要性立論。其中無論是論證或結語，都緊扣此點，有的放矢。如開頭第一段，先正面闡述師道的重要性，並提出選擇老師的標準，作爲全文的基本論題。第二段與當時的社會情況加以聯繫，並分三層論述。這三層文字，作者特別抓緊內在的本質，步步開展，有理論，有事實，有分析。反復起伏，波瀾疊出。第三段，舉孔子的言行爲例，目的在於加強文章的說服力。最後，點出寫作本文的原因。所以整篇文章從虛到實，又從實到虛，有破有立，不蔓不支，談理論卻不空發議論，舉事實也非萬象羅列。

從風格上看：本文具有雄健明快的氣勢。作者根據內容需要，在語言上運用許多排偶句型，如「生乎吾前，其聞道也，固先乎吾，吾從而師之；生乎吾後，其聞道也，亦先乎吾，吾從而師之。」「是故無貴無賤，無長無少，道之所存，師之所存。」這種排偶句法，使人讀來，不僅感到氣勢充沛，而且有一種音樂上的節奏美。蘇洵評他的文章如「長江大河，渾浩流轉」，就是覺得韓愈散文具有雄健明快，汪洋恣肆的風格。

從語言運用上看：全文寫得無懈可擊。尤其第二段更是精采動人。這一段開始未說先歎，「嗟乎！師道之不傳久矣！欲人之無惑也難矣！」這二句看似平淡無奇，如聯上段來看，便覺剛健有力；使文章至此，引發一道波瀾，不僅避免了平板呆滯之病，而且更使文字搖曳，展開了下面三層對比的文字。對士大夫不重視師道的愚蠢行爲，提出了嚴正的撻伐。筆端飽含著感情，眞可說是嬉笑怒罵，淋漓盡致。在語言運用上的錯綜多變，可以從每個對比的結尾，使用的語氣上看出端倪。如「古人聖人」和「今之衆人」對比後的結語，作「聖人之所以爲聖，愚人之所以爲愚，其皆出於此乎？」語帶質疑、設問與論辯的味道。又子弟擇師與自己不願從師對比後的結語，是「小學而大遺，吾未見其明也。」辭氣肯定，說得斬釘截鐵，毫不含糊。至於以巫醫樂師百工和士大夫對比後的結語，則爲「巫醫樂師百工之人，君子不齒，今其智乃反不能及，其可怪也歟！」又採用了感歎語氣，極端表露了自己的不滿、鄙視和輕蔑！這三種對比後的三種語調，在次序的安排上，先疑問，再肯定，後感歎，這不僅使文氣自然流暢，也增加了文章的抑揚、頓挫和論辯的功能。

從修辭方面看：全文皆精雕細琢，足爲寫作借鑑。比如第一段一開始，作者就採用頂鍼法，說明「古之學者必有師，師者所以傳道、受業、解惑也。」第二句句首「師」字和第一句末尾的「師」字緊密相扣。「人非生而知之者，孰能無惑？惑而不從師，其爲惑也，終不解矣。」第二句「惑」字，也是緊接前一句末尾「惑」字而來。又如「固先乎吾，吾從而師之」，「亦先乎吾，吾從而師之」，皆採行此法。這種句法，可以使讀者感到全文天衣無縫，一氣呵成。第二段作者採用交錯法，如「句讀之不知，惑之不解，或師焉，或不焉。」文字奇突，有一種矯健脫俗之感。把它改寫成直敍句：「句讀之不知，或師焉；惑之不解，或不焉。」顯然比較平淡，缺少原有的氣勢。至於對話法，也是本文修辭的另一特色。如「彼與彼年相若也，道相似也。」直接採用士大夫們的對話來寫，不僅表明了士大夫們對從師計較年齡、地位的錯誤態度，而且從這裏也可以看到他們的神情。接著「位卑則足羞，官盛則近諛。」二句，便立刻改用作者評述的口胳，使兩種不同的態度，針鋒相對。這也是作者在修辭方面善於錯綜變化的例子。

(二) 原毀㊀

首段論古之君子責己與待人無怠無忌，是客。落筆入題，為全文定下基調。

古之君子㊁，其責己也重以周㊂；其待人也輕以約㊃。重以周，故不怠；輕以約，故人樂為善㊄。聞古之人有舜者㊅，其為人也，仁義人也；求其所以為舜者，責於己曰：「彼，人也，予，人也，彼能是，而我乃不能是。」㊆早夜以思，去其不如舜者，就其如舜者。聞古之人有周公者㊇，其為人也，多才與藝人也；求其所以為周公者，責於己曰：「彼，人也，予，人也，彼能是，而我乃不能是。」早夜以思，去其不如周公者，就其如周公者。舜，大聖人也，後世無及焉，周公，大聖人也，後世無及焉。是人㊈也，乃曰：「不如舜，不如周公，吾之病也。」是不亦責於身者重以周乎！其於人也，曰：「彼人也，能有是，是足為良人矣；能善是，是足為藝人矣。」取其一，不責其二⑩，卽其新，不究其舊⑪，恐恐然⑫惟懼其人之不得為善之利。一善，易修也，一藝，易能也，其於人也，乃曰：「能有是，是亦足矣。」曰：「能善是，是亦足矣。」不亦待於人者輕以約乎？

次段論今之君子責己與

今之君子則不然，其責人也詳⑬，其待己也廉⑭；詳，故人難於為善，廉，待人。既怠且忌，是主。

故自取也少。己未有善，曰：「我善是，是亦足矣。」己未有能，曰：「我能是，是亦足矣。」外以欺於人，內以欺於心，未少有得而止矣，不亦待其身者已廉乎？其於人也，曰：「彼雖能是，其人不足稱也，彼雖善是，其用不足稱也⑮。」舉其一，不計其十，究其舊，不圖其新，恐恐然惟懼其人之有聞也；是不亦責於人者已⑯詳乎。夫是之謂不以衆人待其身⑰，而以聖人望於人⑱，吾未見其尊己也！

三段論今之君子責人待己的不正確態度產生的根源，爲怠與忌。怠忌二字，一段字眼，又一篇文眼。

雖然，爲是者有本有原⑲，怠與忌之謂也。怠者不能修，而忌者畏人修。吾嘗試之矣，嘗試語於衆曰：「某，良士，某，良士。」其應者，必其人之與也⑳，不然，則其所疎遠不與同其利者也，不然，則其畏也；不若是，強者必怒於言，懦者必怒於色矣㉑。又嘗語於衆曰：「某，非良士，某，非良士。」其不應者，必其人之與也；不然，則其所疎遠不與同其利者也；不然，則其畏也。不若是，強者必說㉒於言，懦者必說於色矣。是故事修而謗興㉓，德高而毀來㉔。嗚呼！士之處此世，而望名譽之光，道德之行，難已㉕！

末段望當政者接受作者的觀點，去治國理民。

將有作於上者㉖，得吾說而存㉗之，其國家可幾而理歟㉘！

【題　解】

原毁是韓愈五原（〈原道〉、〈原性〉、〈原毁〉、〈原人〉、〈原鬼〉）中的第三篇，韓集歸入雜著類，實際上是政論性文字。原，動詞，追究根源之意。原毁，就是對當時「事修而謗興，德高而毁來」的不良社會風氣，加以追究研討，以推明正理，袪除俗蔽。或以爲：「玩終篇之意，不必被謗時有激而發，試與〈釋言〉篇參看，不難知爲何時作也。」

【注　釋】

㊀**原毁**　毁，毁謗。探求社會上毁謗惡習的根源，思復古道以革時弊。

㊁**古之君子**　指有身份有道德修養的人。與下文「今之君子」相對而言，以強調世風不古。古之君子德位相稱，今之君子德不稱位。

㊂**重以周**　嚴格而完備。以，而。以下諸句中「以」字用法同。

㊃**輕以約**　寬厚而簡約。

㊄**樂爲善**　樂於積極進取。

㊅**舜**　虞舜，傳說中的聖君。《孟子・離婁》下：「舜……善於人同，樂取於人以爲善。」又云：「舜明於庶物，察於人倫，由仁義行。」故下文稱他爲「仁義人也。」

㊆**彼人也予人也彼能是而我乃不能是**　以上四句語本《孟子・離婁》下：「孟子曰：舜，人也；我，亦

人也。舜為法於天下，可傳於後世，我猶未免為今人也。是則可憂也。憂之如何？如舜而已矣。」又《孟子・滕文公上》：「顏淵曰：舜，何人也？予，何人也？有為者，亦若是。」

(八) **周公**　姓姬名旦，西周開國名臣，《尚書・金縢》記他自稱：「能多材多藝。」，故下文有「多才與藝人也」之說。才與藝，指才華與技能。

(九) **是人**　指古之君子。

(一〇) **取其一不責其二**　取他這點長處，不再苛求旁的短處。

(一一) **卽其新不究其舊**　承認他新的優點，不追究過去的錯誤。

(一二) **恐恐然**　憂懼謹愼的樣子。

(一三) **其責人也詳**　指今之君子要求別人非常苛細。

(一四) **其待己也廉**　廉，少。他對自己的要求很少。

(一五) **其用不足稱也**　言其才能沒有甚麼可稱道的。

(一六) **已**　太，過份。

(一七) **不以衆人待其身**　林雲銘和方成珪都說：「不字疑衍」，童第德說：「『不』字並非衍文，但『衆』應當作『聖』，是說今之君子不以聖人待其身，而以聖人望於人，所以說：『吾未見其尊己也』。如果把『不』字去掉，說『以衆人待其身』，就不再是韓愈意中的『尊己』了。而本文通篇並沒有提出『衆人』和『聖人』作對比，也是一種證明。」童說是，今從之。

(一八) **而以聖人望於人**　而以聖人的標準來要求他人。

⑲ **有本有原** 如樹之有根，水之有源。

⑳ **與** 黨與，朋友。

㉑ **怒於言怒於色** 怒而形於言詞，怒而現於臉色。

㉒ **說** 同「悅」

㉓ **事修而謗興** 言事業有成就而詆譭之言隨之興起。

㉔ **德高而毀來** 言道德提高後而毀謗之詞接踵到來。

㉕ **難已** 已，語氣詞，用於句末，表示肯定。

㉖ **有作於上者** 指身居政府官員而打算有所作爲的人。

㉗ **存** 存之於心加以分析研究。

㉘ **其國家可幾而理歟** 其，揣度之詞，相當於大概。幾，近，庶幾，差不多。理，治理。

【賞析】

〈原毀〉這篇文章，從表面上看，並沒有前人所謂：「韓文如潮」的氣勢，但實際上，文氣仍是一瀉千里，波瀾壯濶。

每段開頭都先用三言兩語提出一個觀點，然後再縱筆揮灑，進行論證，這是本文寫作的重要特色。因此，層次分明，一目了然。且在層次與層次之間，段落與段落之間，完全採用對比加排比的手法，雙扇開闔，虛實對待。並在論文的論點和論據的邏輯關係中，輔之以人物聲音笑貌的描繪，從而增加了本文的藝術魅力。

本文寫作的目的在揭露「今之君子」的醜惡嘴臉，並爲自己懷才不遇鳴不平。但文章卻從「古之君子」落筆，讓「今之君子」和「古之君子」，在「責己」和「待人」的不同上，作一鮮明對比，以探求「毀」的根源，反映出今昔社會風氣的邪正。所以整篇文章，均緊緊圍繞著「責己」「待人」的不同態度開展。這種對比性極強的論述，不僅顯得具體，且可避免概念化的說教。

「古之君子，其責己也重以周，其待人也輕以約。」寫「古之君子」具有嚴以律己，寬以待人的品格。以下接著便援例論證「古之君子」如何嚴以律己？如何寬以待人？「古之君子」經常以自己同舜和周公對照，覺得自己不如舜、不如周公，這就是嚴以律己的表現。至於看到別人有一點好處或一技之長，就認爲不錯了，不求全責備，這就是寬以待人的表現。文章轉入第二個層次，講「今之君子」的「責人」與「待己」，是文章的主體部分。這一部分同「古之君子」對比後，印證了道德水準的下降，社會風氣的敗壞。「今之君子」所作所爲，和「古之君子」完全相反。「其責人也詳」，「其待己也廉」，「詳」，就是對別人求全責備；「廉」，就是對自己要求很少，形成了一種抬高自己，打擊別人的歪風。

「古之君子」和「今之君子」爲甚麼有這樣的差別？韓愈先從現象上作了對比後，接著又從思想上作對比。以爲「古之君子」「恐恐然惟懼其人之不得爲善之利」，「今之君子」「恐恐然惟懼其人之有聞」，意思是說古之君子怕的是別人不能發揮其所長，而今之君子卻擔心別人功成名就。經過這種對比論述，透視了古之君子其所以不同於今之君子的原因，深刻地反映了有才能者懷才不遇的社會根源。

爲甚麼「今之君子」怕別人成名呢？韓愈在第三個層次中筆鋒一轉，說「今之君子」這樣做是「有本有原」的。這個本原就是「怠」與「忌」。行文至此，才呼應了〈原毀〉的題旨。既曲折，又清晰，眞是氣完神足，不同凡手。如果說前面的對比是開，則此處的概括便是闔。更何況在前面的開，與此處的闔中，又各有提綱，各有開闔，虛實相生，賓主對待，使文章顯出如潮的波瀾，而氣勢如虹。

韓愈指出「怠」與「忌」是「毀」的本原，確實對所論一鍼見血，有深切體會。因爲有了「怠」，自己就凡事倦怠，不求上進；有了「忌」，就妒才害能，怕別人上進，於是便產生了對別人的誹謗和詆譭。爲了證明這個觀點的正確性，他又連用了兩個「試語」，作一正一反的對比，從聽的人的親疏、厚薄、利害的不同，反應殊異中，充分刻畫出「今之君子」的「怠」與「忌」的卑劣和鬼胎。正因爲「怠」與「忌」的作祟，才造成「事修而謗與，德高而毀來」的不良習氣。在這種不良習氣下，人們指望「名譽之光，道德之行」，實在太難了。

最後，韓愈點明本文寫作的目的，是希望當政者接受這篇文章的觀點去治理國家。所以在行文上，他不用肯定句型，而祇說：「將有作於上者，得吾說而存之，其國家可幾而理歟！」筆帶感慨。無限期盼的情意，盡在文字之外！

讀完本文，我們發覺在寫作方法上，作者自始至終，整篇都用對比與排偶手法，如抽絲剝繭，層層深入，以增強渲染的效果。最後，以畫龍點睛之筆，揭示主旨，在千鈞筆力之外，給人們留下深長思考的餘地。馬通伯《韓昌黎文集校注》引方苞說：「管、荀、韓非之文，排比而益古，惟退之能與抗行。」張裕釗說：「通篇排比，下開明允，而其源出於荀、韓。」茅坤《唐宋八大家文鈔》則云：「此篇八大比，秦漢以來無此調，昌黎公創之。」儲欣《唐宋八大家類選》也說：「長排亦唐人長調，謂公創非也。公特氣體高出耳。」沈德潛《唐宋八家文讀本》更謂：「此即後代對偶排比之祖也，於韓文爲降格。」各說雖有不同，實際上韓愈汲取了先秦諸子散文，與魏晉以迄隋唐駢儷時文的獨特風格，故而宜古宜今，亦莊亦諧，不可於成規定例中求之。還是金聖歎《天下才子必讀書》說得好：「此文段段成扇，又寬轉，又緊俏，又平易，又古勁，最是學不到之筆。」比較能體會昌黎爲文之用心。

㈢ 雜說四

世有伯樂㈠，然後有千里馬。千里馬常有，而伯樂不常有。故雖有名馬，祇辱㈡於奴隸人㈢之手，駢㈣死於槽櫪㈤之閒，不以千里稱也。

首段寫世無認識千里馬的人，故千里馬不常見。

馬之千里者，一食㈥或㈦盡粟一石，食㈧馬者不知其能千里而食也；是馬也，雖有千里之能，食不飽，力不足，才美不外見㈨，且㈩欲與常馬等不可得，安求其能千里也！

次段言世無能飼養千里馬的人，故千里馬不如常馬。

策(十一)之不以其道，食之不能盡其材(十二)，鳴之而不能通其意(十三)，執策而臨之曰：「天下無馬。」嗚呼！其(十四)眞無馬邪？其(十五)眞不知馬也！

末段總收上文，而以唱歎作結，爲世之懷才不遇者，同聲一哭。

【解　題】

本文是韓愈〈雜說〉四篇中最膾炙人口的一篇。時至今日，可說是雅俗共賞，家傳戶誦了。究其原因，不外是在文字表達上清警脫俗，易於理解；在思想內容上一鍼見血，爲沉淪下僚，懷才不遇者，一吐胸中不平之氣耳！杜牧有詩云：「杜詩韓筆愁來讀，似倩麻姑癢處搔。」（〈讀韓杜集〉）杜甫詩嚴於格律，而不爲格律所縛；韓愈文深合文理，而理爲我所用。都善於在有限的篇幅中，極盡騰踔回旋之能事。本文僅一百五十餘字，卻以「千里馬」生發，託物寄意，層層翻滾，既痛陳得士之道，又可瀉胸中塊壘，最能見出韓文崎崛拗峭之態。韓集中如〈爲人求薦書〉、〈送溫處士序〉，皆借伯樂和馬爲喻，可以參閱。此文作於何年無考，有人說作於德宗貞元十一年(七九五)二十八歲時，三上宰相書，宰相均置之不理，故作此來譏誚宰相。

【注釋】

㈠ **伯樂**　本星宿名，主管天馬，春秋秦穆公時，孫陽字伯樂，以善於相馬著稱。此事又見《戰國策・楚策》、《莊子・馬蹄》篇、《列子・說符》篇。歷來引此，均借指善於識拔人才者。

㈡ **祇辱**　祇，只是。辱，受辱。言只是在飼馬人的手中受盡屈辱。

㈢ **奴隸人**　指飼養及駕馭馬匹的馬伕。

㈣ **駢死**　兩馬並駕一車曰駢。駢死，指千里馬同其他尋常的馬一樣，並處在一起死去。

㈤ **槽櫪**　槽，盛飼料的器具。櫪，馬棚。在此泛指養馬的地方。

㈥ **一食**　吃一餐。

㈦ **或**　也許。

㈧ **食**　食，音ㄙˋ，致使動詞，同飼，餵養之意。

㈨ **見**　同現，表現出來。

㈩ **且欲**　卽使想要。

(十一) **策**　本作馬鞭解，在此用作動詞，用鞭趕馬，有駕馭之意。

(十二) **食之不能盡其材**　言餵養時不能滿足牠的食量。卽上文「食不飽」之意。借喻對有才能者生活不關心。

㊂ **嗚之而不能通其意**　言哀鳴時，牧馬的人不能通曉牠的本意。借喻對有才能者的意見和計畫，置之不理。

㊃ **其**　表示反詰語氣，有「難道」之意。

㊄ **其**　表示感歎語氣，有「實在」之意。

【賞　析】

本文爲韓愈〈雜說〉中的第四篇，所以某些本子題作〈雜說四〉，今人大多稱之爲〈馬說〉或〈說馬〉。

〈馬說〉爲論政之作，而以寓言方式出之。蓋韓愈二十五歲中進士後，曾多次向當朝權貴寫信，請求提拔任用，然均長期不被理睬。愈自以爲才富學飽，力可濟世；但久不被政府賞識重用，屈居人下，沈於下僚，於是寫出這篇抒發懷才不遇之名作。文章雖發自個人感慨，但也揭穿了當時政治黑暗，摧殘英才的實況。

通篇以「馬」爲喻，首句採開門見山筆法，點明全篇主旨，提出論題，觀點十分鮮明、突出。繼而運用剝蕉手法，以「馬」喻人，借「馬」寫人，字裏行間滲透著作者的憤激與不平，反映當時社會黑暗，英才沉埋的畫面。寫得淋漓盡致，鞭辟入裏。

在語言運用上，精煉而富有氣勢，決斷而充滿感情。正如林紓《古文辭類纂》評語所說：「語愈冷而意愈深，聲愈悲，通篇都無火色，而言下卻含無盡悲涼，眞絕調也。」如果以本文與作者在貞元初年一些干謁之作如〈應科目時與人書〉、〈爲人求薦書〉等同觀，當更可以體會作者此時的情懷。在敍事方面，敍述中揷有反詰與感喟，使本文既有說服力，又有感染力！林紓《古文類纂》評語又說：「通篇用『不知』字，有千鈞之力，『不知其能千里而食』句，是糟蹋國士之爰書，『其眞不知馬也』，是國士辨寃之訴詞。」在主題意思方面，作者雖從「世有伯樂」下筆，但文中闡述的事實，卻爲當時社會並無伯樂之嚴酷現象。這樣的藝術構思，使讀者不難理解本文的深層含義，慨歎賢才難遇知音，並揭示其內心的苦悶和生活的困頓。尤其文末幾句，更是寄慨遙深，委婉有致。

本文在作法上有三大特點：即㈠作者化用《戰國策・楚策》「伯樂相馬」故事，卻沒有停留在原有的思想上，而是借題發揮，進一步闡揚「世有伯樂，然後有千里馬」的議題，具有創新手法。㈡作者不採敍事法而改用議論之筆，層層深入，逐次剖析，令人一唱三歎，具有「折筆取勁」的語言技巧。㈢全文以「世有伯樂，然後有千里馬」爲眼目，用「千里」二字作前後穿揷，可謂一詞不置，精神全出。「文眼」者，爲一篇文章之聚光點也，是全文內容之精光。爲文如能掌握「文眼」，則全篇脈絡自如萬山旁薄，起伏有自了。

(四) 讀荀

首段先言孟，揚尊孔子。爲下文言荀子鋪墊。

始吾讀孟軻書㊀，然後知孔子之道尊㊁，聖人之道易行㊂，王易王㊃，霸易霸㊄也。以爲孔子之徒沒，尊聖人者孟氏而已㊅。晚得揚雄書㊆，益尊信孟氏。因雄書而孟氏益尊，則雄者亦聖人之徒歟？

次段言荀子亦宗孔子，然不粹，故在孟揚之間。

聖人之道不傳於世，周之衰㊇，好事者各以其說干時君㊈，紛紛藉藉相亂㊉，六經與百家之說錯雜(十一)，然老師大儒猶在(十二)。火於秦，黃、老於漢(十三)，其存而醇者(十四)，孟軻氏而止耳，揚雄氏而止耳。及得荀氏書，於是又知有荀氏者也。考其辭，時若不粹；要其歸，與孔子異者鮮矣(十五)；抑猶在軻、雄之閒乎(十六)！

三段專論荀子，並欲刪荀書之不合者。

孔子刪《詩》、《書》(十七)，筆削《春秋》(十八)，合於道者著之，離於道者黜去之，故《詩》、《書》、《春秋》無疵(十九)。余欲削荀氏之不合者(二十)，附於聖人之籍，亦孔子之志歟！

最後總括一篇旨要。上下千古，卓識偉論。

孟氏醇乎醇者也(二十一)，荀與揚大醇而小疵。

【解　題】

這是作者讀《荀子》後，寫下的一篇筆記。題下或有「子」字。荀子名況，齊宣王時爲稷下祭酒，因避讒適楚，春申君以爲蘭陵令。春申君死，而荀卿廢，著書數萬言而卒。今有《荀子》二十卷三十二篇傳世，唐楊倞有注。韓愈在〈原道〉中專舉孟軻爲孔子道統的繼承者，而稱：「荀與揚也，擇焉而不精，語焉而不詳。」〈進學解〉則將孟、荀並尊爲「二儒」，說他們「吐辭爲經，舉足爲法，絕類離倫，優入聖域。」本文實爲對孟、荀以及揚雄作比較性的批評。文辭短小精悍，而議論縱橫，極富錯綜變化之美。

韓愈嘗言：「世無孔子，不當在弟子之列」，讀此文，可以見其自負，不在孟子下。文末二句斷制，通篇意義盡歸趣於此。

【注釋】

㈠ **孟軻書**　即《孟子》七篇。書爲戰國大儒孟軻和其部分弟子如公孫丑、萬章之徒合著。

㈡ **孔子之道益尊**　孟軻極力尊崇孔子，以爲「自生民以來，未有孔子也。」又說：「孔子聖之時者也，孔子之謂集大成。」

㈢ **聖人**　指唐堯、虞舜、禹、湯、文、武、周公。

㈣ **王易王**　言三代帝王皆以王道治天下，孟子以爲如果遵循他們的統治方法，施行仁政，想統一中國，建立帝王之業並不難。

㈤ **霸易霸**　霸，同伯，指春秋時期齊桓、晉文尊王室，攘夷狄，以成霸業。因爲儒家貴王賤霸，既然王易王，則稱霸諸侯的事業自必更加容易。

㈥ **尊聖人者孟氏而已**　孟氏即孟子。其推尊聖人之說，見本文注㈡。

㈦ **晚得揚雄書** 晚，後來。揚雄，漢代思想家、辭賦家以及文字學家。他曾仿《論語》作《法言》，仿《周易》作《太玄》。《法言》中〈吾子〉篇表示要以孟子的排斥楊、墨爲榜樣來批判異端。如云：「古者楊墨塞路，孟子辭而闢之，廓如也；後之塞路者有矣，竊自比於孟子。」這是揚雄尊孟的證明。

㈧ **周之衰** 此處蓋指孔子逝世以後而言。

㈨ **好事者各以時說干時君** 好事者，喜歡多事的人，一般用於貶義。干，求。是說這些喜歡多事的人，想以自己的學說，請求當時各國君主賞識。

㈩ **紛紛藉藉相亂** 紛紛，多。藉藉雜亂衆多。形容紛紜雜亂的樣子。

㈡ **六經百家之說錯雜** 六經，即《易》、《書》、《詩》、《禮》、《樂》、《春秋》六部經典。百家之說，極言戰國時期學說派別如儒、道、墨、法、縱橫，陰陽之多。

㈢ **老師大儒猶在** 泛指儒家方面的大學者子夏、子貢、曾參等尚在。如子夏居西河爲魏文侯師，田子方學於子貢，吳起學於曾子等。

㈢ **黃老於漢** 黃老，黃帝與老聃。此處特指信仰黃老之說的學派，道家的別稱。該學派尊奉黃老，以「無爲」學說爲治國準繩，以休養生息爲穩定社會的主張。

㈣ **存而醇** 存，留存。醇，不雜水的酒，此處和純字義同。作純一不雜解。

㈤ **鮮矣** 是說很少有了。

㈥ **抑** 猶意。

㈦**孔子刪詩書**　相傳古詩原有三千餘篇，孔子刪定爲三百零五篇。《尙書》原來篇數更多，經孔子刪定後，上起帝堯，下迄秦穆公，共百篇。

㈧**筆削春秋**　《春秋》原爲魯國國史之名，經孔子加以整理，《史記‧孔子世家》說他對《春秋》「筆則筆，削則削。」筆謂記載，削爲刪除，古時書寫用竹簡，有所竄改則削去之。

㈨**無疵**　沒有瑕疵毛病。

㈩**余欲削荀氏之不合者**　不合，指上文所說的「離於道」部分。荀氏不合者，或以爲暗指〈性惡〉篇。

㈢**醇乎醇**　是說最純粹，沒有一點兒渣滓。

【賞　析】

本文爲一篇讀書筆記。韓愈在〈答李翊書〉中，以爲自己能識「古書之正僞」，此即辨「正僞」的作品之一。其他尙有〈讀鶡冠子〉，〈讀儀禮〉，〈讀墨子〉，此等作品不僅摘出原書的要點，同時，更對原書加以評論，最能看出韓愈目光及其思想歸趣。是研究韓愈思想的重要資源。

文中論荀子，兼及孟子、揚雄，因三人皆儒家大師，可以一併討論。「孟子醇乎醇者也，荀與揚大醇而小疵。」由此可見韓愈儒家道統思想形成的輪廓。由孟子而尊孔子，由揚雄而益尊孟子，讀荀子書，益加堅定對孔、孟的崇敬與信仰。

韓愈在「原道」一文中所謂：「軻之死不得其傳焉，荀與揚也，擇焉而不精，語焉而不詳。」本文

「讀荀」，對孟、荀、揚三家之評價，兩相比較，有異曲同工之妙。蓋二文皆屬同一時期的作品。

漢初傳《詩》與《春秋》的經學大師，大多爲荀子弟子及再傳弟子。傳《易》傳《禮》的大師，亦與荀卿有絕對的淵源關係。荀卿對我國經典的傳布，有過極大貢獻，孟子書早在東漢就有趙岐注，而荀子書直到唐代中葉以後，楊倞始爲之作注。楊氏於注中，曾多次引韓侍郎（韓愈當時擔任刑部侍郎）語，可見荀子書的流傳於世，和韓愈的大力鼓吹有相當關係。而楊倞之爲荀書作注，大約是受到韓愈的鼓勵和啓發。這一點，在此應特別加以說明。

綜觀全文運辭，皆突起突轉，起不知由何起，轉不知由何轉，令人如入萬花筒中，只見五光十色，爭媚鬪豔，莫知所適！錢基博《韓愈志》稱它：「局陣迷離」，「橫恣溢出」，「納大於細，以斂爲縱，其文勢極雄闊，而以盤勁之筆出之。」推爲能夠代表韓文風格之作。尤有言者，作者於文中不直接說明寫作主旨，而用以賓定主之法，借孟軻、揚雄作陪，折衷於孔子，穿插三人爲線索，來烘托主題。並在起承轉合間，絕少用虛字承接。讀其文，祇覺剛健充實，一片渾然元氣，運行於字裡行間，同時，又避免使用排偶句法，散體單行，益覺文字矯健有力。此種筆法，似從《史記・老子韓非傳》中脫胎，意態自肆，是韓愈絕大本領。

㈤ 伯夷頌

首段揭示特立獨行與信道篤，自知明兩意，並許爲豪傑之士，爲通篇頌辭樹立基調。

士之特立獨行㊀，適於義而已，不顧人之是非，皆豪傑之士，信道篤而自知明者也。

次段層層進說伯夷窮天地，亘萬世而不顧，以實前段虛論。

一家非之，力行而不惑者寡矣，至於一國一州非之，力行而不惑者，蓋天下一人而已矣，若至於擧世非之，力行而不惑者，則千百年乃一人而已耳。若伯夷者，窮天地亘萬世而不顧者也㊁。昭乎日月不足爲明，崒乎泰山不足爲高㊂，巍乎天地不足爲容也！

三段詳說信道而自知明。

當殷之亡㊃，周之興，微子賢也㊄，抱祭器而去之㊅；武王周公聖也㊆，從天下之賢士與天下之諸侯而往攻之㊇，未嘗聞有非之者也。彼伯夷、叔齊者，乃獨以爲不可。殷既滅矣，天下宗周㊈，彼二子乃獨恥食其粟，餓死而不顧；繇是而言㊉，夫豈有求而爲哉？信道篤而自知明也。

四段詳說特立獨行。

今世之所謂士者：一凡人譽之，則自以爲有餘；一凡人沮之㊁，則自以爲不足，彼獨非聖人㊂而自是如此。夫聖人乃萬世之標準也。余故曰：若伯夷者，特立獨行窮天地亘萬世而不顧者也。

末段餘波，言雖背聖人，但人間不可無此人。

雖然，微二子㊂，亂臣賊子接跡於後世矣㊃。

【解　題】

「頌」原爲詩之一體，〈毛詩序〉以之與風、大小雅並稱四始。劉勰《文心雕龍》云：「四始之至，頌居其極。頌者，容也，所以美盛德而述形容也。」一般頌辭多屬韵文，或先序而後結韵，少數作散語。本篇是用散筆作頌辭的代表作，是韓愈在古文運動中對文體革新的重大貢獻。

韓愈這篇文章概括了前代關於伯夷的傳說和評價，而許多批評家都指出這是韓愈借以自況。林紓《韓文研究法》云：「伯夷一頌，大致與太史公同工而異曲。史公傳伯夷，患己之無傳，故思及孔子表彰伯夷，傷知音之無人也。昌黎頌伯夷，信己之必傳，故語及豪傑，不因毀譽而易操。曰：『今世之所謂士者，一凡人譽之，則自以爲有餘；一凡人沮之，則自以爲不足。』見得伯夷不是凡人，敢爲人之不能爲，而名仍存於天壤。而己身自問，並特立獨行者。千秋之名，己身已定，特借伯夷，以發揮耳。蓋公不遇於貞、元之朝，故有託而洩其憤。不知者，謂爲專指伯夷而言。夫伯夷之名，孰則弗知。讀昌黎文當在於此等處著眼，方知古人之文，非無爲而作也。」

《史記・伯夷列傳》略謂伯夷、叔齊是孤竹君二子，孤竹君死後，兩人均不肯爲君，投奔至周。周文王去世，武王起兵伐紂，伯夷、叔齊扣馬而諫，以爲：「父死不葬，爰及干戈，可謂孝乎？以臣弑君，可謂仁乎？」左右欲兵之，太公曰：「此義人也，扶而去之。」武王已平殷亂，天下宗周，而伯夷、叔齊恥之，義不食周粟，隱於首陽山，采薇而食，遂餓而死。」本文極力表彰伯夷「特立獨行，窮天地亘萬世而不顧」的精神與氣概，不正是韓愈不顧世俗笑侮，反對八代駢儷，提倡先秦兩漢古文，排斥佛老，爲民請命，維護國家統一等作爲的寫照嗎！

文章破空而來，寓提折於排宕，傲岸之氣，蓊鬱於字裡行間，足可鼓舞「頑夫廉，儒夫有立志」的作品。

【注釋】

㈠ **特立獨行**　言志節高尚，不隨波逐流。特，獨。

㈡ **亘**　盡，究竟，延續不斷。

㈢ **崒**　高峻，音ㄗㄨˊ。

㈣ **當殷之亡**　西元前十六世紀商湯滅夏，建立商朝。後盤庚遷都於殷（今河南安陽小屯村），因稱殷朝，史家或稱「殷商」。傳至紂，被周武王所滅，時西元前十一世紀事。

㈤ **微子**　名啓，紂王庶兄，封於微。見殷政不綱，遂出走。

㈥ **抱祭器而去之**　祭器，祭祀祖先的一種禮器。是古代宗族的象徵。微子見周已滅商，遂抱祭器乞降，後來周朝封他於宋。

㈦ **武王周公**　武王，周文王子，姓姬名發，文王去世，武王率軍滅商，代殷而有天下。周公，西周開國大臣，武王之弟，姓姬名旦，采邑在周，因稱周公。

㈧ **從**　通縱，南北曰縱，在此有聯合之意。

㈨ **宗周**　言周朝爲天下諸侯所宗。

㈠ **繇** 通由。
㈡ **沮** 阻止。
㈢ **聖人** 此處及下句中之「聖人」，均指周武王與周公。
㈢ **微** 無。
㈣ **接跡** 足跡相接，形容人多相繼而起。

【賞　析】

《韓昌黎文集》中有「頌」文三篇：即〈伯夷頌〉〈子產不毀鄉校頌〉〈河中府連理木頌〉。〈河中府連理木頌〉內容是借河中府發現連理樹而歌頌河中府尹渾瑊功德的作品。〈子產不毀鄉校頌〉，內容是根據《左傳》襄公三十一年文，稱贊子產反對鄭國大夫破壞鄉校的作品。文長一百六十九字，雖無深意，但有直言陳說之美。〈伯夷頌〉篇幅較長，全文三百二十餘字，組織嚴謹，辭句排宕，寓意深遠，很值得欣賞。

伯夷、叔齊爲商朝末年孤竹國國君之二子，根據史書記載，其兄弟讓國，叩馬而諫，餓死首陽的故事，早已喧騰世人之口，而傳誦不朽。韓愈的〈伯夷頌〉就是一篇稱贊伯夷、叔齊生平行誼之作。以爲他們的特立獨行，有「昭乎日月不足爲明，崒乎泰山不足爲高，巍乎天地不足爲容」的偉大，二人之所以如此偉大，依據韓愈的看法，是由於以下兩點原因。

㈠、不顧人之是非：「當殷之亡，周之興，微子賢也，抱祭器而去之」的時候，武王、周公率天下諸侯討伐殷紂，沒有人非議，只有伯夷、叔齊兄弟認爲他們的做法爲「非」。所謂：「一國一州非之，力行而不惑者，蓋天下一人而已矣；舉世非之，力行而不惑者，則千百年乃一人而已耳。」

㈡、信道篤而自知明：伯夷、叔齊兄弟既不顧他人之是非，本於「義」而力行不惑。這個「義」就伯夷言，非有所求而爲，非爲名利而爲，盡其在我而已！故其平生所做：兄弟讓國、叩馬而諫、恥食周粟、餓死首陽等，無一不是本乎一個「義」字。武王、周公歷代稱爲聖人，韓愈以爲伯夷竟「獨非聖人而自是」，這的確是「窮天地，亘萬世而不顧」的一位「信道篤而自知明」的人。

〈伯夷頌〉篇幅雖短，但結構嚴謹，措辭精煉，充分表現韓氏行文的藝術特色。它的寫作技巧可約之爲以下四點：

㈠、層遞論述法：從不顧人之是非，說到不顧一家、一國、一州、天下人之是非，再說到不顧天地萬世之是非，一層遞進一層，最後逼出伯夷的特立獨行處。

㈡、前呼後應法：開首以「士之特立獨行」起，文末以伯夷有「特立獨行」作結。文前點出「伯夷者，窮天地亘萬世而不顧者也」，結尾則肯定「伯夷者，窮天地亘萬世而不顧者」，前呼後應，血脈通暢，有渾然整體，一氣呵成之快！

㈢、正反對照法：既說「舉世非之」，又說：「力行不惑」。既說：「武王、周公未嘗聞有非之者」，又說「伯夷、叔齊獨以爲不可」。既然「天下宗周」，而「二子獨恥食周粟，餓死而不顧」。但「今世之人，人譽之則以爲有餘；人沮之則以爲不足」；而伯夷卻不顧人之是非，特立獨行，意義一正一反，相映成采。

㈣、氣如潮湧法：韓愈善於以大量排比，湧現如潮之氣勢，如「昭乎日月不足爲明，崒乎泰山不足爲高，巍乎天地不足爲容。」一連三個排句，用「昭乎」況日月之明，「崒乎」狀泰山之高，「巍乎」喻天地之大，氣象宏偉，筆力雄健，大有不可奪之勢。

夫韓文起筆善於蓄勢，由於他蓄積深厚，思想感情特別充沛，鬱積於心，一吐爲快，而每一吐則如火山噴勃，凝聚巨大力量。譬如他一起筆便極力推揚伯夷，接著再用一般的「士」來襯托伯夷，又用層遞、排比之法竭力形容，一層一層地使文意加重，使語氣增強，在幾經盤旋之後，果斷的落在伯夷上，大大增強了議論的力量。這比直截地說「伯夷爲千古特立獨行之士」，在語勢上和文情上要有份量得多。後人評論此文，說他學《孟子》，反復商量，雋永有味，它確有《孟子》雄辯滔滔的氣勢。

二、書啓文選讀

書啓一體，主要指朋友之間的書信往來。吳訥《文章辨體序說》云：「昔臣僚敷奏，朋舊往復，皆總曰書。近世臣僚上言，名爲表奏，惟朋舊之間，則曰書而已。蓋論議知識，人豈能同？苟不見之於書，則安得盡其委曲之意哉？」

劉勰對書信一體曾有過明確的要求：「詳總書體，本在盡言。所以散鬱陶，託風采，故宜條暢以任氣，優柔以懌懷，文明從容，亦心聲之獻酬也。」（《文心雕龍、書記》）「盡言」者，言無不盡之意也，有話要毫無保留地講；「心聲之獻酬」者，往來書信要推心置腹之意也，要說自己的眞心話。這是對書啓的總要求，其實，自古以來，皆有書啓，而作用、風格則是各不相同的。

韓集中現存書啓五十餘篇，數目相當可觀，內容也相當豐富，而其在寫作上最突出的特點在於他能做到因人陳詞。現就韓集中所存書啓的內容說，大別可分爲以下三類：

一、是發表自己文學見解的。如〈答李翊書〉、〈答劉正夫書〉、〈答尉遲生書〉、〈答陳生書〉、〈與馮宿論文書〉等。這些書信大部份爲答復青年朋友的請教而寫的，主要是談自己提倡古文的旨趣，自己從事古文創作的各種體會，以及具體指導青年爲文。這些書信雖多是「爲人導師」之作，但韓愈並沒有擺出盛氣凌人的派頭，而是以平等的態度，坦率而誠懇地表達自己的見解，對青年循循善誘，極富教育性和啓發性。

二、是向朋友傾吐情懷的。如〈答侯繼書〉、〈與李翺書〉、〈答張籍書〉、〈答崔立之書〉、〈與崔羣書〉、〈與孟東野書〉、〈與孟尚書書〉、〈與柳中丞書〉等，這類書信大都寫得感情強烈，坦率眞摯，無論是講自己的志向抱負，抒懷才不遇之情，還是對朋友寬慰勸勉，作善意的批評，都能情眞意切，以肺腑之言相告。對於眞正沽名釣譽之徒，如〈答呂毉山人書〉，作者則毫不留情，大加揶揄了一番。

三、是向權貴們投獻求荐的。其中有自荐的，如〈應科目時與人書〉、〈上宰相書〉、〈上襄陽于相公書〉、〈上鄭尚書相公啓〉等，其中雖不乏對權貴的稱譽，但都能以誠相告，有些甚至寫得理由堂堂正正，理直氣壯，而不流於辭卑氣靡。還有是爲自己的弟子或替朋友求荐的，如〈與袁相公書〉荐樊宗師，〈與祠部陸員外書〉荐侯喜等，〈代張籍與李浙東書〉荐張籍，這些文章都寫得理直氣和，詞切情直，表現了韓愈對於窮愁落魄之士的眞誠相助。

這些出於不同目的，寫給不同對象的書信，都非率而爲之之作，均經斟酌再三，苦心經營，所以寫得十分得體，林紓說：「獨昌黎與人書，則因人而變其詞：有陳乞者、有抒憤罵世而吞咽者、有自明氣節者、有講道論德者、有解釋文字，爲人導師者，一篇之成，必有一篇之結構，未嘗有信手揮灑之文字。熟讀不已，可悟無數法門。」（《韓柳文研究法、》）錢基博說：「韓愈書體，博辨明快，得孟子之筆，而沈鬱頓挫，則又得太史公之神。」（《韓愈志》）因人陳詞，感情眞切，是韓愈書啓文的主要特色。而在書啓中精於構思，巧於用比，則往往使文章立意新穎，文筆生動，有不盡的言外之意。

㈠ 答劉正夫書

起首客套外，並言名之所存，謗之所歸。

愈白進士劉君足下：辱牋㈠教以所不及，既荷厚賜㈡，且愧其誠然，幸甚！幸甚！凡舉進士者㈢，於先進之門㈣，何所不往，先進之於後輩，苟見其至，寧可以不答其意邪？來者則接之，舉城士大夫，莫不皆然；而愈不幸，獨有接後輩名，名之所存，謗之所歸也。

次段言爲文宜師古聖賢人。

有來問者，不敢不以誠答。或問：「爲文宜何師。」必謹對曰：「宜師古聖賢人。」曰：「古聖賢人所爲書具存㈤，辭皆不同，宜何師？」必謹對曰：「師其意，不師其辭。」又問曰：「文宜易宜難？」必謹對曰：「無難易，惟其是爾，如是而已矣㈥。」非固開㈦其爲此，而禁其爲彼也。

三段言爲文宜自樹立。不可與世沈浮。

夫百物朝夕所見者，人皆不注視㈧也，及覩㈨其異者，則共觀而言之，夫文豈異於是乎？漢朝人莫不能爲文，獨司馬相如、太史公、劉向、揚雄爲之最㈩。然則用功深者，其收名也遠；若皆與世沈浮㈡，不自樹立㈢，雖不爲當時所怪，亦必無後世之傳也。足下家中百物，皆賴而用也，然其所珍愛者，必非常物。夫君子之於文，豈異於是乎！

四段言為文絕不自於循常之徒。必須深探力取。

今後進之為文，能深探而力取之，以古聖賢人為法者，雖未必皆是；要若有司馬相如、太史公、劉向、揚雄之徒出，必自於此，不自於循常㊂之徒也。若聖人之道不用文則已，用則必尚其能者㊃；能者非他，能自樹立，不因循㊄者是也。有文字來，誰不為文，然其存於今者，必其能者也。顧㊅常以此為說耳。

文末為信中結束客套語。

愈於足下，忝同道㊆而先進者，又常從遊於賢尊給事㊇，既辱厚賜，又安得不進其所有以為答也。足下以為何如？愈白。

【解　題】

本文是韓愈文學創作理論中一篇重要文獻，劉正夫是劉伯芻之子，或作劉峊夫。根據《新唐書・宰相世襲表》，劉伯芻有三子：即寬夫、端夫、巖夫。「峊」同「巖」，正夫可能就是巖夫。清儲欣說：「答劉正夫，是論作文要旨；答李翊，是論用功節奏；二書闕一不可。」書中所謂：「作文要旨」，大別可分為師古聖賢人、師其意、惟其是等三層。換言之，這三層的內涵就是「立異」，立異就是「能自樹立」。人之為文如果「能自樹立」，就必能深探力取，不與世浮沈，有傳世不朽之作。

清張伯行《重訂唐宋八大家文鈔》一方面表彰本文，以為：「此篇論文是昌黎公登峯造極之旨，為文本領，何其切至，公可說文中之聖矣！」一方面又批評說：「特其一生精神專用於文，而以司馬相如輩為標準，故後之儒者不無遺憾云。」由於韓愈取融各家，自鑄偉詞，更見本文在文學創作理論上所呈現的特色。

【注　釋】

㈠ **辱牋**　牋，信札。辱，敬詞。辱牋，謂承蒙來信之意。

㈡ **旣荷厚賜**　荷，受人之惠曰荷，信札中常用的敬詞。厚賜，情誼深厚的賞賜。

㈢ **凡舉進士者**　舉進士，被推舉參加進士科考試。唐代科舉取士，先由地方舉薦，然後送中央考試，被舉薦應試的人通稱爲舉子。

㈣ **先進之門**　先進，猶言先輩，如仕途上的前輩，學術方面的先驅等，在此指先中進士者。

㈤ **具存**　猶言俱在。

㈥ **惟其是爾如是而已矣**　馬通伯《韓昌黎文集校注》云：「諸本無爾、如是字，已下有矣字，謝校矣作爾，或作耳。」是，正常合理之意。惟其是爾，是說文章優劣不可以深難、平易分，而應以合理得宜決高下爾。

㈦ **開**　啓發。

㈧ **注視**　謂注而視之，目不他瞬，有注意、重視之意。

㈨ **睹**　看見。

㈩ **獨司馬相如太史公劉向揚雄爲之最**　司馬相如，西漢辭賦家。太史公，指司馬遷，西漢史傳散文家。劉向，西漢著名學者，散文家，曾校閱羣書，撰成《別錄》，爲我國目錄分類學之鼻祖。揚雄、西漢著名學者，辭賦家。最，極。

⑫ **與世沈浮**　是說跟著時世風氣隨波逐流。

⑬ **不自樹立**　言自己沒有獨到的建樹。樹立，有自己的一番面目。

⑭ **循常**　循故習常，不知改進，有與世浮沈意。

⑮ **若聖人之道不用文則已用則必尙其能者**　是說聖人之道不用文字作文就算了，如果用文字作文，一定推重那有才能的作者。聖人，指孔子。

⑯ **因循**　因循舊習，毫無新意。

⑰ **顧**　特。

⑱ **忝同道**　忝，謙詞，慚愧，辱沒之意。同道，同爲文字中人。

⑲ **常從遊於賢尊給事**　常，通嘗，曾經。從遊，從之往來。賢尊，稱人的尊長必加「尊」字，如尊甫、尊君，或於尊字上再加賢字、令字。給事，官名，卽給事中。劉正夫的父親劉伯芻，字素芝，時任給事中。

【賞　析】

根據淸代方成珪的考證，此書作於唐憲宗元和六年（八一一）以後，八年（八一三）以前，時韓愈年屆四十四至四十六歲之間。不過依照本文「凡舉進士者，於先進之門何所不往。」以及「忝同道而先進者。」兩句話看來，此書似作於劉正夫中進士第以後。正夫登元和十年（八一五）進士第，則韓愈當時已四十有八。以此推算，則本文應作於元和十年之後，方說似未得其實。

本書論文要點凡三：卽一、爲「師古聖賢人，師其意不師其辭。」所謂：「師古聖賢人」的意思，與〈答李翊書〉非三代兩漢之書不敢觀，非聖人之志不敢存。」有異曲同工之妙。「師其意不師其辭」，卽〈南陽樊紹述墓誌銘〉：「惟古於詞必己出。」〈答李翊書〉：「惟陳言之務去。」的一貫態度。二、爲「文無難易，惟其是而已。」所謂「是」，作正確合理解，蓋文章不以詞句的深難平易分優劣，而以合理得宜爲依歸。使內容與形式作適當搭配，文雖雜而有質，色雖糅而有儀，這也就是作者在〈南陽樊紹述墓誌銘〉中說的：「文從字順各識職」的道理。三、爲「能自樹立，不因循。」韓愈於此特別拈出一「異」字，蓋「異」者必非常物，卽所謂「其所珍愛者必非常物，夫君子之文，豈異於是乎？」足見「異」和日用百物，朝夕所見者有所不同；朝夕所見者是一般普通事物，而「異」則是經過琢磨加工以後的精品，因此與一般事物有別。

此外，韓愈也反對羅列資料，不加「深探而力取」的作品。所謂：「必出於己，不蹈襲前人一言一句」的精緻文章，才能達到「用功深者，其收名也遠」的效果。其次，他更反對「因循故常，不自樹立」的作品，以爲摹擬只在效法古人的立言精神，絕非勦襲陳說；而創作尤貴有自己的創意，有獨立的風格，絕非因故習常，人云亦云。

通觀全文，開頭作者卽以眞摯的情感，深長的寓意，謙卑的態度，揭開了論文序幕。接著引入後進與先進的關係；其中一「獨」字，蒼涼感慨，將師道不復，而自己又不爲社會所容的那種落寞之感，從肺腑中奔迸而出。「有來問者，不敢不以誠答」，情眞意切，在結構上，發揮了承上啓下的作用，引出本文的中心論點。下面，就劉正夫的來信所言，韓愈先將自己對文章寫作的看法，三問三答，環環相扣，曲盡其妙，不僅加強了議論的感情色彩，並且文字生動活潑，引人入勝。在這個基礎上，作者提出了自己「能自樹立」不因襲前人的補充意見。於此，他旁徵博引，巧譬善喻，寫得波瀾壯潤，起伏有致。文末，指出爲文「若與世沈浮，不自樹立，雖不爲當時所怪，亦必無後世之傳。」口氣堅定，不啻晨鐘暮鼓，給隨波逐流者一記當頭棒喝。最後一段，處處照應前文，理圓事密，渾然一體，眞有無懈可擊之勢。「足下以爲如何」？一句，作呼叫對方語氣，語重心長，直透劉正夫心窩，極富情感。

全文不足五百字，而作者竟然不受議論文「以明理爲要」的局限，借助抒情、敍述、比喻等寫作技巧，形成文學藝術上的美感，增強了語言表達效果。錢基博《韓愈志》說：「答劉正夫書特以沈鬱出頓挫，寓感慨於雄鶩，而得太史公之筆，與〈答李翊書〉之學《孟子》者不同。答李之書，調適而暢遂，答劉之書，生拗而遲重，然跌宕昭彰，一也。」茅坤也說：「正譬雜沓，各無數語。」但內容充實，見地卓絕，尤其在「是」與「異」之間，提撕指點，更可以反映他對後進之士循循善誘的懇切態度。

㈡ 應科目時與人書

月日，愈再拜㊀：天池之濱㊁，大江之濆㊂，曰有怪物㊃焉，蓋非常鱗凡介之品彙匹儔也㊄！其得水㊅，變化風雨，上下於天不難也；其不及水，蓋尋常尺寸㊆之間耳。無高山大陵曠途絕險爲之關隔也㊇，然其窮涸，不能自致乎水㊈，爲獱獺之笑者㊉，蓋十八九矣⑪。如有力者哀其窮而運轉之，蓋一舉手一投足之勞也⑫。

然是物也，負其異於衆也，且曰：爛死於沙泥，吾寧樂之⑬，若俛首帖耳搖尾而乞憐者⑭，非我之志也⑮。是以有力者遇之⑯，熟視之若無覩也。其死其生，固不可知也。

今又有有力者當其前矣，聊試仰首一鳴號焉⑰。庸詎知有力者不哀其窮⑱，而忘一舉手一投足之勞，而轉之清波⑲乎？其哀之，命也；其不哀之，命也；知其在命而且鳴號之者，亦命也。

愈今者實有類於是，是以忘其疏愚⑳之罪，而有是說焉。閣下其亦憐察之㉑！

首段託於蛟龍失水，以寓求其薦達之意。其中又分三節：先喻自己才能不凡，次喻制舉落第，末喻有力者哀之。

二段言窮涸不能自致乎水，必得有力者援手。暗喻自己身負才能，不爲當權者所哀。

三段喻試呈書，乞有力者哀而薦達。

末段總收上文，並點明作意。

【解　題】

此書作於唐德宗貞元九年（七九三），參加吏部博學宏詞科考試時寫的。一說是寫給韋舍人求薦的，舍人，官名，是當時主管該科考試工作的官員。

韓愈寫過不少向當政者自薦的信，如三〈上宰相書〉、二〈上張僕射書〉、〈與祠部陸員外書〉、〈與鳳翔邢尚書書〉，〈為人求薦書〉等，此為當時知識份子謀官求職之常法。在這類書信中，作者往往運用借物起興，以事為譬的方式，來宣揚自己的才能志尚，並向對方表示崇仰的忱悃，期望得到對方的提拔、任用。

本文雖然是毛遂自薦的一封書信，但寫得十分出色，他熟煉地運用詩人比興手法，既有力地烘托自己平生抱負與處境的艱困，又不肯俯首帖耳，搖尾乞憐，作卑躬無恥之窘態。可是他在文中卻句句乞憐，而又句句倔強，既表達了干求而不失身份的立場，更突顯了譏諷世態炎涼的意義。

文末將人生得失歸之於命運，咨嗟詠嘆，流連哀思，對古代知識份子的共同遭遇而言，實在是一篇不平則鳴的悲歌。

【注　釋】

㈠ **再拜**　古代書信中常用的客套話，表示對收信人的尊敬。本句一本作「應博學宏詞前進士韓愈謹再拜上書舍人閣下」。

㈡ **天池之濱**　天池，想像中的大海，《莊子・逍遙遊》：「南冥者，天池也。」冥，通溟，釋為海。

㊂ **大江之濆**　大江，泛指長江大河。濆，音ㄈㄣˊ，水邊。

㊃ **怪物**　暗指神異的龍。

㊄ **蓋非常鱗凡介之品彙匹儔也**　是說它不是一般鱗甲一類的水族所能比擬的。常鱗凡介，指普通的水生動物。鱗，有鱗的水族如魚、龍之類。介，有甲的水族如龜、鼈之類。品彙，品類。匹儔，同樣、同等。

㊅ **其得水**　其，這裏和下句「其不及水」的「其」，均作「如果」解。

㊆ **尋常尺寸**　言距離很近，古時八尺爲尋，倍尋爲常。

㊇ **無高山大陵曠途絕險爲之關隔也**　言沒有高山大陵，荒遠路途，特別的險阻，成爲它進取的障礙。陵，土山。絕險，極爲險峻不可踰越。關隔，關禁障礙。

㊈ **然其窮涸不能自致乎水**　是說它困在枯竭的境地，自己無法找到水。窮，困厄。涸，音ㄏㄜˊ，水乾、枯竭。乎，作「於」解。

(二〇) **爲獱獺之笑者**　被水獺之類普通水生動物譏笑的事。獱獺，音ㄅㄧㄣ ㄊㄚˋ，水獺，半水棲獸類，似狐，青色，居水中，食魚。獱卽猵，獺的一種。

㊁ **蓋十八九矣**　此承上句言，是說大概十分之八九會發生的。

㊂ **如有力者哀其窮而運轉之蓋一擧手一投足之勞也**　指如果有權勢的人，能同情它的困厄處境，並把它移動到水中去，不過是一抬手一投足之勞罷了。有力者，有權勢的人。運轉，移動位置。擧手投足，形容極容易。

㊂**爛死於泥沙吾寧樂之**　言我寧可爛死於泥沙之中，也心甘情願。

㊃**俛首帖耳搖尾而乞憐者**　言像那些低下腦袋，耷（音ㄉㄚ）拉耳朵，搖著尾巴向人家乞求憐憫的做法。俛首，低頭。而，表示目的，相當於口語中的去、來。

㊄**非吾之志也**　是說不符合我的志趣。

㊅**是以有力者遇之**　是說因此有權勢的人遇到他。是以，「以是」的倒裝。

㊆**聊試仰首一鳴號焉**　言姑且試著抬起頭來鳴叫一聲。聊，姑且。暫且。

㊇**庸詎**　那裏、怎麼。詎，音ㄐㄩˋ。

㊈**轉之清波**　移動到清澄的波浪中。

㊉**忘其疏愚**　忘，在此做「顧不得」之意。疏愚，無知愚笨。

㉑**閣下其亦憐察之**　是說希望你能同情亮察我的處境。閣下，對有地位的人的敬稱。其，語氣詞，表示希望。

【賞析】

韓愈七歲讀書，十三能文，十九歲到長安參加進士考試，可是在唐德宗貞元四、五、七年三次應試均告落榜。直到八年第四次應試才得金榜題名。唐代制度，士子中進士後，還須經過吏部考試，方得正式任官。韓愈又在貞元八、九、十、十一年四次應博學宏詞科考試，皆未被錄取，於是三上宰相書，希求引薦，但皆如泥牛入海，十一年五月，憤而離開長安，東歸故園。在他將近十年的風塵歲月中，不斷應考、不斷干謁，而不斷蹭蹬（音ㄘㄥˋ ㄉㄥˋ）、不斷失望，功名無就，衣食困窘，雖然內心對不平的遭遇極爲怨懟，但他的態度卻如歲寒松柏，還是堅毅而倔強。〈應科目時與人書〉，就是韓愈在貞元九年參加吏部博學宏詞科考試時，寫給主管考政韋舍人的一封求薦書。信中作者既要向當權者乞求垂憐推薦，又要高抬身價，表明自己不是俯首帖耳、搖尾乞憐的人。他這種傲岸的態度和矛盾的心情，在這篇二百一十個字的短信中，表達得淋漓盡致，令人嘆爲觀止。以下就本文寫作上最突出的兩個特點，加以分析：

一、托物起興，委婉含蓄：

作者寫信的目的是抒懷述志，以求推薦；但信中對此卻避而不談。通篇托物起興，然後引發正義。文章一開頭，就虛構一個困在淺灘上的蛟龍，管牠叫「怪物」。這個「怪物」，非普通常鱗凡甲可比。牠一旦得水，可以變化風雨，上下天地；如不得水，則爲獱獺譏笑，暗示自己才高學博，有經邦濟世之能，但生不逢時，伯樂難遇，心雖怏怏，可是「怪物」仍然依恃自己懷才負異的本領，不屑向人乞憐，寧可「爛死於沙泥」，亦斷然不做「俯首帖耳，搖尾乞憐」之態。寥寥數語，作者便把自己的矯矯骨氣，寫得栩栩如生，躍然紙端。行文至此，作者寫信的意圖仍未說明，於是文章再起波瀾。以爲「今又有力者當其前矣，聊試仰首一鳴號焉。」暗示參與吏部博學宏詞科考試在即，求助「有力者」能「哀其窮」，以舉手投足之勞，而「轉之清波」，陣陣鳴號，情急意切，聞之眞有撕心裂腑之悲痛。接著又以「其哀之，命也；其不哀之，命也；知其在命，而且鳴號之者，亦命也。」一連三疊，把文情推向高潮，更把自己的前途，完全委之於「命」，命當得水變化，命當爛死沙泥，或命運未卜，而引鳴長號，以求天下知己，眞是一切不由人，萬般總是命。這裏既有失意的孤獨苦悶，又有懷才不遇的慨嘆。既不願終身埋沒，又不得不向權貴乞憐，這正是他複雜心境的眞實反映。文中曰「怪物」、曰「得水」、曰「不及水」、曰「窮涸」、曰「哀其窮」、曰「負異於衆」、曰「爛死泥沙」、曰「仰首鳴號」、曰「轉之淸波」，皆韓愈因應當時之心境、情境、環境之不同，借「怪物」的遭遇舉以自況。凡事皆委婉含蓄，絕無一句正言直說，而干祿之意以及凜然風骨，無不躍然紙端。淸何焯云：「難於致詞，則託物爲喩，此詩人比興之道也。」（《義門讀書記》昌黎集第一卷）

二、抑揚有致，轉折自然：

韓愈爲文好爭起句，同時抑揚有致，轉折自然。如從轉折方面看，本文一開頭便說「天池之濱，大江之濆」，試問一封干進的短箋，竟然從「天池」「大江」說起，氣勢之不同凡響，給人有一種天外飛來的感覺；並藉「怪物」自況後，又與「常鱗凡介」做一番比較。繼而言「得水」與「不及水」，以及目前雖「不及水」，但自信已爲期不遠。說明「怪物」的特徵，本領和遭遇，奇思異想，一氣呵成。「然其窮涸不能自致乎水」，承前「得水」之意，文勢一轉，說明目前得水之難。於是不得不求助於「有力者」之運轉，「然是物也，負其異於衆也」，文勢再轉，言「怪物」雖處於「窮涸」，但懷才負異，不作向人乞憐之態。從結構方面看，本文自「天池之濆」至「上下於天不難也」，自喩才能不凡，是一揚，自「其不及水」至「蓋十八九矣」，喩考試落第，是一抑。自「如有力者」至「一舉手一投足之勞也」喩有力者哀其窮涸，而爲之運轉，是二揚，自「至是物也」

至「其死其生固不可知也」，喻懷才負能，不爲有力者哀憐，是二抑。自「今又有力者當前矣」，至「轉之清波乎」，喻試前呈書，乞主考者韋舍人哀憐，是三揚。自「其哀之命也」，至「亦命也」，喻一切後果皆由命運安排，是總結。此文以「窮」字爲眼目，四個「命」字，六個「哀憐」字，突顯了「窮」字的具體形象，以上或抑或揚，文字長短不同，句法錯落，意態橫生。就文藝美學而言，曲折波瀾的故事情節，美不勝收：自「愈今者實有類於是」，至文末「閣下其亦憐察之」，文中多少譬喻、多少虛說，至此方落入實際，揭示爲書的主旨。沈德潛引周武青之言曰：「金人善戰，選鐵騎衝突爲長技，如鐵浮圖拐子馬皆是。韓文中，周公、水火、怪物、伯樂、疏廣數篇，慣用突陣也。」可見突起突轉，時抑時揚，是韓愈慣用的長技。

有些人對韓愈這類投贈之作，以爲露才揚己，攀援權貴，不合儒家謙讓之德，中庸之道而加以鄙薄；其實在韓愈旅居京師寫作本文時，正值生活困窘，求告無門，以正常手段，屢次干謁，乃出於萬不得已。根據貞元十六年他寫給李翱的信上說：「僕在京城八、九年，無所取資，日求於人以度時月，當時行之不覺也，而今思之，如痛定之人，思當痛之時，不知何能自處也。」（〈與李翱書〉）於此可以體會作者當時確實有難言之隱，不得不然之情！

(三) 答李翊(一)書

> 首段言對李翊書的重視，和應該回信的道理。

六月二十六日(二)，愈白，李生足下(三)：生之書辭甚高(四)，而其問何下而恭(五)也？能如是，誰不欲告生以(六)其道？道德之歸也有日矣(七)，況其外之文(八)乎？抑愈所謂望孔子之門牆而不入於其宮者(九)，焉足以知是且非邪(一〇)？雖然，不可不為生言之。

> 二段導入主題，總論學文之道：一要志向純正，二要務本培元，以下即據此闡發。

生所謂立言(一一)者是也。生所為者與所期者(一二)，甚似而幾(一三)矣。抑不知生之志，蘄勝於人而取於人(一四)邪？將蘄至於古之立言者邪(一五)？蘄勝於人而取於人，則固勝於人而可取於人矣(一六)；將蘄至於古之立言者，則無望其速成，無誘於勢利。養其根而俟其實(一七)，加其膏而希其光(一八)。根之茂者其實遂(一九)，膏之沃者其光曄(二〇)；仁義之人，其言藹如(二一)也。

> 三段作者以自己學道習文為例，具體闡發學習寫作「無望其速成」的原因。

抑又有難者；愈之所為，不自知其至猶未也(二二)。雖然，學之二十餘年矣。始者非三代兩漢之書不敢觀(二三)，非聖人之志不敢存(二四)。處若忘(二五)，行若遺(二六)，儼乎其若思(二七)，茫乎其若迷(二八)。當其取於心而注於手也(二九)，惟陳言之務去(三〇)，戛戛乎(三一)其難哉！其觀於人(三二)，不知其非笑之為非笑也(三三)。如是者亦有年(三四)，猶不改

(35)，然後識古書之正僞(36)，與雖正而不至焉者(37)，昭昭然(38)白黑分矣，而務去之，乃徐有得(39)也。當其取於心而注於手也，汩汩然(40)來矣。其觀於人也，笑之則以爲喜(41)，譽之則以爲憂，以其猶有人之說者存也(42)。如是者亦有年，然後浩乎其沛然矣(43)。吾又懼其雜(44)也，迎而距之(45)，平心而察之，其皆醇(46)也，然後肆焉(47)。雖然，不可以不養(48)也，行之乎仁義之途(49)，游之乎《詩》、《書》之源(50)，無迷其途，無絕其源，終吾身而已矣(51)。

四段總結自己學習爲文的成果，並進一步闡揚學道習文必須志在立言傳道。

氣(52)，水也；言(53)，浮物也。水大而物之浮者大小畢浮(54)。氣之與言猶是也，氣盛則言之短長與聲之高下者皆宜(55)。雖如是，其敢自謂幾於成(56)乎？雖(57)幾於成，其用於人也奚取焉(58)？雖然，待用於人者，其肖於器邪(59)？用與舍屬諸人(60)。君子則不然，處心(61)有道，行已有方(62)；用則施諸人(63)，舍則傳諸其徒(64)，垂諸文而爲後世法(65)；如是者，其亦足樂(66)乎？其無足樂也？

末段回應首段，再進一步說明回信原由作收。

有志乎古者希矣(67)！志乎古必遺乎今(68)，吾誠樂而悲之(69)。亟稱其人(70)，所以勸(71)之，非敢褒其可褒(72)而貶其可貶(73)也。問於愈者多矣，念生之言不志乎利，聊(74)相爲言之。愈白(75)。

【解　題】

這封答書，在韓愈的文學理論中極具代表性。他談的不是文學上的寫作技巧，而是從事文學創作時的根本態度。透過他自己的實際經驗，說明對治學和爲文的看法。大致有以下幾個方面：一、他認爲一個人的道德修養是文章的源泉，寫作的根本。二、要刻苦學習並認眞汲取古代經典中的菁華，潛心體會聖賢立身處世之道，充實文章的辭氣。三、爲文必須有見而發，無論內容與詞句，都不可生搬硬套，而應該去其陳言。四、治學爲文不可一味追求近功，應樹立堅強的事業心，不爲時人的毀譽所動搖。韓愈這些見解，對當時及後世都有很大影響。明金聖嘆於《天下才子必讀書》說它：「中間自說爲文之甘苦淺深，其妙更不必論；只如前起之曲折之妙，後收之蕩漾之妙，皆筆墨之罕事也。」評語極是，頗能掌握本文寫作的特色。

【注　釋】

㈠ **李翺**　唐德宗貞元十八年（八〇二）登進士第。韓愈與翺素相知，一日翺以書問寫作之道，愈就其問而進以古之立言；並告以己之所得，因嘉其志。此書爲韓愈平生力作。其所持論，復爲明、清古文家所宗。翺，音一ˋ。

㈡ **六月二十六日**　指貞元十七年（八〇一）的六月二十六日。

㈢ **愈白李生足下**　白，啓、說。李生，指李翺。足下，古代對人的尊稱。

㈣ **書辭甚高**　指來信立論甚爲高遠。

㈤ **下而恭**　謙虛而恭敬。

㈥ **以**　此處作介詞用，當「把」解。

㈦ **道德之歸也有日矣**　道德，指儒家道統。歸，歸屬。有日，不久，言指日可待。

㈧ **其外之文**　其，稱代詞，指「道德」，外之文，意思是說文章是內心修養的外在流露。

㈨ **抑愈所謂望孔子之門牆而不入於其宮者**　抑，轉折關係詞，相當於「可是」「不過」。望孔子之門牆而不入於其宮者，比喻自己僅僅看到孔子道德文章之偉大，尚未掌握其精髓的人。語出《論語・子張篇》。

(一〇) **焉足以知是且非邪**　焉，疑問代名詞，作「哪裏」解，且，連接詞，相當於口語的「還是」。

(一一) **立言**　著書立說。

(一二) **生所爲者與所期者**　生所爲者，您所能做到的。所期者，所希望達到的目標。

(一三) **甚似而幾**　很相符合而且接近。

(一四) **蘄勝於人而取於人**　指希望勝過別人而被人承認。蘄，希望。人，一般知識份子。取於人，有被人學習，被人取用，被人承認之意。

(一五) **將蘄至於古之立言者邪**　指還是希望達到古代立言者的境界呢？將，連接詞，作「還是」講。至於，達到。立言者，指荀卿、揚雄一般學者。

(一六) **蘄勝於人而取於人則固勝於人而可取於人矣**　言（如果您只是）希望超過別人而被人所承認的話，現在就已經超過了別人，而且達到被人承認的目標了。固，本來已經。

(一七) **養其根而俟其實**　俟，等待。實，果實。

⑱ **加其膏而希其光**　言增加燈裏的油脂而希望它發出光亮。膏，油脂。光，光亮。

⑲ **根之茂者其實遂**　言根長得旺盛的，就一定果實累累。茂，旺盛。遂，本指禾穗成長，引申爲果實纍纍。

⑳ **膏之沃者其光曄**　言油脂多的燈，發出來的光就明亮。沃，濃厚。曄，光明。

㉑ **藹如**　猶「藹然」，溫厚和順之態。

㉒ **不自知其至猶未也**　是說不知道有沒有達到古代立言者之境界呢！至，達到，照應上文「至於古之立言者。」

㉓ **非三代兩漢之書不敢觀**　三代，指夏、商、周。兩漢，指西漢、東漢。

㉔ **非聖人之志不敢存**　此與上句合觀，上句言讀書之經驗，本句言立志之準繩。

㉕ **處若忘**　指靜處時，好像忘掉了外界的一切。

㉖ **行若遺**　指走路時，好像丟掉了甚麼東西。

㉗ **儼乎其若思**　指嚴肅認眞時，好像在思量甚麼。儼，同嚴；儼乎，莊重的樣子。其，表示擬議。

㉘ **茫乎其若迷**　指有時茫茫然，好像迷失方向似的。以上四句在描寫自己開始學習，那種苦思冥想，潛心鑽研的精神狀態。

㉙ **當其取於心而注於手也**　取於心，取之於內心所想的文章內容。注於手，用手把文章內容寫出來。

㉚ **惟陳言之務去**　指唯獨注意陳腔濫調必須除去。惟，只有。陳言，老生常談，別人講過的話。務，必須。

㉑ **戛戛乎**　困難的樣子。戛，音ㄐㄧㄚˊ。

㉒ **其觀於人**　是說把自己的文章給別人看。

㉓ **不知其非笑之爲非笑也**　言由於專心寫作，不理會別人的譏笑爲譏笑。非笑，非難譏笑。

㉔ **有年**　是說有不少年。

㉕ **猶不改**　指還不改自己寫作的態度和方法。

㉖ **古書之正僞**　指古書中所闡述的道理的是非眞假。

㉗ **雖正而不至焉者**　是說雖然立意純正，但尚未達到完善境界的。

㉘ **昭昭然**　淸楚明白的樣子。

㉙ **徐有得**　言逐漸有所收穫。

㊵ **汩汩然**　水流疾速之意，在此比喩爲文得心應手，文思如泉水般的自然湧出。

㊶ **笑之則以爲喜**　指別人譏笑我的作品，我就高興。

㊷ **以其猶有人之說者存也**　指自己的文章中還有「陳言」存在。

㊸ **浩乎其沛然矣**　涵養豐富而充沛。

㊹ **雜**　不純正。

㊺ **迎而距之**　是說主動找出雜而不純的地方，把它刪除。距，同拒。

㊻ **醇**　純而無雜質。

㊼ **然後肆焉**　是說然後就放開手，無拘無束地寫作之意。肆，放縱。

㊽ **養**　修養、充實。

㊾ **行之乎仁義之途**　言以仁義爲日常行事的途徑。

㊿ **游之乎詩書之源**　言以《詩》、《書》爲遊藝的源泉。

(五一) **無迷其途無絶其源終吾身而已矣**　言不要迷失這個路途，不要斷絶這個源泉，盡我一生能力都這樣去做罷了。

(五二) **氣**　卽道德、學問方面修養的外在表現。

(五三) **言**　指文章。

(五四) **水大而物之浮者大小畢浮**　言水大，凡是可以浮的東西，不論大小都能浮得起來。畢，全部。

(五五) **言之長短與聲之高下者皆宜**　是說文辭之長短與聲音之高下都自然得體。

(五六) **幾於成**　接近成功的境界。

(五七) **雖**　卽使。

(五八) **其用於人也奚取焉**　意思是說，對當世的人們來說，也不見得有甚麼可以取用的地方。用於人，被人使用。奚，何，甚麼。

(五九) **其肖於器邪**　肖，像。邪，句末語氣詞，表示疑問。

(六〇) **用與舍屬諸人**　是說用與不用都靠別人決定。

(六一) **處心**　居於內心的東西。

(六二) **行己有方**　自己的行爲能堅持一定之準則。

(63) **用則施諸人**　被任用時，則將自己的道德學問表現在事業上，嘉惠於人。

(64) **舍則傳諸其徒**　不被任用時，則將自己的道德學問傳授於門徒。

(65) **垂諸文而爲後世法**　垂諸文，寫成文章流傳後世。法，效法。

(66) **足樂**　足以使自己滿足。

(67) **有志乎古者希矣**　有志於學習古人而立言的人太少了。希，同稀。

(68) **遺乎今**　被今人所拋棄。

(69) **樂而悲之**　既感到高興，同時又感到悲哀。樂，指「志乎古」；悲，指「遺乎今」。

(70) **亟稱其人**　亟，屢屢。其人，指那些「志乎古道」的人。

(71) **勸**　鼓勵。

(72) **非敢褒其可褒**　言不敢隨意稱頌自己認爲可以稱頌的。褒，稱頌。

(73) **貶其可貶**　貶斥自己認爲可以貶斥的。貶，貶斥，與上句「褒」字相對成文。

(74) **聊**　暫且，姑且。

(75) **愈白**　韓愈說，這是當時寫信落款的格式。

【賞　析】

李翊，唐德宗貞元十八年（八〇二）進士；根據蔣抱玄〈考正韓文公年譜〉，認爲此書寫於德宗十七年（八〇一）辛巳。按韓愈〈上邢君牙書〉云：「十三歲能文」，此書說：「學文二十餘年」。自十三至三十四歲，爲二十二年，蔣氏〈年譜〉的考正近是。

本文雖爲書信體，但內容卻以論說爲主，可是其中敍事、描寫、抒情的成分又很濃。通篇主旨係針對李翊提出的問題，介紹了自己讀書、寫作經驗，並附帶闡述了爲文要「氣盛言宜」的主張。在韓愈散文理論中是最具代表性的作品。

過去沈德潛於《唐宋八家古文讀本》評云：「以古之立言爲期，自道甘苦，而終之以養氣，究之所以養氣者，行乎仁義之途，游乎《詩》《書》之源，與《孟子》所揭養氣異而未嘗不同也。後蘇明允上歐陽公書，末段全學此處；而生平得力，又自各別。」又說：「作文根柢則云約六經之旨而成文，作文神境則云言之短長，與聲之高下皆宜。評韓文者，不能外此矣。」由此可見本文要旨，以及韓愈平生爲文工夫。

韓愈對李翊所提出的如何學作古文的答覆，是說想要學作古文，必先學古代立言以傳道之人。想要學古代立言以傳道之人，又必先務本培元，長期不懈地去刻苦學習「三代兩漢之書」與「聖人之志」。所謂「根茂」而「實遂」，「膏沃」而「光曄」；既不能望其速成，更不能誘於勢利。

他在論證這一觀點的過程中，施展了敍事、描寫、抒情等各方面的才華，特別是在第三段，韓愈自道學習古道，習作古文所經歷的幾個階段，寫得層層深入，波瀾起伏；連同他個人在過程中，其思想、感情上一些微妙地變化，均刻劃得聲情並茂，入木三分。例如始者，他埋頭學習，如醉如痴，所謂：「處若忘，行若遺，儼乎其若思，茫乎其若迷。」等到下筆寫作，而要刪除陳腔濫調時，即令一詞一句，幾乎都「戛戛乎其難哉！」於此，我們通過他文章的敍述，好像看到作者「當其取於心」而注於「手」

的時候，那種緊皺眉頭，苦搜冥索的模樣。接著，是已識古書的正僞，下筆爲文，汩汩然思若泉湧，得心應手，我們也隨之感到欣慰！最後，文思洞開，「浩乎其沛然」，直到至醇，縱意揮灑，無不意到筆隨。此時，我們又好像看到作者心花怒放的笑容。即使如此，他仍然不放鬆自己的學習，更鍥而不捨地努力拚搏。於此，一個嚴肅認眞，奮勉不懈，一絲不苟的學者形象，澄然映現於眼前。

至於作者在寫作進程中，遭受別人非笑、譏諷、議論的態度，一則曰「不知其非笑之爲非笑」，再則曰「笑之則以爲喜，譽之則以爲憂」，他那種堅持己見，選定目標，自我肯定，然後再專心致志的痛下苦功，不顧世人的非毀、嘲訕，勇往直前的精神，絕不動搖的毅力，寫得相當感人。類似的情形，在他〈與馮宿論文書〉中也說過。可見韓愈在從事古文運動時，確實經歷了相當艱苦的過程。

本文在修辭方面，善於運用形象生動的比喻，不僅貼切、新穎、顯豁、生動，並富於美感。過去張裕釗評論說：「筆鋒奇恣，而巧構形似，精妙入微，與《莊子・養生主》篇絕相似。」關於此點，我們看作者談習文修養工夫時，用了「養其根而俟其實，加其膏而希其光；根之茂者其實遂，膏之沃者其光曄。」兩組比況，在句法上互相穿插，造成表達意義上的不同層次。借著植物和燭光，很適切的說明了創作中主觀修養的重要性。以後，他談到自己對寫作的體會，這裏講「氣盛言宜」，是對古來文氣說的具體發揮，也是對前面養根俟實要求的具體印證。他講文氣，用水大浮物爲喩，十分新穎鮮明。至於他說的「取於心而注於手」，「汩汩然來」，「浩浩乎其沛然」，「游之乎《詩》、《書》之源」等，無一不是拿流水來做比喻，以暗示文思之暢達，很能突顯當創作靈感來臨時，那種文思不絕的情形。張裕釗說他這篇文章脫胎於《莊子・養生主》，恐怕在巧用比喻這一點上更能特別的體現。

本文的章法布局，開頭與結尾兩段表明回信的意旨，主體在中間各段。第二段一開始就明點主題，提出立言的問題，對李翊闡述了爲文之道，必先務仁義之本，無望其速成，無誘於勢利。第三段便以此一思想爲主導，介紹了自己的讀寫經驗。第四段把經驗凝聚而爲理論，又處處扣緊主旨。「垂諸文而爲後世法」句，照應第二段開頭「立言」，首尾呼應，結構綿密。近人高步瀛曾云：「昔歸熙甫論爲文之法，謂如兒童放紙鳶，愈放愈高，要在手中線牽牢。此文中幅，歷敘平生爲學之方，一層深一層，即所謂愈放愈高也。而其爲文則一線穿成，半絲不亂，即所謂手中線牽牢也。」（《唐宋文舉要》）可謂確論。

(四) 答呂毉山人書

首段破除對方成見，說明何以不能用信陵君取士的態度對待他。

愈白㊀：惠書責以不能如信陵執轡㊁者。夫信陵，戰國公子，欲以取士聲勢傾天下而然耳。如僕㊂者，自度㊃若世無孔子，不當在弟子之列。以吾子始自山出，有朴茂㊄之美意，恐未礱磨㊅以世事；又自周後文弊，百子爲書，各自名家，亂聖人之宗㊆，後生習傳，雜而不貫，故設問以觀吾子。其已成熟乎，將以爲友也；其未成熟乎，將以講去其非而趨是耳！不如㊇六國公子㊈有市於道㊉者也。

次段言世風日入衰壞，正欲進足下於朝廷，以挽救浮靡政風。

方今天下入仕⑪，惟以進士、明經⑫及卿大夫之世⑬耳！其人率皆習熟時俗，工於語言，識形勢，善候人主意；故天下靡靡⑭，日入於衰壞，恐不復振起，務欲進足下趨死不顧利害去就之人於朝，以爭救⑮之耳；非謂當今公卿間無足下輩文學知識也。不得以信陵比。

末段言呂毉非阿意曲從之流，正準備好好接待他，望其少安勿躁。

然足下衣破衣，繫麻鞋，率然⑯叩吾門；吾待足下，雖未盡賓主之道，不可謂無意者。足下行天下，得此於人蓋寡，乃遂能責不足於我，此眞僕所汲汲⑰求者。議雖未中節⑱，其不肯阿曲⑲以事人者灼灼⑳明矣。方將坐㉑足下三浴而三熏之(三二)。聽僕之所爲，少安無躁(三三)。愈頓首(三四)。

【解　題】

這是一封韓愈寫給呂毉山人的回信。寫作時間當在長慶元年至三年（八一二—八二三）之間，韓愈五十四至五十六歲。林雲銘以爲是他的後期作品（見《古文析義》）。韓愈在當時已經很有名氣，所以有不少人到他門下來求敎。呂毉（音一，同醫。）是一位隱居山林的人，所以稱他作「呂毉山人」。他在造訪韓愈時自覺受到冷落，頗爲不滿，便寫了一封信來指責韓愈，本文便是韓愈給他的回信。作者於信中除了澄清對方的誤解，表明自己的態度之外，更借題發揮，宣揚了崇尚「聖人之道」，及「進趨死不顧利害去就之人於朝」，來拯救當時「靡靡日入於衰壞」的習俗的主張。

【注　釋】

㊀ **白**　下告上叫白，把事情告訴同輩的人也叫白。有陳述、啓、說之意。

㊁ **信陵執轡**　指戰國時，魏公子信陵君得知看守東門的老人侯嬴有才識，便親自駕車去接他。這個舉動成爲禮賢下士的佳話。信陵：名無忌，戰國魏安釐王異母弟，封信陵君，門下有食客三千。執轡：拿著繮繩，而駕車之意。轡：馬繮繩。音ㄆㄟˋ。

㊂ **僕**　作者的謙稱。

㊃ **自度**　自己心裏忖度。度，音ㄉㄨㄛˋ。

㊄ **朴茂**　樸實秀茂。

㊅ **礱磨**　砥礪，磨鍊的意思。礱：磨治，音ㄌㄨㄥˊ。

㊆ **宗**　本源，主旨。

㊇ **不如**　不似。

㊈ **六國公子**　指戰國時代齊、楚、燕、韓、趙、魏六國的公子，如信陵君、春申君、平原君、孟嘗君等人，皆禮賢下士，廣召門客。

㊉ **市於道**　把賓主相待之道當做買賣。意指六國公子待客謙卑，是爲了收買人心。

(一一) **入仕**　取才任官。

(一二) **進士明經**　唐代科舉制度，以詩賦取士者爲進士，以經義取士者爲明經。

(一三) **卿大夫之世**　指恩蔭而言。也就是對有功的官吏，朝廷賜予特權，可以庇蔭其子，給他官做。

(一四) **靡靡**　順風貌。意指歪風瀰漫。音ㄇㄧˇㄇㄧˇ。

(一五) **爭救**　規諫拯救。爭：通諍，諫止之意，音ㄓㄥˋ。

(一六) **率然**　直率的樣子。

(一七) **汲汲**　急切的樣子。

(一八) **中節**　合乎法度。意謂無過無不及。中，音ㄓㄨㄥˋ。

(一九) **阿曲**　循私偏坦，曲從迎合。阿，音ㄜ。

(二〇) **灼灼**　光明的樣子。

㉑ **坐** 致使。

㉒ **三浴而三熏之** 再三沐浴熏香，表示以禮待人，十分尊重。按春秋時，齊桓公從魯國接回管仲，便曾以此禮待之。

㉓ **少安無躁** 稍稍安靜而不要急躁。靜觀其後之意。

㉔ **頓首** 叩頭。常用在書信中，做爲平輩署名下之敬辭。

【賞析】

本篇主旨：稱美山人朴茂可取，並澄清對方的誤解。給一個對自己懷有不滿情緒，對問題又缺乏全面認識的人寫回信，既要在信中消除對方對自己的誤解，又要點醒對方在認識上的偏頗，的確是個難題，然而韓愈寫起來卻得心應手。信一開頭，作者就先引了對方來信的觀點——「不能如信陵執轡者」，這一句起勢陡直而斬截，是通篇發議的基點。作者面對呂毉的指責，並不生硬地加以反駁，而是委婉地解釋。所以以矯健明快地筆勢，折入信陵君的事例上。他就事論理，說明信陵君等人是「欲以取士聲勢傾天下」，而自己設問，是爲了以道結友，以道誨人。由於時代不同，身分不同，目的不同，與信陵君等人的作法，當然也就不同了！這樣經過比較的手法，不僅講清了「不能如信陵執轡」的原因，也指出了這種看法是淺薄的，這正是「以吾子始自山出」，「恐未礱磨以世事」，涉世不深，經驗不足所致。

在諄諄開導的同時，更特別讚揚了呂毉朴茂的美德，使對方在接受自己觀點時，能夠平心靜氣。所以繼平息對方怨氣之後，作者於第二段便進一步分析世事，指出當代見風轉舵，趨炎附勢的風氣，將使國家「日入於衰壞」，所以決定推薦呂毉這種不顧利害得失的正直之士到朝廷上，以拯救國家。於此作者再度表明自己並非要冷淡對待呂毉，而是有意要舉薦他。這與信陵君等人又不相同；戰國公子們是爲己求士，而韓愈則是爲國薦才。在此，韓愈曉之以理，感之以情，達到了講「道」的目的。這段從「方今天下入仕」一句凌空提起，往下直貫，顯得體勢雄偉，辭指沈鬱。結尾再覆一句「不得以信陵比」，文勢愈加峻邁；且與文章開頭「責以不能如信陵執轡者」，首段末尾「不如六國公子有市於道者」三處前呼後應，顧盼有神。

三段調轉筆頭，回到對方身上。作者對呂毉「衣破衣，繫麻鞋」的樸素打扮，「率然叩吾門」，「能責不足於我」的坦誠性格；「不肯阿曲以事人」的耿直氣節，都大加讚賞，充分肯定，使對方在心理上得到平衡，然後再中肯地指出「議雖未中節」的不足。對方也就能虛心接納了。這個批評的句子是安揷在連續兩次讚美當中，使得文勢一拗，益加遒勁，避免了平直的缺點。

最後，作者眞誠地表示自己將像齊國接待管仲那樣，用香草煎湯的「三浴三熏」方法來禮遇和推薦呂毉，使對方在心悅誠服之中，消除了不滿，並接受了韓愈的主張，得到很大的鼓舞。結尾叫對方「聽僕之所爲，少安無躁。」沒有明白說出自己卽將如何進行，僅教對方靜觀其後。爲文章製造了懸疑的餘韻，和想像的空間。

通觀全文，作者以委婉的語氣，有力的辯析，眞誠的態度，消弭了雙方的隔閡，平息了對方的不滿，鼓勵了後進去師法聖道；寫得擒縱抑揚，奇變不可方物。張裕釗說：「此文生殺出入，筆力似《孟子》，機超似《國策》。」（見《韓昌黎文集校注》），林雲銘《韓文起》說：「筆致橫絕，如怒馬不可覊紲。玩其語意，可以進人於朝，則其爲吏、兵部侍郎時所作可知。晚年之文，更進乃爾。」反映作者儘管屢經直言遭禍，但在此晚年安富尊榮之際，其銳氣豪情，仍不減曩昔也。

三、贈序文選讀

贈序一體，由來已久。春秋時期，孔子的得意弟子顏回和子路分別時，「以言相贈處」，就是這類文字的最早形式。其作意乃表敬愛，陳忠告。六朝至唐初，贈序也多用駢體，內容也只局限於朋友私情，多客套語。曾國藩說：「古者以言相贈處，至六朝、唐人，朋知分隔，爲餞送詩，動累卷帙，於是別爲序以冠其端。昌黎韓氏爲此體尤繁，間或無詩而徒有序，於義爲已乖矣。」（《曾文正公文集》卷一《易問齋母壽詩序》）曾氏指出，韓愈的贈序有些只有序而無詩，已不合六朝、唐人之慣例，這正是韓愈的不拘泥處，但韓愈對贈序一體的創新還不止於此。

就內容言：韓愈的三十六篇贈序，雖然大多數仍是臨別贈言式的文字，但內容已大別於往昔。在這些贈序中，既有「相請贈與處」、「賜之言」、「贈行」、「識別」的傳統內容，更有以「以爲戒」（〈送陳密序〉）、「泄其思」（〈送陸歙州詩序〉）、「不以頌而以規」（〈送許郢州序〉）的內容。韓愈有意打破傳統贈序勸慰、祝福、寒暄、嘮叨的習慣，很少有庸俗無聊的客套話，而大多具備充實的社會內容，發表自己的見解，抒發個人的情緒，有很強烈的現實意義。如〈送孟東野序〉、〈荊潭唱和詩序〉、〈送齊皡下第序〉、〈送李愿歸盤谷序〉、〈送楊少尹序〉等的揭露社會弊端，爲有識之士鳴不平；〈送張道士序〉、〈送幽州李端公序〉、〈送董邵南序〉，〈送水陸運使韓侍御歸所治序〉等的反對藩鎭割據，維護國家統一；〈送浮屠文暢師序〉、〈送廖道士序〉、〈送高閑上人序〉等的扶教崇儒，反對佛、老。由此可知，在韓愈的贈序中，甚麼內容都可以寫，完全成了他自由自在表達思想的工具。對贈序一體的內容而言，確實具有極大的開拓性。

贈序一體，本應以敍事、抒情爲主。但韓愈的贈序文，篇篇有事，篇篇有眞情，像〈送李愿歸盤谷序〉、〈送董邵南序〉、〈送孟東野序〉等都有強烈的抒情色彩。但韓愈的贈序文，又並非篇篇以敍事、抒情爲主，其中有不少則是以議論爲主。如〈送孟東野序〉，除文章末句敍事之外，其他皆爲議論：送王秀才（含）序，除最後一部份是有敍有議外，其他多爲議論。〈送鄭尙書序〉、〈送齊皥下第序〉、〈送許郢州序〉、〈送水陸運使韓侍御歸所治序〉等，均有大段的議論。這種以議代敍，寓抒情於議論的寫法，使贈序兼有敍事和議論二體，這確實是韓愈的新創。

由於韓愈的贈序內容廣泛，形式不拘，表現手法多樣，故其風格也多姿多彩。有端莊凝重的，如〈送幽州李端公序〉，〈送許郢州序〉、〈送鄭尙書序〉、〈送殷員外序〉；有活潑輕快的，如〈送陳密序〉、〈送何堅序〉、〈送權秀才序〉；有直抒其情，淋漓酣暢的，如〈送孟東野序〉，〈送李愿歸盤谷序〉；有委婉曲折，言外傳意的，如〈送董邵南序〉、〈送齊皥下第序〉。至於像〈送浮屠文暢師序〉、〈送高閑上人序〉、〈送廖道士序〉這類文字，既是送和尙、道士，又要申儒道而斥佛、老，很難落筆，但韓愈卻能夠舉重若輕，從險處落筆，使文章寫來開闔自由，議論風生，意到筆隨，極盡文章變化之能事。

吳訥在《文章辨體序說》中說：「近世應用，惟贈序爲盛。當須取法昌黎韓子諸作，庶爲有得古人贈言之義，而無枉已徇人之失也。」卽是說，韓愈的贈序文旣不失古義，又不拘舊格，更不受傳統框架的束縛。姚鼐說：韓愈的贈序文「冠絕前後作者」，（《古文辭類纂・序目》）林紓在《春覺齋論文・流別論》中說：「唐初雖傑出如陳子昂，然其〈別中岳二三眞人序〉，則皆用駢儷之句。如「悠悠何往，白頭名利之交；咄咄誰嗟，玄運盛衰之感」。語至凡近。其餘則李白爲多，白〈送陳郎將歸衡嶽序〉，如「朝心不開，暮髮盡白，登高送遠，使人增愁」句，則狃於六朝積習。雖名佳句，仍不可施之散文。夫文章至於子昂、太白，尚何可議？不過唐世一有昌黎，以呑言咽理之文，施之贈序中，覺唐初諸賢對之，一皆無色。韓集贈送之序，美不勝收。」他還說：「贈序是昌黎絕技」，寫得「飛行絕迹」。（《韓柳文研究法》）這些說法，對韓愈贈序文的成就都做了高度評價，充分肯定了是韓愈把贈序發展成爲一種最富文學性和實用性的文體。

㈠ 送董邵南序

首段以燕趙古多感慨之士，見得董生此行未始不可。作一曲折。

燕趙古稱多感慨悲歌之士㊀，董生舉進士㊁，連不得志於有司㊂，懷抱利器㊃，鬱鬱適茲土㊄，吾知其必有合㊅也，董生勉乎哉！

次段以今日燕趙之士未必悉如古時，見得董生此行，似可不必。

夫以子之不遇時㊆，苟慕義彊仁者㊇皆愛惜焉，矧㊈燕趙之士出乎其性者哉！然吾嘗聞風俗與化移易㊉，吾惡知其今不異於古所云邪⑪？聊以吾子之行卜之也⑫。董生勉乎哉！

末段以燕趙之士可以出仕，見得董生實不必往，是爲正面文字。

吾因子有所感⑬矣。爲我弔望諸君之墓⑭，而觀於其市⑮，復有昔時屠狗者乎⑯？爲我謝⑰曰：「明天子⑱在上，可以出而仕⑲矣。」

【題　解】

韓愈的朋友董邵南科舉失意，要到河北去托身藩鎮，謀求出路。自安史亂後，憲宗卽位，雖然討平吳、蜀叛亂，力謀國家統一，但河北盧龍、魏博、成德三節度轄區，仍然不聽政府指揮，形同割據局面。

韓愈十分愛才，對董邵南負卓異之能而不得志於朝廷，非常同情並深抱不平，而對他之投奔藩鎮則又相當惋惜。所以一方面勉其努力建功立業，一方面又規勸他謹愼從事。最後提起古時始見用而終見疑的樂毅，和處亂世而隱於市井的高漸離，感慨才能出衆之士，遇時用世之難。

文章篇幅短小，而反覆唱歎，語重心長；措辭委婉，而氣勢旺盛，蘊藉含蓄。同時作者將送別朋友的態度，悲憤的感情，以弦外之音，巧加流露，正如明代茅坤所說：「文僅百餘字，而感慨古今，若與燕趙之士相爲叱咤嗚咽其間，一涕一笑，其味無窮！」（見《唐宋八大家文鈔》）

【注釋】

㈠ **燕趙古稱多感慨悲歌之士** 燕趙，原爲周朝兩個諸侯之國。戰國時代相當強大。燕國的領地在今河北省北部，趙的領地在今河北省南部，山西省東部和河南、山東黃河以北地區。在唐代相當於河北一帶。唐朝舊稱河北道，其中盧龍、成德、魏博三鎭皆長期割據，形成半獨立局面。稱，說是。感慨悲歌之士，指狂放不羈，輕生死，重然諾的豪俠之士。如荊軻、高漸離之類。（參閱《史記‧刺客列傳》）

㈡ **董生舉進士** 董生，即董邵南。生，舊時對讀書人的敬稱。舉進士，指被鄉里推薦，去京城參加進士科考試。

㈢ **連不得志於有司** 不得志，指沒有考取。有司，古代設官分職，各有專司，故稱官吏爲有司。這裏指主考官吏。

㈣ **懷抱利器** 利器，比喻傑出的學識與才幹。

㈤ **鬱鬱適茲土** 適，往。茲土，這個地方，指河北一帶。

⑥ **有合**　有所遇合，指遇到賞識的長官。

⑦ **夫以子之不遇時**　子，指董邵南。不遇時，遇不到良好的時機，指仕途不順利。

⑧ **苟慕義彊仁者**　苟，假若。慕義彊仁者，言只要是追求仁義，勉力行仁的人。彊，通強，勉力。

⑨ **矧**　音ㄕㄣˇ，況且、何況。

⑩ **嘗聞風俗與化移易**　言曾經聽說社會風氣隨教化而改變。嘗，曾經。化，教化。移易，轉移、變化。

⑪ **吾惡知其今不異於古所云邪**　是說我哪裏知道那邊今天的社會風氣和古代所說的沒有差異呢？惡，音ㄨ，何，怎麼，疑問副詞。邪，通耶。

⑫ **聊以吾子之行卜之也**　聊，姑且。吾子，表示親切的對稱敬辭。卜，本義爲占卜，此處作預測、證驗解。

⑬ **因子有所感**　指因董邵南河北之行有所感觸。

⑭ **弔望諸君之墓**　弔，憑弔。望諸君，即樂毅。戰國時中山國靈壽人（今河北省平山縣東北），爲燕昭王將，攻下齊國七十多城。昭王死，惠王即位，中齊國反間計，改派騎劫爲將，取代樂毅職務，樂毅畏禍，流亡趙國。趙封樂毅於觀津（今河北省武邑東南），號「望諸君」。後樂毅死，葬於邯鄲西南（今河北省邯鄲縣西南）。

⑮ **觀於其市**　市，市井。

⑯ **昔時屠狗者乎**　屠狗者，指戰國時燕國隱士高漸離。《史記・刺客列傳》載，燕太子丹爲刺殺秦

王，請荆軻至燕，荆軻便與殺狗賣肉的高漸離結爲好友。兩人喝醉後，大聲唱歌，相對哭泣，旁若無人。此處這句話是泛指隱於市井的感慨悲歌之士。

㈦ **謝**　致意。

㈧ **明天子**　聖明的天子，指唐憲宗。

㈨ **可以出而仕**　言可以出來做官，爲朝廷効力了。仕，古稱做官爲仕。

【賞　析】

董邵南，壽州安豐（今安徽省壽縣西南）人，貧能讀書，有孝行，在《韓昌黎文集》卷二〈嗟哉董生行〉詩中提到過他的品格。元和（唐憲宗年號）時，董邵南舉進士落第後，要到河北一帶謀求出路，當時割據河北一帶的藩鎮是成德節度使王士眞、魏博節度使田季安，由文中提到的「望諸君之墓」和「屠狗者」所在之「市」，均在魏博的轄區內來看，董邵南可能是去投靠田季安。韓愈寫這篇序送行時，大約是在唐憲宗元和年間（更生案：根據《昌黎年譜》和童第德引方成珪說，以爲此文作於唐德宗貞元十八、九年，西元八〇二、八〇三，時年三十六歲）。

本文爲贈序，吳訥《文章辨體序說》云：「序之體，始於《詩》之〈大序〉，大抵屬敍事之文，以次第其語，善敍事理爲上。近世應用，惟贈送爲盛，當須取法昌黎韓子諸作，庶爲有得古人贈言之義。」唐代贈序不少，而以韓愈寫作最力。正如姚鼐《古文辭類纂序目》說：「贈序至於昌黎，乃得古人之意，其文冠絕前後作者。」惟本序十分難寫，因爲董邵南有卓越才能，且科場失利，事業不遂，欲往河北一帶尋求出路，韓愈一方面寄予萬分同情，一方面又不免爲他擔心。送之者斷無不言其當往之理，若言其不當往，則何必多此一送。細想此等題目，作者當如何起筆？確有千言萬語，不知如何說起之感！而作者竟然開口不言今日之河北，止言昔日之燕趙，更不言燕趙有爵位的人，止言燕趙不得志之士。謂董生到彼處，定當意氣投合，若不知此行有干祿之意的樣子。次段，言感慨悲歌之士仁義出於天性，同氣相求，決其必有相合者。是明明以「仁義」二字，坐在董生身上，詞意是何等委婉？何等期許？最後，又運用弔古諷今的曲筆，其弦外之音，正欲董生有以自處。

通篇以「風俗與化移易」句爲上下過脈。而以「古」「今」相呼應，「吾知」、「吾惡知」爲關鍵，咽嗚馳騁，無限愛才、憂國之情懷，充分流露於字裏行間。

過去一般人談韓文時，都以爲韓氏長於陽剛雄健，不做掩抑收斂之筆。意味著他構思豪邁，難以婉曲；事實上，韓文的豪放狂肆和用意深曲是兼備的。關於這一點，近人林紓著《春覺齋論文》曾說：「不深究昌黎之文者，以爲氣蓋一世，然昌黎之氣直也，而用心則曲。關鎖埋伏處尤曲。卽所謂：『勢壯而能息者』。能息亦由於善養。馬之千里者，初上道時，與凡馬無異，一涉長途，而凡馬汗潰脈僨，神駿則行無所事。何者？氣壯而調長，嫻於步伐耳！」朱宗洛的《古文一隅》，曾針對本文的曲筆，作了下面的評述。他說：「本是送他往，卻要止他往；故『合』一層易說，『不合』一層難說。文中語語作呑吐之筆，曰：『吾聞』，曰：『惡知』，曰：『聊以』，於放活處隱約其意，立言最妙。其末一段，忽作開宕，與『不合』意若了不相涉，其實是用借以提醒之。一曰『知我』，再曰『爲我』，囑董生正以止董生也。想其中用筆之妙，眞有烟雲繚繞之勝。凡文之短者，越要曲折。蓋曲中有情，意味倍覺深長也。」

本文僅百餘字，前後皆用追懷歷史的手法曲折達意。不僅在語言方面，造成了巧譬曲說，有蘊藉含蓄之美；同時，在字裏行間，也流露出送別的悲情。文意委婉，構思奇特，李塗《文章精義》說：「文章短而轉折多又氣長」，自是公論。

(二) 送高閑上人㊀序

苟可以寓其巧智㊁，使機應於心㊂，不挫於氣㊃，則神完而守固㊄；雖外物至，不膠於心㊅。

首段從正面立論，言人欲在某一術業上寄託其巧智，必使機應於心，不受外物干擾。

堯、舜、禹、湯治天下㊆，養叔治射㊇，庖丁治牛㊈，師曠治音聲㊉，扁鵲治病⑪，僚之於丸⑫，秋之於弈⑬，伯倫之於酒⑭，樂之終身不厭，奚暇外慕⑮？夫外慕徙業⑯者，皆不造其堂⑰，不嚌其胾⑱者也。

次段援引精於一藝的古人爲例，印證上述觀點的正確性。

往日張旭善草書⑲，不治他伎⑳。喜怒窘窮㉑，憂悲愉佚㉒，怨恨思慕，酣醉無聊不平，有動於心，必於草書焉發之㉓。觀於物，見山水崖谷，鳥獸蟲魚，草木之花實，日月列星，風雨水火，雷霆霹靂㉔，歌舞戰鬭，天地事物之變，可喜可愕㉕，一寓於書㉖。故旭之書，變動猶鬼神㉗，不可端倪㉘，以此終其身而名後世。

三段舉盛唐草聖張旭爲例，從正面闡發「機應於心」，「不挫於氣」之理。

今閑之於草書，有旭之心哉㉙？不得其心而逐其跡㉚，未見其能旭㉛也。爲旭有道㉜，利害必明，無遺錙銖㉝，情炎於中㉞，利欲鬭進㉟，有得有喪，勃然不釋㊱，然後一決於書，而後旭可幾㊲也；今閑師浮屠氏㊳，一死生㊴，解外膠

四段言閑無旭之心，只追蹤外在行迹，難得其內在精神。

㊵，是其爲心，必泊然無所起㊶；其於世，必淡然無所嗜㊷，泊與淡相遭，頹墮委靡㊸，潰敗㊹不可收拾。則其於書，得無象之然乎㊺？然吾聞浮屠人善幻㊻，多技能；閑如通其術，則吾不能知矣。

文末，掉轉筆鋒，以頓挫作收，指浮屠人善幻，語含譏諷。

【解　題】

高閑，唐烏程（今浙江省吳縣）人。曾入長安研習佛經，擅長書法。得到宣宗召見，賜予紫衣。後住湖州開元寺，直到逝世。贊寧《續高僧傳》曾詳載其事跡。

本文作於唐穆宗長慶年間，主要在藉學書爲題，發排佛之論。韓愈強調想要精通一門技藝，必須專心致志，不受外界事物的干擾誘惑，同時要關心客觀世界的各種事物，具有敏銳的觀察力，和炙烈的感情與企圖心。這與佛家棄絕人事，心境淡泊的主張，顯然背道而馳。故高閑學張旭，只能「逐其迹」，不能「得其心」，是不會精通的。

本文妙處，在不做正面攻訐，而是側翼迂迴，構想巧妙，議論生動。錢基博《韓愈志》評云：「橫空而來，迴瀾不竭，鑿險縋幽之思，駕以排雲御風之勢，斷續離合，波瀾出於《莊子》，與〈送孟東野序〉同；惟〈送孟〉調適暢遂，其氣舒；此則峭橫生拗，其筆遒。」讀本文可與〈送孟東野序〉合參。

【注釋】

㊀**上人**　對僧人的尊稱。《摩訶般若經》云：「何名上人？佛言若菩薩一行阿耨菩提，心不散亂，是謂上人。」

㊁**苟可以寓其巧智**　是說人如果把自己的靈巧智慧寄托在某種事物上。寓，寄托。

㊂**機應於心**　指機巧與心相應。機，卽巧智。

㊃**不挫於氣**　言意志堅強，不受情緒的干擾。

㊄**神完而守固**　是說精神充盈，意志堅定。神完，古有「神守」之說，指精神內斂。

㊅**不膠於心**　不掛在心上，或不受外物影響。膠，粘著。

㊆**堯舜禹湯治天下**　指唐堯、虞舜、夏禹、商湯，卽孔、孟所謂上古平治天下，爲民造福的聖君。

㊇**養叔治射**　卽養由基，字叔，春秋楚人，長於射箭，一發能貫七層革製的軍服，百步之間射柳葉，百發百中。事見《左傳》成公十六年文；及《戰國策・西周策》。

㊈**庖丁治牛**　庖，厨師。丁，厨師名。戰國時人，曾爲文惠君（梁惠王）解牛。爲當時擅長殺牛剝皮剔骨的專家。事詳《莊子・養生主》。

㊉**師曠治音聲**　師，樂師，曠，樂師之名。春秋晉人，有許多古書都記載他「耳聰過人」，爲晉平公樂師。

⑪**扁鵲治病**　扁鵲姓秦，名越人，春秋鄭人。曾以高超醫術爲人治病，隔牆能見人的五臟六腑，事迹

詳《史記・扁鵲倉公列傳》。

(一二) **僚之於丸** 僚，又稱宜僚。熊宜僚，春秋時楚國勇士，善於弄丸。《左傳》《莊子》《淮南子》均載其行事。

(一三) **秋之於弈** 秋，又稱奕秋。奕，奕人，棋手。秋，奕人名。《孟子・告子》記載他棋藝超羣，並教授弟子。

(一四) **伯倫之於酒** 伯倫，劉伶字，西晉沛國（今安徽省宿縣西北）人，放浪形骸，終日飲酒，著有〈酒德頌〉。

(一五) **奚暇外慕** 是說哪裏有時間去愛好別的。奚，何。外慕愛好別的。

(一六) **徙業** 改變專業。

(一七) **不造其堂** 指不能登堂入室，掌握學問的奧秘。造，到達。堂，正廳。語出《論語・先進》。

(一八) **不嚌其胾** 比喻不能體會其中甘苦。嚌，音ㄐㄧˋ，嘗食。胾，音ㄗˋ，大肉塊。語出《禮記・曲禮上》。

(一九) **張旭善草書** 張旭字伯高，蘇州吳郡（今江蘇省蘇州）人，唐代書法家，好飲酒，善草書，時人稱為「草聖」。杜甫的〈飲中八仙歌〉說他「張旭三杯草聖傳。」

(二〇) **伎** 同技，技藝。

(二一) **窘窮** 窘窮，困窮。

(二二) **愉佚** 輕鬆愉快。佚，通逸。

㉓ **發之**　表現出來。

㉔ **霹靂**　疾雷。

㉕ **愕**　驚奇。

㉖ **一寓於書**　全部寄托在書法之中。一，副詞，全。

㉗ **變動猶鬼神**　言張旭書法的變化生動，猶如神出鬼沒。

㉘ **不可端倪**　是說無法測度他運筆時，起落來去的蹤迹和境界。端倪，作微始解，即更初狀態。端同耑，草木萌芽。倪，同兒，人之初生。又說端倪和端涯義同，不可端倪，即無始無涯，不可測度。

㉙ **有旭之心哉**　言得到張旭書法的神髓了嗎？

㉚ **逐其跡**　追求慕仿其皮毛。

㉛ **能旭**　能達到張旭的境界。

㉜ **爲旭有道**　模仿張旭有規律可循。

㉝ **無遺錙銖**　指任何細微的地方，都不可放過。錙銖，古代極小的重量單位，說法不一，此處比喻極小、輕微。

㉞ **情炎於中**　指內心要有炙熱的感情。中，內心。

㉟ **利欲鬬進**　指要有志在必得的企圖心。鬬，競爭。

㊱ **勃然不釋**　指精神旺盛又鍥而不舍。勃然，旺盛的樣子。

㊲ **可幾**　有希望達到。

㊳ **浮屠氏**　佛家。浮屠、佛陀，皆梵文「佛」的譯音。

㊴ **一死生**　把死生看成一樣。一，等同。

㊵ **解外膠**　擺脫外界事物的羈絆。膠，粘結。

㊶ **泊然無所起**　指學佛者內心平靜，喜怒哀樂對他不會引起任何反應。泊然，寧靜的樣子。

㊷ **淡然無所嗜**　指態度冷漠，對世事無有愛好。淡然，意同泊然。

㊸ **頹墮委靡**　指思想消極頹唐，精神委靡不振。

㊹ **潰敗**　崩潰頹敗。

㊺ **得無象之然乎**　指高閑之對書法，難道不是像這個樣子嗎？得無，副詞，表示測度或反結語氣。和上文「未見其能張旭也」意同。

㊻ **善幻**　善於幻術。幻術，指表演幻術，迷惑衆人。如吞刀、吐火、種瓜、植樹、屠人、截馬等。

【賞　析】

這是一篇論書法藝術的贈序，文中把藝術和堯舜禹湯治國理民相提並論，反映作者對文學藝術工作重視的程度。至於本文對文藝創作的一些普遍規律問題，也提出了精闢地見解。

全文共分五段：開頭是說從事任何一種技藝，惟有專心致志，不見異思遷，才能「神完守固」，卓然有成。寥寥數語，已提出立說之要點，隱隱將全篇籠罩在內，下文即就此展開說明。

第二段，作者爲文不遽入高閑與草書，乃援引大量的政治家、音樂家、醫學家、圍棋家、兵法家以及一技之長者，作陪筆緩受，以見「機應於心」之理。韓愈說堯、舜、禹、湯治理天下，養由基精通射箭，庖丁解牛，師曠奏樂，扁鵲醫病，奕秋下棋，劉伶飲酒，僚之弄丸等，他們之所以能夠終生精於一藝，皆由於心無旁騖，不見異思遷；否則，便不能登堂入室，掌握技藝的精髓。

第三段，順著上述文勢發展，再舉盛唐草聖張旭爲例。張旭一生專注於書法，根據史書記載，他目睹公主與擔夫爭道，觀公孫大娘舞劍，聞樂鼓吹奏，都能從中悟出筆法的妙諦。作者說，他把全部精神傾注於草書之中，凡是人所具備的善惡、困窮、憂愁、愉悅、怨恨、思慕、酣醉、無聊、不平等等情緒，只要受到外物的觸發，都能用草書的形式加以表現。行文至此，已把「機應於心」的道理，從正面再度發揮得淋漓盡致。並借張旭草書來映帶高閑的草書，筆調轉折自然。

第四段邁入正題，其更精采處是作者以問句作結，語氣雖然溫和，但結論卽呼之欲出，文中既洋溢着作者入世的熱情，更突顯了他對佛教消極遁世的批判。既借評論草書藝術，堅持反佛立場，同時，也寄托了自己對事業的雄心與渴望。

最後，作者用一個頓挫作收束，所謂：「然吾聞浮屠人善幻，多技能；閑如通其術，吾不能知矣。」「然」字一轉，「吾聞浮屠人善幻」一頓，在這一轉一頓之際，便道破了佛家乃旁門左道一流，語含無限譏諷，但文勢卻就此打住，不再旁推交通，這也正如作者說張旭書法之妙：「變動如鬼神，不可端倪」之處了。

總的說來，這是一篇贈序，不是專門的議論文，既要說理，又要照顧到贈序文寫作的特點。故通篇以從正面的說理爲主，從反面的批判爲輔；而且又往往點到爲止，一發卽收，毫無粘滯。語氣既委婉，說理尤透闢。故文章雖然短小，由於他字字精賅，語語簡煉，不但不覺得薄弱，反而有神完氣足，含蓄不盡之感！

(三) 送李愿㊀歸盤谷序

太行之陽有盤谷㊁，盤谷之間，泉甘而土肥，草木叢茂㊂，居民鮮少。或曰：「謂其環兩山之間，故曰盤。」或曰：「是谷也，宅幽而勢阻㊃，隱者之所盤旋㊄。」友人李愿居之。

愿之言曰：「人之稱大丈夫者，我知之矣。利澤㊅施于人，名聲昭于時㊆；坐於廟朝㊇，進退百官，而佐天子出令。其在外，則樹旗旄㊈，羅弓矢㊉，武夫前呵⑪，從者塞途⑫，供給之人，各執其物⑬，夾道而疾馳；喜有賞，怒有刑⑭；才畯滿前⑮，道古今而譽盛德，入耳而不煩⑯；曲眉豐頰⑰，清聲而便體⑱，秀外而惠中⑲，飄輕裾⑳，翳長袖㉑，粉白黛綠㉒者，列屋而閑居㉓，妬寵而負恃㉔，爭妍而取憐㉕；大丈夫之遇知於天子㉖，用力於當世者之所為也。吾非惡此而逃之㉗，是有命焉，不可幸而致㉘也。窮居而野處㉙，升高而望遠，坐茂樹以終日，濯清泉㉚以自潔；採於山，美可茹㉛，釣於水，鮮可食㉜，起居無時，惟適之安㉝。與其有譽於前，孰若無毀於其後㉞；與其有樂於身，孰若無憂於其心？車服不維㉟，刀鋸不加㊱，理亂不知㊲，黜陟不聞㊳；大丈夫不遇於時

開頭寫李愿歸隱盤谷，及盤谷周圍環境。

次段用李愿自己的話，寫李愿的隱士思想與生活，其中又分三節：首節寫對功名顯赫者之鄙視，語言含蓄委婉；次節用贊美之情，寫其清高悠閑的隱士生活，在前後兩節之對比下，又引出第三節，寫伺候於公卿之門，行為卑鄙心靈齷齪的人。三節之中，次節是「

主」，二、三節是「賓」。

者之所爲也，我則行之。伺候於公卿之門，奔走於形勢㊴之途，足將進而趦趄㊵，口將言而囁嚅㊶，處穢汙而不羞㊷，觸刑辟而誅戮㊸，徼倖㊹於萬一，老死而後止者，其於爲人賢不肖㊺何如也？」

文末以歌辭作結，贊嘆盤谷之優美安適，表示自己的嚮往情懷。

昌黎韓愈聞其言而壯之㊻，與之酒而爲之歌曰：「盤之中，維子之宮㊼，盤之土，可以稼㊽。盤之泉，可濯可沿㊾。盤之阻，誰爭子所㊿？窈而深，廓其有容(51)。繚而曲，如往而復(52)。嗟盤之樂兮，樂且無殃(53)！虎豹遠跡兮，蛟龍遁藏(54)；鬼神守護兮，呵禁不祥(55)。飲則食兮壽而康，無不足兮奚所望(56)？膏吾車兮秣吾馬(57)，從子于盤兮，終吾生以徜徉(58)。」

【題　解】

根據文中所述，李愿當是一位求仕不得，懷才不遇的知識份子，因爲不滿現實退隱山林。唐德宗貞元十五、六年，韓愈從汴州、徐州的變亂中脫險，十七年（八〇一）到京城求官，聽候調選。其友人李愿在盤谷隱居，曾一度到長安遊覽，於貞元十七年返回隱居之地盤谷，當他臨行時，韓愈寫了這篇有名的序文爲他送別。

韓愈在序中通過李愿之口，刻畫了得勢權貴的專橫跋扈，奢侈浪費，作威作福，諷刺了庸俗小人之巴結豪門，卑鄙手段，厚顏無恥，與此相比，更突顯出山林隱士的淸高恬淡，無毀無憂之高尙情操。貞元十七年，正是作者求官不得，抑鬱落寞，內心充滿無比的憤慨和不平之際，因此，作者便通過友人李愿隱居盤谷一事，對官場的黑暗和退隱的嚮往，作了一次總體的大宣泄。

關於「序」文大別可分兩大類，一是爲著作寫序，說明著述目的、出版意旨、編輯體例及寫作動機與情況等。如《史記・太史公自序》，班固《漢書・敍傳》等，另一是送別親友時所作的詩文，集帙成册而爲之作序的叫贈序；時至後來，凡惜別親友，爲文贈言，雖未附列詩帙，也可稱爲贈序。內容大多屬推崇、贊許、勉勵之辭，和原來「序」的體制大不相同。

贈序在唐代雖被廣泛運用，直到韓愈全力倡導古文運動後，這種文體在他手裡才獲得了眞正用武之地。以這篇〈送李愿歸盤谷序〉爲例，就可以清楚地看出，韓愈的贈序，已經摒棄了傳統的客套、應酬，純粹駢儷，形式華麗，內容空泛的窠臼；入手便借題發揮，傾訴衷腸，或突出人物，慷慨陳詞；或緣物抒情，夾敍夾議，在語言上則精警雄渾，在作法上則駢散結合，尤其他那靈活多變的結構布局，更給讀者以迴腸盪氣，餘韵無窮之感。

【注釋】

㈠ **李愿** 陝西人，隱士，生平不詳。隱居盤谷的李愿，和當時西平王李晟之子李愿同姓名，不是一人。根據河南濟源石刻，此文作於唐德宗貞元十七年（八〇一），韓愈年三十四歲，時李晟之子李愿正任宿衞將，並無退隱之事。愿，音ㄩㄢˋ。

㈡ **太行之陽有盤谷** 太行，山名，位於山西高原與河南、河北平原之間。陽，山南爲陽。盤谷，地名，在今河南濟源縣北。

㈢ **叢茂** 叢生繁茂。

㊃**宅幽而勢阻**　宅，本指居住的處所，在此指谷的位置。幽，幽深僻靜。勢阻，地勢險阻閉塞。

㊄**盤旋**　盤桓，疊韵連綿詞，有留戀不忍離開之意。

㊅**利澤**　利益德澤。

㊆**昭于時**　顯揚於一時。

㊇**坐於廟朝**　指參與國家大事的高官，廟，宗廟。朝，朝廷。

㊈**旄**　旗竿上飾有牦牛的旗幟。

㊉**羅弓矢**　羅列弓箭。

⑾**武夫前呵**　指衛士們在前面呼喝開道。呵，大聲喝斥。

⑿**從者塞途**　隨從人員充滿路途。

⒀**供給之人各執其物**　指聽候差遣的僕役，各人拿著自己負責的物件。

⒁**刑**　處罰。

⒂**才畯滿前**　言才能之士立滿座前。畯，俊的假借字。

⒃**道古今而譽盛德入耳而不煩**　指引古證今稱贊大官的功德，聽入耳中不覺得煩勞。

⒄**曲眉豐頰**　彎曲的眉毛，豐潤的面頰。頰，面兩旁肉。豐，滿。

⒅**清聲而便體**　歌聲清揚，體態閑雅。

⒆**秀外而惠中**　外貌秀麗而稟性聰慧。惠，通慧。

⒇**飄輕裾**　飄著輕柔的衣襟。裾，衣襟。

⑪ **翳長袖**　掩映著長長的衣袖。與上句合觀，在指美人的能歌善舞，姿態美好，翳，掩映，遮蔽。

⑫ **粉白黛綠**　指臉施白粉，眉畫黛綠的美女。粉，白色，用以傅面。黛，青黑色，用於畫眉。

⑬ **列屋而閑居**　指衆屋羅列，淸閑無事。

⑭ **妬寵而負恃**　言自恃個人才貌，妬忌別人得寵。

⑮ **爭妍而取憐**　言爭豔競美，來博取主人的愛憐。

⑯ **遇知於天子**　卽得到皇帝的賞識與寵遇。

⑰ **惡此而逃之**　惡，厭惡。逃，逃避。

⑱ **幸而致**　僥幸得到。

⑲ **窮居而野處**　卽隱居在窮鄉僻靜的地方。

⑳ **濯淸泉**　用淸泉洗滌汚垢。

㉑ **美可茹**　指山間採得的植物可以吃。茹，吃。

㉒ **鮮可食**　指水中釣得的魚可以食。

㉓ **起居無時惟適之安**　言起居作息無一定時間，只求安閒舒適。唯適之安，卽惟安所適的倒裝句。

㉔ **與其有譽於前孰若無毀於其後**　此二句回應上文「才畯滿前，道古今而譽盛德」句，意謂與其受人當面的贊譽，不如在背後不遭人毀謗的好。與其……孰若，爲表示取舍的複句。

㉕ **車服不維**　是說自由隨便，不受官職的約束。車服，車馬服飾，古代官吏的車服因職位高低而不同。維，維繫。

㊱ **刀鋸不加**　是說身在官場之外，不會受國家刑律的處分。刀鋸，古代刑具的一種。

㊲ **理亂不知**　政局的治亂盛衰也不知道。

㊳ **黜陟不聞**　官員的升降進退也不去管。

㊴ **形勢**　權勢，卽顯貴之家。

㊵ **趦趄**　欲行不進之態。音ㄗ ㄐㄩ。

㊶ **囁嚅**　欲說又止之意。音ㄋㄧㄝˋ ㄖㄨˊ。

㊷ **處穢汚而不羞**　言身處卑賤而不覺羞恥。穢汙，卽汙濁，引申爲卑賤。

㊸ **觸刑辟而誅戮**　言觸犯刑法而遭到殺戮。刑辟，刑法。

㊹ **徼倖**　卽僥幸。

㊺ **不肖**　不賢。

㊻ **昌黎韓愈聞其言而壯之**　言昌黎韓愈聽了李愿這番話，佩服他的壯志豪情。昌黎，郡名，轄境在今遼河以西，綏中以東，新民、朝陽以南濱海地區。韓愈文中，常以先世郡望昌黎自稱。其言，李愿之言。壯，用作意動詞，以……爲壯，卽認爲（其言）豪壯。

㊼ **盤之中維子之宮**　言盤谷之中，是您的居室。維，句首助詞。子，您，指李愿。宮，古代居室的統稱。

㊽ **盤之土可以稼**　言盤谷的土地，可以稼穡。稼，種植穀物，讀作古，與上句「土」字叶韵。

㊾ **盤之泉有濯可沿**　言盤谷的泉水，可以洗滌，也可以沿著遊覽。可沿，指可以沿著溪流探幽尋勝。

(50) **盤之阻誰爭子所**　言盤谷地勢險阻，有誰來爭奪您的居所。所，住處居所。

(51) **窈而深廓其有容**　盤谷幽遠而深邃，廣闊能容納萬物。窈，幽靜深遠。廓，廣闊。有容，可涵容萬有。

(52) **繚而曲如往而復**　言盤谷山徑回環曲折，好像前行卻又回轉。繚，纏繞。復，返。

(53) **嗟盤之樂兮樂且無殃**　唉呀！盤谷中快樂啊，其樂無窮。嗟，表贊嘆。無殃，無災禍，殃，一作央，盡的意思。

(54) **虎豹遠跡兮蛟龍遁藏**　虎豹遠遠離開啊，蛟龍逃避躲藏。

(55) **鬼神守護兮呵禁不祥**　言鬼神守衛保護這裏啊，不祥的事物遭到喝禁。呵禁，呵斥禁止。不祥，不吉利的東西。

(56) **飲則食兮壽而康無不足兮奚所望**　有吃有喝啊，既長壽又康強；沒有不滿足的啊，還有甚麼奢望。則，且。奚，何。

(57) **膏吾車兮秣吾馬**　給我的車軸加油啊，用飼料餵飽我的馬。膏，動詞，作塗油脂解。秣，動詞，作飼養。

(58) **徜徉**　作流連忘返，盡情遊賞解。

【賞　析】

韓愈爲文的最大特點，是幾乎每篇在思想藝術上都有獨創性。就拿本文來說吧，從表面上看，〈送李愿歸盤谷序〉的主旨，在謳歌避世者隱居山林的樂趣，而事實上是在嘲諷豪門權貴的炙手可熱，與譏訕「伺候」「奔競」之徒的無恥嘴臉。據樊汝霖的說法，公作此文時已三十四歲，幸而擺脫汴、徐之亂，方且求官京師，大概在仕途中親見官僚們的種種醜態，憤積於胸，故能窮形極相地加以刻劃，因友人的歸隱，發遠舉絕塵的遐想。由此可以看到他鄙薄塵俗的豪放襟抱，而高情逸趣的抒發，也未嘗不是不平之鳴的另外一種表現方式。

本文的寫作極爲成功，可稱爲韓愈的代表作之一。雖然他嘗說：「非三代兩漢之書不敢觀」，似乎是堅決反對六朝駢儷之體，提倡恢復先秦、兩漢散文之古，但事實上這篇文章是兼具辭賦、駢儷、散文之美，冶鋪敍、議論、抒情於一鑪。文中又運用了大量的偶句、排比，長短錯落，變化多端。辭采富麗而清新，絕無堆砌蕩靡之感。音調鏗鏘有力，自然流動，相傳宋朝蘇軾最愛此文，曾云：「唐無文章，惟退之〈送李愿歸盤谷序〉一篇而已。平生願效此作一篇，每執筆輒罷，因自笑曰，不若且放，教退之獨步。」論者或疑此說爲妄托，但於此亦可略知本文深得蘇氏的欽慕，及其對後世文壇的影響爲如何了。

又本文在結構上亦頗具匠心。例如「愿之言曰」共分三節，分別描寫了三種爲人處世的生活態度，但形式決無雷同處。首節寫遇知於天子，志得意滿，窮奢極侈的達官貴人，是賓，用側筆。中節寫不遇於時，優遊山林的高人遊士，是主，用正筆。賓主分明，前後映照，給人一個鮮明對比。末節爲餘波，寫鮮廉寡恥，奔走於形勢之途者。這一種人，自不可與前兩者並論，故在首節中用「人之稱大丈夫者」的那個「人」字作爲引線，於是使末節這一類人有個借機現身的緣由，而不至於生硬、突兀。如此既照應了賓主兩者的關係，又將那第三者安排其中加以沖合。使文章在布局上顯得跌宕往復，輕重適當，同時，本文在給典型人物的塑造上，也取得了畫龍點睛的效果。

對第一、二種人的精彩描述，自不必說了。尤其講到那第三種人，所謂：「足將進而趦趄，口將言而囁嚅」兩句，把那些阿諛奉承，奴顏卑膝的小人醜態，刻畫得維妙維肖，入木三分。最後並以「其於爲人賢不肖何如也？」以只問不答的方式來呈現，讓讀者自己去對比，而作者自己卻置身局外，隱含不屑一顧的輕蔑之意。

本文以描繪見長，又富有濃郁的抒情色彩；其開頭一段交待盤谷名稱的由來，並描寫該地環境的幽美；末段以抒情筆調，用楚辭體歌頌盤谷，肯定隱居之樂以外，主要構成部分是中間借李愿之口，描摹三類人物的情狀，淋漓酣暢，筆法靈活，更是本文特點中之最大特點。

四、記傳文選讀

記、傳一類的作品，在韓愈所撰三百三十多篇散文中，所占的比重雖然不大，但頗富特色。

以記之體爲文，「漢魏以前，作者尙少，其盛自唐始也。其文以敍事爲主……」，（徐師曾《文體明辨序說》）韓集中共有記九篇，多爲雜著。其中如〈河南府同官記〉、〈科斗書後記〉和〈記宜城驛〉等篇，內容平平無特色。〈汴州東西水門記〉雖以記事爲主，但寫法特殊，前爲序，後爲記，序爲散文，而記爲四言韻語，故徐師曾說他是記文中之「別體」。兩篇廳壁記——〈徐泗豪三州節度掌書記廳石記〉和〈藍田縣丞廳壁記〉，都能擺脫一般應酬文字的束縛，前者以寫「賓主之相得」爲主旨，文章開門見山，喧賓顯主，中心突出，了無陳言；後者則是一篇揭露官場腐敗，爲懷才不遇的縣丞崔立之鳴不平的文章，尤其此文別出心裁，獨闢蹊徑，一反歷來廳壁記專記前後任官者爲政履歷的舊套，寫崔立之受人欺凌，無所事事，只好以種樹吟詩度日。文雖以敍事爲主，但又不是一般的抽象的記敍，而是選取最具典型意義的情節和語言，作具體而生動的描繪，使人物形象躍然紙上，完全類似小說家的筆墨，於詼諧之中寄託嚴肅莊重的思想。兩篇亭閣記——〈燕喜亭記〉和〈新修滕王閣記〉也手筆不凡。〈燕喜亭記〉純屬敍事之文，集中寫燕喜亭之美，中心突出。且多用舖陳排比的寫法，而無堆砌辭藻之弊，語言精美，變化多端。〈新修滕王閣記〉先以大部份篇幅寫自己久慕滕王閣之景觀而未得一游，後寫王仲舒修葺命己爲記，文章主要寫自己不能一覽滕王閣勝景，極表向往之意，而對滕王閣的來歷、修閣經過、景觀之美概不涉及。題爲修閣記，而於閣本身則全部虛寫，但又能讓讀者不感空泛，反覺新穎，這種大膽的創新，眞可謂獨出機杼。〈畫記〉是一篇記畫之文，前一部份記畫，後一部份敍述撰寫此文之由。文章純以狀物見長，但組織得法，雜而不亂，詳略得體，描繪生動。前後兩部份又互爲補充，可謂渾然天成。

韓愈的傳記文雖不多，只有〈太學生何蕃傳〉、〈張中丞傳後敍〉、〈圬者王承福傳〉及〈毛穎傳〉等數篇，除〈太學生何蕃傳〉文字平平外，其餘均富有特色。如〈圬者王承福傳〉雖有傳記成分，但作者的主旨不在爲王承福立傳，而在於借此發議，實際上是一篇敍議結合，以議論爲主的雜著。〈張中丞傳後敍〉亦不是眞正的傳記文，其前半部夾敍夾議，以議爲主，後半部補敍佚事。文體靈活，可屬敍事文，也可屬傳記文，謂之傳記體的敍事文亦無不可。且敍事眞實，選材典型，深得太史公史傳散文之精髓。〈毛穎傳〉則是一篇爲毛筆立傳的奇文。就文章的結構、語言、格調、體制來看，作者有意仿照〈史記〉中人物傳記的寫法，是一篇完整的傳記體散文。從表現手法上來看，全文採用了擬人化手法，將毛筆人格化，處處語意雙關，以此況彼，奇意迭出，妙趣橫生。這種以寓意爲主的寫法，從作品的故事情節中塑造了完整而生動的人物形象，這又不能不說它具有某些傳奇小說的特點。從這一點看，正說明了韓愈爲文不拘成法，和他的大膽創新。

(一) 畫　記

首句總起，點出畫卷。

雜古今人物小畫共一卷㊀。

次記畫中人物情狀。

騎而立者㊁五人；騎而被甲載兵立者㊂十人，一人騎執大旗前立㊃；騎而被甲載兵行且下牽者㊄十人，騎且負者㊅二人，騎執器者㊆二人，騎擁田犬者㊇一人，騎而牽者㊈二人，騎而驅者㊉三人，執羈靮立者⑪二人，騎而下倚馬臂隼而立者⑫一人，騎而驅涉者⑬二人，徒而驅牧者⑭二人，坐而指使者⑮一人，甲冑手弓矢鈇鉞植者⑯七人，甲冑執幟⑰植者十人，負者⑱七人，偃寢休者⑲二人，甲冑坐睡者⑳一人，方涉者㉑一人，坐而脫足者㉒一人，寒附火者㉓一人，雜執器物役者㉔八人，奉壺矢者㉕一人，舍而具食者㉖十有一人，挹且注者㉗四人，牛牽者㉘二人，驢驅者㉙四人，杖而負者㉚一人，婦人與孺子載而可見者㉛六人，載而上下者㉜三人，孺子戲者㉝九人。凡人之事㉞三十有二，爲人大小㉟百二十有三，而莫有同者焉㊱。

又次記畫中馬匹情狀

馬大者㊲九匹，於馬之中，又有上者㊳、下者㊴、行者、牽者㊵、涉者、陸者㊶、翹者㊷、顧者㊸、鳴者、寢者、訛者㊹、立者、人立者㊺、齕者㊻、飲者、溲者(47)、陟者(48)、降者(49)、痒磨樹者(50)、噓者(51)、嗅者(52)、喜相戲者(53)、怒相踶齧者(54)、秣者(55)、騎者(56)、驟者(57)、走者(58)、載服物者、載狐兔者(59)：凡馬之事二十有七，爲馬大小八十有三，而莫有同者焉(60)。

再記畫中其他禽獸與雜器物的情狀。

牛大小十一頭，橐駝(61)三頭，驢如橐駝之數而加其一焉(62)，隼一(63)，犬羊狐兔麋鹿共三十；旃車三兩(64)，雜兵器弓矢、旌旗、刀劍、矛楯、弓服、矢房、甲冑之屬(65)；缾、盂、簦、笠、筐、筥、錡、釜、飲食服用之器(66)，壺矢博奕之具(67)，二百五十有一(68)，皆曲極其妙(69)。

最後記本文寫作的原因。

貞元甲戌年(70)，余在京師，甚無事，同居有獨孤生申叔(71)者，始得此畫；而與余彈棊(72)，余幸勝而獲焉(73)。意甚惜(74)之，以爲非一工人之所能運思(75)，蓋藂集(76)衆工人之所長耳，雖百金不願易(77)也。明年，出京師，至河陽(78)，與二三客論畫品格，因出而觀之(79)。座有趙侍御(80)者，君子人也，見之戚然(81)若有所感然；少而進(82)曰：「噫！余之手摸(83)也，亡之且二十年矣！余少時，常有志乎茲事，得國本(84)，絕人事而摸得之(85)，遊閩中而喪焉(86)。居閑處獨，時往來余懷(87)也；以其始爲之勞而夙好之篤(88)也。今雖遇之，力不能爲已(89)！且命工人存其大都焉(90)。」余既甚愛之，又感趙君之事，因以贈之；而記其人物之形狀與數，而時觀之，以自釋焉(91)。

【解　題】

韓愈因和友人獨孤申叔彈棋獲勝，得「雜古今人物小畫」一卷，十分寶愛。次年在河陽老家巧遇臨摹此畫的原主，韓愈即慨然相贈。但爲慰藉日後對此畫之思念，於是備記畫卷的內容而成此篇。

畫面內容極爲複雜，人與物百態千姿，頭緒紛繁，文章眞實地體現了畫面圖景。該詳之處，不惜多用筆墨，須簡之處，則一筆帶過。他寫人物無論是騎馬的、徒步的、乘車的，都栩栩如生；寫動物，無論是奔跑的、疾走的、嬉戲的，都躍躍欲動。展卷讀來，彷彿各種形態的人和動物紛至沓來，奔赴眼前。

記物之文，在於酷肖。由於作者觀察力極爲細膩，因而敍述得層次分明，文字簡煉，毫無拖泥帶水之弊，堪稱奇品。宋歐陽修對此文十分傾慕，歎稱「不能爲退之畫記。」方苞說：「周人以後，無此種格力。」事實上，退之〈畫記〉，文約而事詳，其法得自《周官・考工記》。後如秦少游之〈五百羅漢圖記〉，明魏學洢之〈核舟記〉，淸薛福成之〈觀巴黎油畫記〉等皆效之。

【注　釋】

㈠ **雜古今人物小畫共一卷**　雜，錯雜。人物，人與物。卷，有軸可以舒捲的畫卷。一卷，一幅。

㈡ **騎而立者**　似騎士模樣而身體直立著的。

㈢ **被甲載兵而立者**　被，通披。甲，鎧甲。載，通戴，負荷之意。言身披鎧甲，佩帶兵器而直立的。

㈣ **一人騎執大旗前立**　意謂一人騎於馬上，手執大旗前立的。

㈤ **行且下牽者**　指向前步行，牽著馬的騎士。

⑥**騎且負者**　言騎士中背上負荷著物件的人。

⑦**騎執器者**　指手中拿著弓矢之類兵器的騎士。

⑧**騎擁田犬者**　擁，抱持。田犬，獵狗。田，通畋。

⑨**騎而牽者**　承上句說，指牽著田犬的騎士。

⑩**騎而驅者**　指驅使田犬的騎士。

⑪**執羈靮立者**　羈，馬絡頭。靮，音ㄉㄧˊ，馬韁繩。

⑫**臂隼而立者**　指臂上舉有鷹隼而站立著的。隼，音ㄓㄨㄣˇ，猛禽，可馴養，用以捕殺獵物。

⑬**騎而驅涉者**　指用鞭趕馬渡水的騎士。涉，渡水。

⑭**徒而驅牧者**　言步行而趕馬吃草的。

⑮**坐而指使者**　言坐著指揮別人做事的。

⑯**甲胄手弓矢鈇鉞植者**　胄，頭盔。甲胄，在此做穿鎧甲，戴頭盔。手弓矢，手裏拿著弓箭。鈇鉞，即斧鉞，兵器。植，立。

⑰**執幟**　手拿旗幟。

⑱**負者**　承上句說，指甲胄負者。

⑲**偃寢休者**　指仰面臥倒休息的人。

⑳**坐睡者**　坐著打瞌睡的人。

㉑**方涉者**　剛涉水的人。

㉒ **坐而脫足者**　坐下來脫去鞋子準備涉水的人。

㉓ **寒附火者**　言感到天寒靠近火苗取暖的。附火，烤火之意。以上三句均承上省略「甲冑」二字。

㉔ **雜執器物役者**　言手中拿著各種不同器物的僕役。雜，錯雜。役，僕役，當差的。

㉕ **奉壺矢者**　指手捧壺矢的。奉，通捧。壺矢，古代遊戲用具。以矢投壺中，多中者勝。

㉖ **舍而具食者**　指停下來備辦食物的人。舍，止。俱食，備辦食物。

㉗ **挹且注者**　指把酒漿或其他液體，從一個容器裏取出，又舀入另一個容器中去。挹，酌取。注，灌入。

㉘ **牛牽者**　卽牽著牛的役人。牛牽者，卽牽牛的倒裝句法，下句「驢驅者」同此。

㉙ **驢驅者**　指趕驢的人。

㉚ **杖而負者**　言拄著拐杖而背負物件的人。

㉛ **婦人以孺子載而可見者**　是說婦女小孩乘坐車中，而又顯露在畫面上的。以，與。孺子，兒童。載，乘車。

㉜ **載而上下者**　言正在上車和準備下車的。上下者，指上車下車的人。

㉝ **孺子戲者**　戲，遊戲。

㉞ **凡人之事**　謂畫面上凡涉及到人的情態之事者。凡，總括之詞。

㉟ **爲人大小**　指畫作人的大小圖象的。

㊱ **莫有同者**　指畫中人各有各的情態，沒有彼此相同的。

(三七) **馬大者** 指畫中畫得比較大的馬。

(三八) **上者** 指上等的良馬。

(三九) **下者** 指下等的劣馬。

(四〇) **牽者** 指被騎士牽著走的馬。

(四一) **陸者** 此承前句「涉者」，謂方出水登岸的馬。

(四二) **翹者** 指向上昂首的馬。翹，音ㄑㄧㄠˊ，引頸遠眺。

(四三) **顧者** 指回頭看的馬。

(四四) **訛者** 承上句「寢者」爲說，指睡醒的馬。訛，音ㄜˊ，通吪，動貌。

(四五) **人立者** 指高舉前蹄，像人一樣站著的馬。

(四六) **齕者** 指正在吃草的馬。齕，音ㄏㄜˊ，咬，吃草。

(四七) **溲者** 指正在便溺的馬，溲，音ㄙㄡ。

(四八) **陟者** 指登向高處的馬。

(四九) **降者** 指走向低處的馬。

(五〇) **痒磨樹者** 指身上搔癢，磨擦樹木的馬。

(五一) **噓者** 指口中呵氣的馬。

(五二) **嗅者** 指用鼻孔嗅著氣味的馬。

(五三) **喜相戲者** 指非常高興，相互戲耍的馬。

(54) **怒相踶齧者**　言非常生氣，又踢又咬的馬。踶，音ㄉㄧˋ，踢，用於獸類。齧，音ㄋㄧㄝˋ。

(55) **秣者**　吃著飼料的馬。秣，飼料。

(56) **騎者**　指背上有人騎著的馬。

(57) **驟者**　指正在急行的馬。

(58) **走者**　指正在奔跑的馬。

(59) **載狐兔者**　指背上承載著狐兔獵物的馬。

(60) **莫有同者焉**　以上所記馬的情態，沒有兩相雷同的。

(61) **橐駝**　即駱駝。橐，音ㄊㄨㄛˊ。

(62) **驢如橐駝之數而加一焉**　如，同。作者爲避免行文呆板而變換句法。

(63) **隼一**　即前文中所說的一人「臂隼」的那隻隼。

(64) **旃車三兩**　旃車有二解：一、指赤色曲柄的旗曰旃，因旃建車上，叫旃車；二、指旃，通氈，旃車即氈車。兩，通輛。旃，音ㄓㄢ。

(65) **雜兵器弓矢旌旗刀劍矛楯弓服矢房甲冑之屬**　楯，通盾。弓服，卽弓衣，裝弓的袋子。矢房，卽矢箙（音ㄈㄨˊ），盛矢的器具，用皮革或竹材製成。屬，類。

(66) **缾盂簦笠筐筥錡釜飲食服用之器**　缾，卽瓶，小口大腹以盛酒漿的容器。盂，盛飲食用的敞口容器。簦，有長柄的笠，類似今天的傘。筐，方形盛物的竹器。筥，圓形竹筐。錡，三腳鍋。釜，炊具。

(六七) **博奕之具**　六博和圍棊。六博，古代一種博戲，共十二棋，六黑六白，兩人相搏，每人六棋。清劉寶楠論語正義云：「奕但行棋，博以擲采（骰子）而後行棋，後人不行棋而專擲采，遂亦稱擲采爲博。」

(六八) **二百五十有一**　此記諸畜及各種器物的數字。

(六九) **曲極其妙**　此句總收以上三段文字，贊畫筆細致工巧，將所繪之人物妙處，均充分的加以表現。

(七〇) **貞元甲戌年**　卽唐德宗貞元十年（七七四）。

(七一) **獨孤生申叔**　韓愈友人，姓獨孤名申叔字子重，貞元十八年卒，年二十六，韓愈爲作「獨孤申叔哀辭」，柳宗先爲作「墓誌銘」。生，先生。對年輕讀書人的敬稱。

(七二) **彈棊**　漢魏時博戲，至唐時方法有變，今均失傳。北宋沈括《夢溪筆談》卷十八有較詳的記載云：「彈棋今人罕爲之，有譜一卷，蓋唐人所爲。其局方二尺，中心高如覆盂，其顚爲小壺，今大名開元寺佛殿上有一石局，亦唐時物也，李商隱詩曰：『玉作彈棋局，中心最不平。』謂其中高也。白樂天詩：『彈棋局上事，最妙是長斜。』長斜謂抹角斜彈，一發過半局，今譜中具有此法。柳子厚〈敍棋〉用二十四棋者，卽此戲也。」

(七三) **獲焉**　獲得此畫。

(七四) **惜**　愛惜。

(七五) **非一工人之所能運思**　工人，運筆工人，運思，卽構思。

(七六) **蘩集**　聚集。蘩，同叢。

（七七）**雖百金不願易**　雖，即使。百金：金是古代計算貨幣的單位，內容因時而異。韓愈在此借以指大量的錢，並非實數。易，交換。

（七八）**河陽**　今河南省孟縣，韓愈的故鄉。

（七九）**出而觀之**　拿出來觀賞。

（八〇）**趙侍御**　生平事跡不詳。侍御，即殿中侍御史，掌管廷儀及糾察彈劾的官員。

（八一）**戚然**　憂愁感傷的樣子。

（八二）**少而進**　少，少頃，一會兒。進，走向前。

（八三）**手摸**　親手臨摹。

（八四）**國本**　國家收藏畫卷中的善本。

（八五）**絶人事而摸得之**　絶，杜絶。謂杜絶人事往來，專心臨摹而繪製出來的。

（八六）**遊閩中而喪焉**　閩中，指今福建一帶。喪，遺失。

（八七）**時往來余懷**　言這幅畫中的圖象，時時縈繞於自己的胸懷。

（八八）**始爲之勞而夙好之篤**　始爲之勞，指開始臨摹時十分辛勞。夙好，平素喜好。篤，深厚。

（八九）**力不能爲已**　是說自己已再無力描摹了。已，句末語氣詞，表示肯定。

（九〇）**存其大都**　描摹個大略之意。

（九一）**而時觀之以自釋焉**　時觀之，指隨時看着這篇〈畫記〉，自釋，作自我排遣。

【賞析】

記中言「貞元甲戌年，……明年出京師至河陽。」據此推測，此文作於唐德宗貞元十一年（七九五）河陽（今河南省孟縣）老家，愈時年二十八歲。

愈曾得一遊獵圖，甚爲珍愛，後遇到親手臨摹此幅畫卷的原主，即慨然相贈，爲了慰藉日後的渴念，乃將全畫內容，巨細靡遺地加以記述，而成〈畫記〉一文。

此一長幅畫卷，場面極爲壯觀，筆觸生動細致；然而韓愈僅以四百餘字的短文，就將這一瑣細複雜的畫面，予以逼眞的描繪。

其作法在重人輕物的大原則下，是先將畫中五百有餘的人與物加以分類，分成人、馬，其他禽獸與雜用器四類。然後再逐類有條不紊的加以介紹。四大類之間。有詳有略，如人與馬，一一列舉各種情態，禽獸與器物，則僅僅概舉其名稱。又寫人時，對每一相同動作者，皆標出數目；寫馬，則不點明具體數目。這不僅供讀者一目了然，更引人無限遐思。

有價值的作品皆有其個性，而作品的個性又與表達的對象息息相關。一位優秀的作家總不爲成見所囿，善於同中見異，常中見變。韓愈就是依據表達對象，遣詞造句，布局謀篇，使作品個性鮮明的作家。如本文謂圖中「凡人之事三十有二，爲人大小百二十有三，而莫有同者焉。」除人以外，最多的是馬，又說：「凡馬之事二十有七，爲馬大小八十有三，而莫有同者焉。」其他還有牛、駱駝、驢、獵鷹等動物，以及車輛、兵器、飲食用具等，多達二百五十一件，「皆曲極其妙。」

此畫之妙，就在同中見異；而韓愈之高明處，就在條分縷析，把畫中的人、物一一分類，並把同類中的「異」突出的加以顯示。在他的筆下，單是騎馬的人，就有各種不同的情態；如「騎而立者」、「騎而被甲者」、「騎而被甲載兵者」、「騎而負者」、「騎執器者」、「騎擁田犬者」、「騎而牽者」、「騎而驅者」、「騎而下倚馬臂隼而立者」、「騎而驅涉者」。如立、如被甲、如被甲載兵、如負、如執器、如擁田犬、如牽田犬、如驅田犬、如下而倚馬臂隼而立、如驅涉等。同是騎馬，而騎馬的人情態各具，完全不同，這就是他同中見異的明證。類似的情形，還可以從馬的不同情態得到證明。

韓愈對馬的不同情態，寫得更加簡潔，也更加生動。如「於馬之中，又有上者、下者、行者、牽者、涉者、陸者、翹者、顧者、鳴者、寢者、訛者、立者、人立者、齕者、飲者、溲者、陟者、降者、癢磨樹者、噓者、嗅者、喜相戲者、怒相踶者、秣者、騎者、驟者、走者、載服物者、載狐兎者」，一口氣寫了這麼多馬的情態，幾乎令人有應接不暇的感覺。其所以如此，無非是着力顯示他們（它們）的特性。

昔方苞以爲「周人以後無此種格力」，歐陽修自爲「無能爲」，儲欣以爲「詳整自班史出，筆力善變，無施不可，文字在精整當中有一種參錯之美。」後來明末黃淳耀所寫的〈李龍眠畫羅漢記〉，清代魏學洢的〈核舟記〉等，顯然是受了韓愈〈畫記〉的影響，而骨力、格局卻遜之甚遠。

爲文要想避板滯單調，必須在句法上求活潑。如本文開頭在「騎而立者五人」、「騎而被甲載兵立者十人」之後，穿插一句「一人騎執大旗前立」，使名數在主格之末的常法，一變爲在主格之前。又如在「牛大小十一頭，橐駝三頭」之後，變換句式，作「驢如橐駝之數而加其一焉。隼一，犬、羊、狐、兎、麋、鹿共三十。」不僅段與段之間的句法上有變化，而一段之中亦自爲變換。於板滯中起波瀾，單調中見繁複。

本文既名〈畫記〉，即用大量篇幅記述畫面上的「人物形狀與數目」，但作者爲了減輕這種客觀描述畫面的枯燥無味，又繼前三段客觀描述之後，用最後一大段文字交待這幅「雜古今人物小畫」得而復失的經過及其寫作本文的意圖，以突顯其在生活上的情趣，與思想上的寄託。張藉曾批評韓愈爲文「好博塞之戲，與人爭財。」觀此文，正有類乎此。

至於本文在該詳之處，不惜多用筆墨，如寫人，則先寫男人，後寫女人，再寫小孩。男人中又先寫騎馬的，後寫不騎馬的。須簡之處則一筆帶過，只記其數。因此，韓愈才能以僅僅四百多字，就再現了這幅複雜、瑣細而又場面壯觀的畫卷。他寫人物，無論是騎馬的、徒步的、乘車的，都栩栩如生。寫動物，無論是疾走的、奔跑的、嬉戲的、怒踢的，都躍躍欲動。由於作者觀察力極細微，分析力極強大，因而將一幅熱熱鬧鬧，熙熙攘攘的遊獵圖，宛然重現，如在讀者目前。

(二) 藍田縣丞廳壁記

首段交代縣丞有職無權，不但難以發揮作用，反而遭致攻訐。

丞之職，所以貳令㊀，於一邑無所不當問。其下主簿㊁、尉㊂，主簿、尉乃有分職㊃。丞位高而偪㊄，例以嫌不可否事㊅。文書行㊆，吏抱成案詣丞㊇，卷其前㊈，鉗以左手㊉，右手摘紙尾⑪，鴈鶩行以進⑫，平立⑬，睨⑭丞曰：「當署⑮。」丞涉筆占位⑯，署惟謹。目吏⑰問可不可。吏曰：「得」⑱，則退⑲。不敢略省⑳，漫㉑不知何事。官雖尊，力勢反出主簿、尉下。諺數慢，必曰丞㉒，至以相訾謷㉓。丞之設，豈端使然哉㉔！

次段敘崔斯立為藍田縣丞，欲有所為而未能展其長才。

博陵崔斯立㉕，種學績文㉖，以蓄其有，泓涵演迤㉗，日大以肆㉘。貞元㉙初，挾㉚其能，戰藝於京師㉛，再進再屈千人㉜。元和㉝初，以前大理評事言得失黜官，再轉而爲丞茲邑㉞。始至，喟曰：「官無卑㉟，顧材不足塞職㊱。」既噤㊲不得施用，又喟曰：「丞哉丞哉！余不負丞，而丞負余㊳！」則盡枿去牙角㊴，一躡故跡㊵，破崖岸㊶而爲之。

三段記崔斯立修治廳壁後，日以吟

丞廳故有記㊷，壞漏汚不可讀。斯立易桷㊸與瓦、墁治壁㊹，悉書前任人名氏。庭有老槐四行，南牆鉅竹千梃㊺，儼立若相持㊻，水㶁㶁循除鳴㊼。斯立痛哦爲事，以見縣丞終於不得盡其職守。

掃溉㊽，對樹二松，日哦㊾其間，有問者，輒對曰：「余方有公事，子姑去㊿。」

文末點明文章的作者。

考功郎中(五一)知制誥(五二)韓愈記。

【解　題】

本文於元和十年（八一五），韓愈四十八歲，時在京任考功郎中兼知制誥時作。藍田（今陜西縣名）爲京畿轄縣。其時，崔斯立任藍田縣丞。根據唐代封演著的《封氏聞見記》說：「朝廷百司諸廳皆有壁記，敍官秩創置及遷授始末。原其作意，蓋欲著前政履歷；而發將來健羡焉。故爲記之體，貴其說事詳備，不爲苟飾。」這種壁記之作，後遂由朝廷百司流行於郡邑。如劉禹錫的〈和州刺史廳壁記〉、柳宗元的〈武功縣丞廳壁記〉等均是。本文卽屬同類作品。

韓愈此文完全改變了一般通行寫法，針對縣丞的實際狀況，賦予「廳壁記」以深刻嶄新的內容。文中作者以無限同情的語調，塑造出一個滿腔抱負而無法善盡職責的基層官吏失意的形象；客觀上揭露了當時官場上拍下壓的積弊。文章抑揚有致，吞吐自若，人物情態，各極其妙。南宋洪邁《容齋四筆》卷五說它：「雄拔超俊，光前絕後。」確是傑出的文學性散文。

【注　釋】

㊀ **貳令**　輔助縣令。貳，副職，此處用作動詞，有輔助之意。

㊁ **主簿**　官名，掌理文書簿册。

㊂**尉**　官名，這裏指縣尉，主管治安事項。
㊃**分職**　指各有分治的專職。
㊄**丞位高而偪**　言縣丞的職位比主簿、尉要高，職責近於縣令。偪，逼的異體字，迫近。
㊅**例以嫌不可否事**　言照例爲避侵權之嫌，對事不可持否定態度。
㊆**文書行**　指公文判行發出前。
㊇**吏抱成案詣丞**　言府吏抱著既定的文案到縣丞面前讓其簽署。成案，由分管的官員擬好的案卷文書。詣，到。
㊈**卷其前**　捲起文卷前面的部分。
㊉**鉗以左手**　用左手夾著。鉗，音ㄑㄧㄢˇ，夾持。
⑪**右手摘紙尾**　用右手指著文卷末尾署名的地方。摘，揀，取一點。
⑫**鴈鶩行以進**　比喻送公文的府吏像鴈和鴨子一般搖搖擺擺地，來到縣丞的面前。行，音ㄏㄤˊ。
⑬**平立**　並排站著。
⑭**睨**　音ㄋㄧˋ，斜視，不恭敬之意。
⑮**當署**　應當署名。
⑯**涉筆占位**　指縣丞動筆看準適當的地方，簽上自己的名字。涉筆，動筆，占，視。位，署名的位置。
⑰**目吏**　目視府吏的臉色。

⑱ **得**　即要得，可以。

⑲ **則退**　指府吏抱著縣丞署名的文卷退出。

⑳ **不敢略省**　言縣丞不敢稍微察看一下公文的內容。略，大略，稍微。省，察看。

㉑ **漫**　茫然。

㉒ **諺數漫必曰丞**　言一般人談論政府閒散的官員，必定以縣丞爲例。諺，俗語。數，計算。漫，散漫，閒散。

㉓ **訾謷**　音ㄗˇ ㄠˊ，誹謗。

㉔ **丞之設豈端使然哉**　是說縣丞一職的設置，難道本意就是如此嗎？端，本來。使然，就是要這樣。

㉕ **博陵崔斯立**　博陵，郡名，今河北定縣。崔斯立，字立之，元和十年（八一五）任藍田縣丞。

㉖ **種學績文**　此處用耕田織布作喻，言崔斯立學習勤奮，文才卓異。

㉗ **泓涵演迤**　是說崔斯立的學養，宏深廣闊。泓涵，宏深涵蓄。演迤，源流綿長。迤，音一ˇ。

㉘ **日大以肆**　形容崔斯立的學識，每天都有很多進益。大，增長。肆，擴延。

㉙ **貞元**　唐德宗年號。

㉚ **挾**　倚仗，懷抱。

㉛ **戰藝於京師**　言以文才與其他士子競爭較量。指在京師應進士試。

㉜ **再進再屈千人**　此指崔斯立才華出衆，於貞元四年、六年先後兩次應試，中進士及博學宏詞科。屈，折服。

㉝ **元和**　唐憲宗年號。

㉞ **以前大理評事言得失黜官二句**　指崔斯立以前任大理寺評事，由於言朝政得失被貶，經兩次遷謫後任藍田縣丞。

㉟ **官無卑**　言官無尊卑之分。

㊱ **顧材不足塞職**　只是材力不足以盡職。顧，只是。塞職，稱職。

㊲ **噤**　閉口不言，借指無事可做。

㊳ **余不負丞而丞負余**　言我原想作一名稱職的官吏，不辜負縣丞的職位；可是縣丞的職位，卻使人無事可做，實在辜負了我的初衷。

㊴ **枿去牙角**　去掉枝頭的嫩芽。借喻崔斯立去掉行爲上的鋒芒稜角。枿，同櫱，樹木嫩芽，此處作動詞用，斷絕之意。牙角，鋒芒。

㊵ **一躡故跡**　完全按照歷屆縣丞的陳規舊矩辦事。躡，踏。故跡，舊足跡。

㊶ **破崖岸**　和「枿牙角」意同，指崔斯立去除自己原先高傲的性格。崖岸，高峻的山崖，堤岸。

㊷ **故有記**　原有廳壁記。

㊸ **易桷**　更換房子的椽（音ㄔㄨㄢˊ）子。桷，音ㄐㄩㄝˊ，方形的椽子。

㊹ **墁治壁**　修整粉刷牆壁。墁，粉刷牆壁的抹子。

㊺ **鉅竹千梃**　大竹千株。梃，計量單位，猶株。

㊻ **儼立若相持**　指老槐與鉅竹儼然相持。

㊼ **水㶁㶁循除鳴** 㶁㶁，流水聲。循，順著。除，庭前的臺階。㶁，音ㄍㄨㄛˊ。

㊽ **痛掃漑** 盡情地把庭屋清掃洗滌乾淨。痛，極言徹底。掃漑，打掃洗滌。

㊾ **哦** 吟哦，這裏指吟詩。

㊿ **子姑去** 你姑且走開。

(五一) **考功郎中** 官名，掌理文武官員考績事項。

(五二) **知制誥** 官名，掌理起草詔命。

【賞 析】

壁記是嵌在牆上的碑誌，記敍歷屆官員官職的等級及其遷授始末；最初設於朝廷的官署，後來逐漸沿及於各府州縣。按照常例，這是一篇敍寫制度，謳歌政績的應酬文字，而韓愈卻巧妙地突破陳套，不蹈襲舊例，不敷衍應酬，而是面對現實，暴露黑暗，爲縣丞鳴不平。明唐順之《文編》說此文「但說斯立不得盡職，更不說起記壁之意，亦變體也」。

本文在寫作藝術上，最爲突出、最爲成功的一點，是運用小說技巧刻畫人物形象。通過人物的言談舉止，深刻地揭示其內心世界。比如描寫府吏抱著文卷讓縣丞簽字的情況說：「文書行，吏抱成案詣丞；卷其前，鉗以左手，右手摘紙尾，鴈鶩行以進，平立，睨丞曰：『當署。』丞涉筆占位，署惟謹。目吏問可不可。吏曰：『得。』不敢略省，漫不知何事。」這一段描寫，把府吏與縣丞雙方的處境和內心活動刻畫得唯妙唯肖。

看文中對府吏的描繪：是「鴈鶩行以進。」形容他們像大鴈、像野鴨一樣，排著隊，一個挨一個地來見縣丞；表面看來是畢恭畢敬，其實，他們是在文書卽將發出前，抱著已經決定了的案卷來找縣丞的；縣丞對文書內容毫無改變的權利，有的，僅只簽押而已。所以這些府吏根本不把縣丞放在眼裏，當成上司看待。

看府吏手持文書的架式：他們先把文書的上半捲起來，用左手夾住；右手拉著末端，準備讓縣丞簽署的地方，這哪裏有一點請示上級的樣子？簡直像大堂前讓犯人簽押畫供！

看府吏的神態：府吏們並排直立，站在縣丞的對面，斜著眼看他。這種輕蔑的眼神，暴露了他們對縣丞絲毫不放在眼裏。因此，表面上故做恭敬的姿態，就顯得更加虛僞了。

還有府吏們的語言：簽字之前說：「當署，」簽好之後說：「得，」揣其語氣，近乎上級命令下級的口胳。而反觀縣丞的舉止，卻小心翼翼，十分謹愼。府吏讓他簽字，他就提筆和墨在適當的位置上署名，旣簽之後，也不敢對文書的內容細節，做進一步的審閱，只要府吏說行，他就完成了任務。深刻反映了有職無權的縣丞，其內心的隱忍和無奈。

再如對崔斯形象的描繪，也寫得細膩而成功。先說他「種學績文」，兩次京試，均高居榜首，一度仕途順利，總因年輕氣盛，恃才傲物，後來連連碰壁，才磨盡稜角，入俗隨流。作者接連兩次寫了他內心的獨白。一次說：「官無卑，顧材不足塞職。」他以爲官無分地位高低，只怕材能不能勝任。可見他雖貶爲縣丞，但內心還迫切希望有所作爲。又一次寫他的內心獨白說：「丞哉丞哉！余不負丞，而丞負余。」這是經過無數挫折後的心理掙扎，發出激情而悲憤的慨嘆！他無所事事，最後作者再深入描述他的日常生活，說：「斯立痛掃溉，對樹二松，日哦其間，有問者，輒對曰：『余方有公事，子姑去。』」他每天在庭院裏盡情地掃地澆花，面對著老松翠竹，把吟哦詩句當成例行公事。有人找他時，他總是說：「我正有公事，你暫且去吧！」把一個無法發揮作用的封建官僚機構，和一個才富學飽，滿腔熱血的崔斯立，既進行無情揭發和譏訕，又表達了無限的同情和鳴冤。

通觀全篇不到五百個字，用的多是曲筆和暗示。作者抓住崔斯立這個人物，以小說家的技巧，把他層針密縷的加以描摹，而當時的文士遭遇，人情勢利，官場積弊，縣政廢弛等這些複雜的問題，皆有若隱若現，旁敲側擊之妙。錢基博《韓愈志》說：「寥寥短章，考健簡明，憤激而出以詼諧，感慨而雜以蕭閑，命意最曠而逸，得司馬子長之神髓矣。」

(三) 張中丞(一)傳後敘

首段敘明寫作本文的緣起，尚恨（張巡傳）有闕者。

元和二年(二)四月十三日夜，愈與吳郡張籍(三)閱家中舊書，得李翰所爲張巡傳(四)。翰以文章自名(五)，爲此傳頗詳密；然尚恨有闕者(六)，不爲許遠(七)立傳，又不載雷萬春(八)事首尾。

二段爲許遠辯當時之誣。其中又分二層：一、爲巡死而遠就虜，疑其畏死而服賊；二、爲遠與巡分城而守，城之陷自遠所分始，以此詬遠。

遠雖材若不及巡者，開門納巡，位本在巡上(九)，授之柄而處其下(一〇)，無所疑忌，竟與巡俱守死，成功名，城陷而虜，與巡死先後異耳。兩家子弟(一一)材智下，不能通知二父志(一二)，以爲巡死而遠就虜，疑畏死而辭服(一三)於賊。遠誠畏死，何苦守尺寸之地，食其所愛之肉(一四)，以與賊抗而不降乎？當其圍守時，外無蚍蜉蟻子(一五)之援，所欲忠者，國與主耳，而賊語以國亡主滅。遠見救援不至，而賊來益衆，必以其言爲信。外無待而猶死守，人相食且盡，雖愚人亦能數日而知死處(一六)矣；遠之不畏死亦明矣。烏有城壞，其徒(一七)俱死，獨蒙愧恥求活？雖至愚者不忍爲。嗚呼！而謂遠之賢而爲之邪？說者又謂遠與巡分城而守(一八)，城之陷自遠所分始，以此詬(一九)遠，此又與兒童之見無異。人之將死，其藏腑(二〇)必有先受其病者(二一)；引繩而絕之，其絕必有處。觀者見其然，從而尤之(二二)，其亦不達於理矣。小人之好議論，不樂成人之美，如是哉！如巡、遠之所成就，如此卓卓㉓，猶不得免，其他則又何說！

三段論辯巡、遠二人死守睢陽之功。

當二公之初守也，寧㉔能知人之卒不救㉕，棄城而逆遁㉖？苟此不能守，雖避之他處何益？及其無救而且窮㉗也，將㉘其創殘餓羸之餘㉙，雖欲去㉚，必不達。二公之賢，其講㉛之精矣。守一城，捍天下，以千百就盡㉜之卒，戰百萬日滋㉝之師，蔽遮江、淮，沮㉞遏其勢。天下之不亡，其誰之功也？當是時，棄城而圖存者，不可一二數㉟；擅㊱彊兵，坐而觀者，相環㊲也。不追議此，而責二公以死守，亦見其自比㊳於逆亂，設淫辭而助之攻㊴也。

四段寫南霽雲在張巡影響下，不降賀蘭，不屈於敵的高風亮節。

愈嘗從事於汴、徐二府㊵，屢道於兩州間，親祭於其所謂雙廟㊶者。其老人往往說巡、遠時事。云：南霽雲㊷之乞救於賀蘭㊸也，賀蘭嫉巡、遠之聲威功績出己上，不肯出師救。愛霽雲之勇且壯，不聽其語，彊留之，具食與樂㊹，延霽雲坐。霽雲慷慨語曰：「雲來時，睢陽之人不食月餘日矣。雲雖欲獨食，義不忍；雖食，且不下咽。」因拔所佩刀，斷一指，血淋漓，以示賀蘭。一座大驚，皆感激㊺，爲雲泣下。雲知賀蘭終無爲雲出師意，即馳去。將出城，抽矢射佛寺浮屠㊻，矢著其上甎半箭㊼，曰：「吾歸破賊，必滅賀蘭，此矢所以志㊽也。」愈貞元㊾中過泗州㊿，船上人猶指以相語：「城陷，賊以刃脅降巡。巡不屈，即牽五段借張籍之口，並通過于嵩的反映，以見張巡博聞强記，與士卒同甘共苦。許遠寬厚長者，以及與張巡的關係。

去，將斬之。又降霽雲，雲未應。巡呼雲曰：『南八(五一)，男兒死耳，不可爲不義屈。』雲笑曰：『欲將以有爲也；公有言，雲敢不死？』卽不屈。」

張籍曰：「有于嵩(五二)者，少依於巡(五三)。及巡起事(五四)，嵩常在圍中。籍大曆(五五)中於和州烏江縣(五六)見嵩，嵩時年六十餘矣，以巡初嘗得臨渙縣尉(五七)，好學，無所不讀。籍時尚小，粗問巡、遠事，不能細(五八)也。云：『巡長七尺餘，鬚髯若神。嘗見嵩讀《漢書》(五九)，謂嵩曰：「何爲久讀此？」嵩曰：「未熟也。」巡曰：「吾於書讀不過三徧，終身不忘也。」因誦嵩所讀書，盡卷，不錯一字。嵩驚，以爲巡偶熟此卷，因亂抽他帙以試，無不盡然。嵩又取架上諸書，試以問巡，巡應口誦無疑。嵩從巡久，亦不見巡常讀書也。爲文章，操紙筆立書，未嘗起草。初守睢陽時，士卒僅(六〇)萬人，城中居人戶亦且數萬，巡因一見(六一)問姓名，其後無不識者。巡怒，鬚髯輒張。及城陷，賊縛巡等數十人坐；且將戮，巡起旋(六二)。其衆見巡起，或起或泣。巡曰：「汝勿怖，死，命也！」衆泣不能仰視。巡就戮時，顏色不亂，陽陽(六三)如平常。遠寬厚長者，貌如其心。與巡同年生，月日後於巡，呼巡爲兄，死時年四十九。』」

「嵩，貞元初死於亳、宋(六四)間。或傳嵩有田在亳、宋間，武人奪而有之。嵩將詣州訟理(六五)，爲所殺。嵩無子。」張籍云(六六)。

文末對于嵩其人再作進一步交代。

【解　題】

徐師曾《文體明辨》云：「《爾雅》：序，緒也，字亦作敍。言其善敍事理，次第有序，若絲之緒也。其爲體有二：一曰議論，二曰敍事。」韓愈這篇後敍，則是議論與敍事兼而有之。方望溪說：「本文前三段乃議論，不得曰『記張中丞遺事』，後二段敍事，不得曰『讀張中丞傳』，故標以〈張中丞傳後敍〉」。

本文是針對李翰所作〈張巡傳〉進行補充並發表評論，所以應以駁辯爲主。蓋唐「安史之亂」，死守睢陽的名臣張巡、許遠阻止叛軍侵掠江、淮，因而江淮財富得以接濟軍用，這對安定軍心，興復唐室，功績莫大。可是有些文臣武將嫉妒他們的貢獻，於是造謠中傷；指責他們死守睢陽爲不智，又誣許遠於城陷時失職，以及最後投降等。張巡友人李翰激於義憤，寫了篇〈張中丞傳〉，上呈肅宗，辨明事實眞相。數十年後，韓愈讀其文，亦深表同情；同時認爲他所反映的還不够全面，爲了進一步澄淸是非，表彰忠義，才寫了本文。

本文作於唐憲宗元和二年（八〇七），韓愈時任國子博士，年四十歲，這是他傳記文中的力作。議論處理直氣壯，令人心折；記敍處生動活潑，神情逼眞。全篇正氣貫穿，渾然一體。論者都以其筆力跌宕俊邁，可以和史馬遷《史記》列傳及論贊媲美。

【注　釋】

㈠　**張中丞**　即張巡（七〇九～七五七）鄧州南陽（今河南省南陽縣）人，玄宗開元末進士。安祿山叛唐時，巡任眞源縣（今河南省鹿邑縣）令，起兵抗敵，大小百戰，卓著戰功。肅宗至德二年（七五七）正月，安慶緒部將尹子奇率大軍三十萬攻睢陽，太守許遠請張巡入城主持防務，巡帶三千士兵入城，與許遠共守睢陽。自正月至十月，糧盡援絕，睢陽終於失守。他和部下南霽雲、雷萬春等三十六位將領同時殉國。中丞，即御史中丞的簡稱，張巡守睢陽時，朝廷授予此職。

㈡ **元和二年**　元和，唐憲宗年號，二年，即西元八〇七。

㈢ **吳郡張籍**　吳郡，即唐蘇州（今江蘇省吳縣）之舊稱。張籍，字文昌，和州烏江（今安徽省和縣）人，此稱吳郡，係指其郡望。

㈣ **李翰所爲張巡傳**　李翰，唐趙州贊皇（今河北省贊皇縣）人，開元進士，曾任史官。張巡守睢陽時，翰亦在城中。張巡殉難後，傳說以爲巡降賊，翰激於義憤，撰張巡傳，爲之辯誣。

㈤ **自名**　自許，自負。

㈥ **闕者**　遺漏的地方。

㈦ **許遠**　唐杭州鹽官（今浙江省海寧縣）人，中宗景龍三年（西元七〇九年）生。長於治軍。安祿山反，玄宗任其爲睢陽太守兼防禦使，後城陷，被賊移送洛陽，不屈而死。

㈧ **雷萬春**　許遠偏將，勇敢善戰，睢陽城破時被殺。前人疑雷萬春係南霽雲之誤，因本文前半記張巡、許遠；後半附南霽雲事，並未涉及雷萬春故也。

㈨ **位本在巡上**　許遠的職位本在張巡之上。許遠時任睢陽太守，爲一郡行政最高長官；張巡當時是眞源縣令，爲一縣之長。

㈩ **授之柄而處其下**　柄，指權力。此指許遠將軍權讓予張巡，自願屈居其下。

⑪ **兩家子弟**　指張巡之子去疾與許遠之子許峴（音ㄒㄧㄢˋ）。

⑫ **不能通知二父志**　此指張去疾上書責許遠意志不堅，詔令許峴及百官共議其是非之事。通知，完全了解。二父志，兩家父親的心意。

⑬ **辭服**　卑辭請降。

⑭ **食其所愛之肉**　睢陽被圍時，城內糧食斷絕，士兵多餓死，許遠親殺奴僕，以供兵食。

⑮ **蚍蜉蟻子**　蚍蜉，音ㄆㄧˊ ㄈㄨˊ，黑色大螞蟻；蟻子，小螞蟻。比喻力量微薄。

⑯ **數日而知死處**　言計算著日期就知道要死的地方。

⑰ **其徒**　指一同守城的人。

⑱ **分城而守**　當時張巡守東北，許遠守西南。

⑲ **詬**　責罵。

⑳ **藏腑**　藏，音ㄗㄤˋ，同臟。藏腑，體腔內各器官之總稱，如五臟六腑。五藏，即心、肝、肺、脾、腎。六腑，即膽、胃、大腸、小腸、膀胱、三焦。

㉑ **先受其病**　先得病的地方。

㉒ **從而尤之**　就此加以埋怨。從，就也；尤，責備、埋怨。此連同上數句看，均在用以比喻攻擊許遠防守不力。

㉓ **卓卓**　超越。

㉔ **寧**　猶云「豈」。

㉕ **卒不救**　最終沒有救援。

㉖ **逆遁**　即預測到吉凶而事先轉移。逆，預測，遁，逃走，轉移。

㉗ **無救而且窮**　言沒有救援而處境困難到極點。

㉘ **將**　音ㄐㄧㄤˋ，率領。

㉙ **創殘餓羸之餘**　指受傷、殘廢、飢餓、瘦弱、剩餘之少數士兵。創，音ㄔㄨㄤ，傷也。羸，音ㄌㄟˊ，瘦弱。

㉚ **去**　意即撤退。

㉛ **講**　意謂謀議。

㉜ **就盡**　將盡。

㉝ **日滋**　日漸增多。

㉞ **沮**　音ㄐㄩˇ，阻止也。

㉟ **不可一二數**　言其多。

㊱ **擅**　專也。此處作「擁有」解。

㊲ **相環**　環，圍繞四周。時睢陽城內守兵僅六百人，而屯兵於周圍者如臨淮賀蘭進明、譙郡許叔翼、彭城尚衡等，皆擁重兵不救。

㊳ **比**　音ㄅㄧˋ，朋比、阿附。

㊴ **設淫辭而助之攻**　言這些歪曲事實的流言，等於幫助叛逆作亂的人來攻擊張巡、許遠。淫辭，誇張

不實的言論。

(四〇) **從事於汴徐二府** 從事，任職、服務。言曾任二州的幕府。韓愈初在汴州（今河南省開封縣）宣武節度使董晉幕府任觀察推官；晉死後，至徐州（今江蘇省銅山縣）任武寧節度使張建封之節度推官。

(四一) **雙廟** 當時有詔追贈張巡爲揚州大都督，許遠爲荆州大都督，並在睢陽建廟，歲時祭祀，號稱「雙廟」，又名「雙忠廟」。

(四二) **南霽雲** 唐魏州頓丘（今河北省淸豐縣西南）人。少微賤，爲人操舟。安祿山反，雲隨鉅野縣尉張沼起兵討賊，拔以爲將。後又隨尙衡任先鋒，奉命至睢陽商議軍事，深佩張巡開誠佈公，遂留睢陽協防。城破時，與張巡同時殉難。《新唐書》有傳。

(四三) **賀蘭** 卽賀蘭進明，時爲河南節度使，帶重兵駐紮臨淮（今安徽省盱眙縣西北）。

(四四) **具食與樂** 準備酒食與樂舞。

(四五) **皆感激** 皆感動。

(四六) **佛寺浮屠** 浮屠，佛塔，佛家梵語之音譯，又作浮圖、佛圖。

(四七) **矢著其上甎半箭** 言箭射中佛塔上的甎，陷進去半截。著，射中。

(四八) **志** 通作誌，記號之意。

(四九) **貞元** 唐德宗年號（西元七八五——八〇四年）。

(五〇) **泗州** 唐代泗州州治在臨淮。時爲賀蘭進明駐地。

(五一) **南八**　南霽雲排行第八，故稱南八，表示親切。

(五二) **于嵩**　人名，事迹不詳。

(五三) **少依於巡**　年輕時就跟隨著張巡。

(五四) **起事**　指起兵討伐安史叛軍。

(五五) **大曆**　唐代宗年號（西元七六六——七七九年）。

(五六) **和州烏江縣**　即今安徽省和縣東北的烏江浦，張籍的故鄉。

(五七) **以巡初嘗得臨渙縣尉**　臨渙縣，故城在今安徽省宿縣西南的臨渙集。尉，官名，負責捕捉盜賊。言于嵩因隨從張巡殺賊有功，當初受封擔任臨渙縣縣尉。

(五八) **細**　詳細、具體。

(五九) **漢書**　我國史學名著之一，東漢班固撰。內容記載由漢高祖起至王莽敗亡止，其間共二百二十九年（西元前二〇六——西元二三年）之史實。分十二紀、八表、十志、七十列傳，共百卷。

(六〇) **僅**　唐人文章中，「僅」字相當於庶幾之「幾」字。幾，接近之意。

(六一) **因一見**　憑見一次面。因，憑藉。

(六二) **起旋**　起身小便。一說起身環顧四周。此二說均有依據。

(六三) **陽陽**　神色自若，安詳鎮定之意。

(六四) **亳宋**　亳，音ㄅㄛˋ，即亳州（今安徽省亳縣）；宋，宋州，即睢陽（今河南省商邱縣）。

(六五) **訟理**　向官府提出訴訟，請其判決是非曲直。

㊅　**張籍云**　言最後一段仍引用張籍之說，故標明「張籍云」，作爲交代。

【賞　析】

議論和敍事，是本文突出的寫作特點。前半雖重議論，但議論中時而穿插敍述；後半雖重敍事，但敍事中又有議論。可以說通篇夾敍夾議，而且兩者密切接合，神氣流注，章法渾然天成。此外，作者於行文運思過程中，有以下幾個特色值得注意。

第一、人物刻畫，十分生動：本文題爲〈張中丞傳後敍〉，但實際描繪的人物不只張巡一個人。作者在議論中，塑造了不忌才，能謙沖自牧；無外援，猶堅決抗敵，寧戰死，捍衞江淮的睢陽太守許遠。在典型事件的敍述中，描繪了大將南霽雲既勇且壯，大義凜然的感人形象。借張籍的口述，刻畫了張巡臨難不懼，從容就義，可歌可泣的事迹。雖然他們身份不同，寫法各異，但均以守衞睢陽城爲主線，將他們串連在同一個人生舞臺上，扮演著各自不同的角色，讓讀者在這裏可以聽到他們的對話，感到他們跳動的脈膊。

第二、選材方面，恰如其分：如寫南霽雲，挑選了他「乞救援兵」這一主要事件中的表現。雖然著墨不多，但其義憤塡膺的形象，卻躍然紙端。寫張中丞，只選了他與于嵩談讀書、背誦，這個博聞強記，無關緊要的小事。可是由這個典型小事，充分顯示張巡超人的才智和記憶力。正因爲作者挑選的都是日常瑣細，所以讀來能給人以親切之感。

第三、語言方面，採取對話方式：韓愈在寫作本文時，非常著重人物的對話。這樣不僅文字簡練生動，且避免了冗長而靜態的描述。例如寫南霽雲死前和張巡的對話，只一句：「欲將以有爲也，公有言，雲敢不死？」把南八將軍視死如歸的凜然正氣，刻畫得如在目前。寫張巡就義前的話語，是「汝勿怖，死，命也！」神態是「顏色不亂，陽陽如平常。」讀者至此，定會情不自禁的肅然起敬。寫許遠，只說他是「寬厚長者，貌如其心，」雖無對話，而其具體形象，已經如臨左右，維妙維肖了。

第四、資料方面，搜集詳備：作者在寫作本文之前，對於史實的發生和過程，做了大量搜集工作。有來自有來自舊書者，如：「元和二年四月十三日夜，愈與張籍閱家中舊書，得李翰所爲〈張巡傳〉」。有來自故舊遺老之說者，如文中所寫：「愈嘗從事於汴、徐二府，屢道於兩州間，親祭於其所謂雙廟者，其老人往往說巡、遠時事云」。又有來自張籍同鄉于嵩者。或爲舊文，或爲口述，或爲親身考察，由於他掌握了大量資料，才能做進一步精心地篩選，寫出內容豐富、組織嚴密的作品。

本文先破後立，主旨鮮明，情、景、理三者密切融合，議中有敍，敍中有議，前後渾然一體。文字酣暢，跌宕生姿，深得司馬遷風神。尤其在補記載之闕漏，暴赤心之英烈，眞是義薄雲天，光爭日月，千載之下，猶能動人心魄。

(四) 毛穎傳

首段歷敘毛穎的家族。

毛穎者，中山㊀人也，其先明眎㊁，佐禹治東方土㊂，養萬物有功，因封於卯地㊃，死為十二神㊄。嘗曰：「吾子孫神明之後㊅，不可與物同，當吐而生㊆」，已而果然。明眎八世孫䨲㊇，世傳當殷時，居中山，得神仙之術，能匿光㊈使物㊉，竊姮娥⑪，騎蟾蜍入月⑫，其後代遂隱不仕云。居東郭者曰㕙⑬，狡而善走⑭，與韓盧⑮爭能，盧不及⑯。盧怒，與宋鵲⑰謀而殺之，醢其家⑱。

次段敘取毫為筆的過程。

秦始皇時，蒙將軍恬⑲南伐楚⑳，次㉑中山，將大獵以懼楚㉒，召左右庶長與軍尉㉓以連山㉔筮㉕之，得天與人文之兆㉖。筮者賀曰：「今日之獲㉗，不角不牙㉘，衣褐之徒㉙，缺口㉚而長鬚，八竅㉛而趺居㉜，獨取其髦㉝，簡牘是資㉞，天下其同書㉟，秦其遂兼諸侯乎！」㊱遂獵，圍毛氏之族，拔其豪㊲，載穎㊳而歸，獻俘於章臺宮㊴，聚其族而加束縛焉㊵。秦皇帝使恬賜之湯沐㊶，而封諸管城㊷，號曰管城子，日見親寵任事㊸。

三段撮舉毛穎的為人、舉止與能力。

穎為人，強記㊹而便敏㊺，自結繩之代㊻，以及秦事，無不纂錄㊼。陰陽、卜筮、占相、醫方、族氏、山經、地志、字書、圖畫、九流、百家、天人之書

(四八)，及至浮圖、老子、外國之說(四九)，皆所詳悉(五〇)。又通於當代之務(五一)，官府簿書(五二)，市井貨錢注記(五三)，惟上所使(五四)。自秦皇帝及太子扶蘇、胡亥(五五)，丞相斯(五六)、中車府令高(五七)，下及國人，無不愛重。又善隨人意，正直、邪曲(五八)、巧拙(五九)，一隨其人(六〇)；雖見廢棄，終默不洩(六一)。惟不喜武士(六二)，然見請，亦時往(六三)。

四段因筆而旁及紙墨硯之物。

累拜中書令(六四)，與上益狎(六五)，上嘗呼爲「中書君」。上親決事(六六)，以衡石自程(六七)，雖宮人不得立左右，獨穎與執燭者常侍(六八)。上休方罷。穎與絳人(六九)陳玄(七〇)，弘農陶泓(七一)，及會稽褚先生(七二)友善(七三)，相推致(七四)，其出處必偕(七五)。上召穎，三人者不待詔，輒俱往，上未嘗怪焉。

五段敘筆之廢退。

後因進見，上將有任使(七六)，拂拭(七七)之，因免冠謝(七八)。上見其髮禿(七九)，又所摹畫不能稱上意(八〇)，上嘻笑曰：「中書君老而禿，不任吾用，吾嘗謂君中書，君今不中書邪」(八一)？對曰：「臣所謂盡心(八二)者」。因不復召(八三)，歸封邑，終于管城。其子孫甚多，散處中國夷狄，皆冒管城(八四)，惟居中山者能繼父祖業。

結尾仿《史記》筆法，以太史公之言進行評論，感喟無端，頓挫有節。

太史公曰(八五)：毛(八六)氏有兩族：其一姬姓，文王之子，封於毛，所謂魯、衞、毛、聃(八七)者也；戰國時，有毛公、毛遂(八八)；獨中山之族，不知其本所出，子孫最爲蕃昌(八九)。春秋之成，見絕於孔子(九〇)，而非其罪(九一)。及蒙將軍拔中山之豪，始皇封諸管城，世遂有名，而姬姓之毛無聞。穎始以俘見(九二)，卒見任使，秦之滅諸侯，穎與有功。賞不酬勞(九三)，以老見疎(九四)，秦眞少恩(九五)哉！

【解題】

這是一篇寓言，韓愈運用擬人手法爲毛筆的發明、應用和傳播，寫了這篇傳記，爲韓愈在古文運動中的獨特創作。

毛，指兎毛，穎，尖端的意思，毛穎卽毛筆頭，所以把它用作毛筆的姓名，並廣泛搜集有關兎子，毛筆的種種神話和傳說，歷史故事，加以剪裁鎔鑄，然後再溶入自己的奇思妙想，爲毛筆鋪敍成這樣一篇栩栩如生的畫像。

文中先敍毛穎的家族世系，再敍他以俘虜身份進入宮廷服務，深得皇帝信任，升爲中書令；最後因年老頭禿，而被疏遠。整篇內容都在揭示它發明製造的過程，和對人類文化發展上的鉅大貢獻。行文神情莊重，情趣橫生。筆墨雖出諸遊戲，但實有深刻的寓意。

柳宗元在〈讀毛穎傳後記〉和〈與楊誨之書〉中，一再推崇這篇文章。李肇《唐國史補》說：「沈旣濟撰〈枕中記〉，莊生寓言之類；韓愈撰〈毛穎傳〉，其文尤高，不下史遷。二篇眞良史才也。」近代林紓《韓柳文研究法》說：「〈毛穎傳〉爲千古奇文。……文近《史記》，然終是昌黎眞面目，不曾片語依傍《史記》」。評價皆十分允當。

【注釋】

㈠ **中山** 山名，又名獨山，在今江蘇溧水縣。唐李吉甫《元和郡縣志》云：「江南道宣州溧水縣，中山在縣東南一十五里，出兎毫，爲筆精妙。」

㈡**其先明眂**　先，指先世。明眂，兎的別名。眂同視。《禮記・曲禮下》：「兎曰明眂。」孔穎達疏：「兎肥則目開，而視明也。」

㈢**佐禹治東方土**　佐，輔助，禹，夏禹。東方土，古代以十二地支劃分方位，東方是卯位。所以下文說：「封於卯地」。

㈣**封於卯地**　卯，十二地支之四，東方屬卯位，故稱「封於卯地。」卯，卽兎。

㈤**十二神**　卽十二生肖，如子鼠、丑牛、寅虎、卯兎等，兎爲其中之一，故稱。

㈥**神明之後**　卽神靈之後。

㈦**吐而生**　舊時傳說兎從口中吐出子兎。王充《論衡・奇怪》：「兎吮毫而懷子，及其生子，從口而出。」

㈧**㲋**　音ㄋㄡˋ，兎子的別名。《廣雅・釋獸》：「㲋，兎子也。」

㈨**匿光**　隱匿光亮，卽隱身之術。

㈩**使物**　運用法術支使其他鬼物。

⑪**姮娥**　也作「恒娥」，卽嫦娥。《淮南子・覽冥》：「羿請不死之藥於西王母，恒娥之竊以奔月。」姮娥，羿妻。古代傳說恒娥偸食不死之藥，奔入月宮，不聞兎竊姮娥事，應是作者想像之詞。姮，音ㄏㄥˊ。

⑫**騎蟾蜍入月**　蟾蜍，音ㄔㄢˊ ㄔㄨˊ，卽癩蝦蟆。古代傳說，月中有兎和蟾蜍，故詩人多有吟詠。兎騎蟾蜍入月，應是作者虛構。

㉓ **居東郭者曰㕙** 居住東門外的名㕙。㕙，音ㄐㄩㄣˋ，狡兔名。相傳爲齊國的狡兔。

㉔ **狡而善走** 狡，健捷。善走，據說㕙一日能走五百里。

㉕ **韓盧** 古代韓國名犬。《戰國策・齊策》：「韓子盧者，天下之疾犬也，韓子盧逐東郭㕙，環山者三，騰山者五，兔極於前，犬廢於後。」

㉖ **不及** 追不上。

㉗ **宋鵲** 古代宋國良犬，色黑而善走。《博物志》卷四：「宋有駿犬曰鵲。」

㉘ **醢其家** 把東郭㕙的家族剁成肉醬。這是作者的虛構。醢，音ㄏㄞˇ，古代一種酷刑。把人殺死後剁成肉醬。此處作動詞用。

㉙ **蒙恬** 秦國名將，相傳筆爲蒙恬所造。

㉚ **南伐楚** 秦始皇十九年滅趙，二十一年伐楚。

㉛ **次** 止，停留。

㉜ **將大獵以懼楚** 言要利用大規模狩獵所造成的聲勢，使楚國恐懼。

㉝ **左右庶長與軍尉** 秦制，爵位分二十級，左庶長爲十級，右庶長爲十一級。軍尉，本晉國官名，指中下級軍官。

㉞ **連山** 三易之一，三易爲《連山》、《歸藏》、《周易》，古代講占卜的書。《連山》第一篇是艮卦，艮，象徵山，故名。

㉟ **筮** 古代用蓍草占卜吉凶的方法，此處用作動詞。

(二六) **得天與人文之兆**　是說從卦兆裡看，是上天幫助人們發展文明，天，持天文。與，幫助。人文，指人事。兆，徵象，這裏指卦兆。

(二七) **獲**　指獲獵之物。

(二八) **不角不牙**　指兔子沒有尖銳的角和鋒利的牙齒。

(二九) **衣褐之徒**　穿着粗布麻衣的人。兔有毛，因此說「衣褐」。

(三〇) **缺口**　兔上唇有缺口，今稱人上唇有缺口的叫「兔唇」。

(三一) **八竅**　《**埤雅**》卷三：「咀嚼者九竅而胎，獨兔雌雄八竅。」古人不明動物生理，故有此說。

(三二) **趺居**　卽趺坐，兩腳交結而坐。趺，音ㄈㄨ。

(三三) **髦**　音ㄇㄠˊ，毛中的長毫。

(三四) **簡牘是資**　是說依靠毛筆，才能在簡牘之上寫字。簡，竹片，牘，木片，資，依賴。

(三五) **同書**　指秦始皇統一文字，有書同文之意。

(三六) **秦其遂兼諸侯乎**　言看來秦國一定要剷平諸侯，統一六國了。兼，併吞。

(三七) **豪**　良兔，指毛氏族中之大者。豪，同毫，語意雙關。

(三八) **穎**　卽毛穎。

(三九) **章臺宮**　秦都咸陽的宮名。

(四〇) **聚其族而加束縛焉**　族，類。束縛，捆綁，指製作毛筆時先把筆頭的毛捆綁好。

(四一) **湯沐**　沐浴。製筆之前，把毫毛用熱水洗淨。

㊷**封諸管城**　喻筆製好後，把它安在筆管上。管城，虛擬的地名，隱指筆，因爲筆桿由竹管製成。

㊸**親寵任事**　親信重用。

㊹**強記**　記憶力很強。指用毛筆書寫的文字，可以永久保存。

㊺**便敏**　方便敏捷，指用毛筆書寫既方便又快捷。

㊻**結繩之代**　是說上古以結繩記事的時代。相傳古無文字，用結繩記事。

㊼**纂錄**　編輯記錄。

㊽**陰陽卜筮占相醫方族氏山經地志字書圖畫九流百家天人之書**　陰陽，研究陰陽律曆之術。卜筮，占卜之法。占相，占視以卜吉凶之事。醫方，醫藥方技之書。族氏，氏族譜系之情。山經，山脈走向之狀。地志，地理方志的書。字書，說文解字的書。圖畫，構圖繪畫的書。九流，儒、道、墨、法、名、陰陽、縱橫、雜、農各學術流派。百家，泛指諸子百家的作品。天人之書，指與天道、人事有關的書。

㊾**浮圖老子外國之說**　浮圖，指佛敎的敎義。老子，指道敎的說法。外國，指其他外國傳來的學說。

㊿**詳悉**　了解得很淸楚。

(五一)**當代之務**　當代的各種事務。

(五二)**簿書**　簿籍、文書之類。

(五三)**注記**　記錄。

(五四)**惟上所使**　是說一切聽皇上的差遣。

(55) **扶蘇胡亥** 扶蘇，秦始皇長子。胡亥，秦始皇少子，卽秦二世。

(56) **丞相斯** 指丞相李斯。斯作《蒼頡篇》。

(57) **中車府令高** 中車府令，秦時官名，掌理皇帝乘輿路車之事，趙高任此職。高作《爰歷篇》。

(58) **邪曲** 不正直。

(59) **巧拙** 精巧與粗拙。

(60) **一隨其人** 指一切隨從主人的意旨。

(61) **雖見廢棄終默不洩** 言有些文件雖然已失效不用，但它終不洩密。

(62) **武士** 指不善於筆墨的軍人。

(63) **見請亦時往** 指武士有時需要用筆書寫時，它亦隨請而往。

(64) **累拜中書令** 連續授予中書省長官之職。中書令，秦時官名，掌管機密並代皇帝草擬詔書，一般行使宰相職權。

(65) **益狎** 更加親近。狎，音ㄒㄧㄚˊ。

(66) **上親決事** 皇帝親自處理政事。

(67) **以衡石自程** 是說給自已定出每天閱讀公文的分量指標。衡，秤。石，音ㄉㄢˋ，重量單位。程，定額。

(68) **常侍** 經常在身邊侍奉。

(69) **絳人** 絳地人，絳，地名，在今山西新絳縣。此地產墨。

(七〇) **陳玄** 玄，黑色，這裡指墨。因墨以陳舊爲貴，故名陳玄。

(七一) **弘農陶泓** 弘農，郡名，在今河南靈寶縣，此地產硯。硯，有用石雕成，也有用陶土製成，故稱陶泓。

(七二) **會稽褚先生** 會稽，郡名，今浙江紹興縣。此地產紙。褚與楮諧音，楮樹皮可以造紙，故稱紙爲褚先生。

(七三) **友善** 友好。

(七四) **相推致** 彼此推崇。

(七五) **出處必偕** 言行止必定在一起。

(七六) **上將有任使** 言皇帝對他將另有委任。

(七七) **拂拭** 原指除去塵垢，在此引申爲器重，提拔。

(七八) **免冠謝** 脫帽謝恩。指摘下筆帽。

(七九) **髮禿** 指筆用久了，毫毛脫落。

(八〇) **稱上意** 符合皇帝的心意。

(八一) **中書不中書** 指書寫時合用不合用之意。

(八二) **盡心** 雙關語。竭盡心力，既說工作鞠躬盡瘁，又說筆心的長毫變禿，不合書寫。

(八三) **不復召** 不再召用。即不再用它書寫。

(八四) **皆冒管城** 謂散任各地的子孫，卻冒稱管城子毛穎的後代，有「強記而便敏」的才能。

㊇㊄ **太史公曰**　本文仿《史記》筆法，故在傳文之末，亦托太史公之言進行評論。

(八六) **毛氏**　周諸侯國名，姬姓，文王子封此，地在今河南省宜陽縣。

(八七) **魯衛毛聃**　周初分封的四個諸侯之國，皆姬姓。

(八八) **毛公毛遂**　毛公，戰國時趙國的隱士，名不詳。毛遂，戰國時趙國人，曾向平原君自薦去說服楚王出兵幫助趙國攻打秦國，立了大功。

(八九) **蕃昌**　蕃衍昌盛，指子孫衆多。

(九〇) **春秋之成見絕於孔子**　言《春秋》這部書完成的時候，毛氏被孔子斷絕關係。相傳魯哀公二十四年西狩獲麟，孔子感嘆：「吾道窮矣！」《公羊傳》何休注：「此亦天告夫子將沒之徵，故云耳。」據說孔子寫《春秋》有「絕筆於獲麟」的話。

(九一) **非其罪**　指非因毛穎本身有甚麼罪過。

(九二) **穎始以俘見**　指毛穎起初是以俘虜的身份進見皇帝的。

(九三) **賞不酬勞**　言獎賞不足以酬謝其功勞。意思是指功勞大，獎賞少。

(九四) **以老見疏**　指毛穎最後因爲「盡心」而「不中書」，被皇帝廢棄不用。

(九五) **少恩**　缺少恩德。

【賞　析】

毛筆是書寫的工具，原本無傳可立，但作者假托毛筆姓毛名穎，根據製筆需兎毛這一點，故意選用我國古代典籍中有關兎子的一些材料，編寫了毛穎的譜系；又根據傳說毛筆的發明者是秦將蒙恬，再聯系毛筆在傳播文化方面的作用，遂洋洋灑灑地鋪敍出毛穎在秦始皇統一六國中的貢獻，進而說他受到秦皇的善遇；然後再借筆毛脫落時被廢棄不用的情形作結，最後爲「太史公曰」，模仿「史記」作者司馬遷的口吻，對毛穎的生平行事作了一番評論。這樣從譜系寫到身世，再加以評論，從這方面看，它與我國史傳的筆法和體制頗爲相合，然而，本文之妙，尙不在此；我認爲至少有以下幾點，值得加以分析：

一、是旁徵博引，敍事皆確鑿有據：譬如文章一開頭說：「毛穎者，中山人也。」乃根據《右軍經》中說趙國平原廣澤無雜木，唯有細草，所以兎肥毫長，製筆最好，可見中山出毛筆之說，其來已久，不是韓愈瞎說胡謅。接著講「其先明眎」，是依據《禮記・曲禮》的記載。「封於卯地，死爲十二神。」是根據漢代以來十二生肖與十二地支相配的說法推演而出的。「當吐而生」是《論衡・奇怪》篇中的說法。關於明眎八世孫䨲「竊姮娥，騎蟾蜍入月」之說，係根據《爾雅・釋獸》篇郭璞注，以及《淮南子・覽冥》訓中，嫦娥奔月的記載。文章結尾部分說：「毛氏有兩族，其一姬姓，文王之子，封於毛，所謂魯、衞、毛、聃者也，」這裏又把聖人的子孫和兎子相提並論。這種言出有據，以實證虛的方法，顯得格外幽默風趣，也增強了文章的感染力。

二、是對毛穎的形象性格描繪得生動貼切：比如寫蒙恬製筆的過程說：「遂獵，圍毛氏之族，拔其豪，載穎而歸，獻俘於章臺宮，聚其族而加束縛焉。秦皇帝使恬賜之湯沐，而封諸管城，號曰管城子，日見親寵任事。」這裏講的「豪」、「湯沐」、「管城」等皆雙關語，表面上敍述的是毛穎被封，本質上是寫製筆的過程。至於寫毛穎的性格時說：「穎爲人強記而便敏，自結繩之代以及秦事，無不纂錄。……又善隨人意，正直邪曲巧拙，一隨其人，雖見廢棄，終默不洩。」表面是講毛穎其人甚麼事都可以寫，甚麼人都可以用，且極力鋪張，簡直把古往今來凡是用文字書寫的東西，幾乎均一一點到，其實是確確實實在描述毛筆的性能。通過這些細致入微的描寫，毛筆的形象和性格更加突出，更具人格化了。

三、是模仿司馬遷《史記》口吻而妙趣橫生：比如《史記・李將軍列傳》說：「李將軍廣者，隴西成紀人也，其先曰李信，秦時爲將，逐得燕太子丹者也。」毛穎傳的開頭用的就是這種模式，中間的敍事方式，也是《史記》中常見的。如他先根據張華《博物志》，崔豹《古今注》中關於「蒙恬造筆」的傳說，記敍了造筆過程，接著根據毛筆的特性，對毛穎的性格、形象作了生動的描繪，繼而又寫到它的朋友「絳人陳玄」「弘農陶泓」以及「會稽褚先生」，然後再記述它年老被棄的凄涼晚景，最後又寫它的後世子孫。這就和〈李將軍列傳〉中的筆調完全一致。特別是篇末論贊「太史公曰」，詞彙口吻與《史記》更十分相似。

四、是寄傷心嘆惋、憤世嫉俗於詼諧滑稽之中：一般而言，詼諧滑稽易流於輕浮，如同有些人說的相聲，不但不能感動聽衆，反而使人聽來，覺得貧嘴或故意搬弄，而產生反感。讀〈毛穎傳〉完全沒有這種感覺。這是因爲它有思想、有感情、有本有源、有血有肉，再加韓愈流暢而深刻的筆觸，幾乎每一個段落，每一言一語，都發人深思，啓人遐想。比如作者寫毛穎受寵時說：「累拜中書令，與上益狎，上嘗呼爲中書君，上親決事，以衡石自程，雖宮人不得立左右，獨穎與執燭者常侍，上休方罷」。和它年老被疏的情景，前後映照，形成鮮明對比。正因爲文中充滿了作者對世態炎涼的人生感嘆，有強烈的愛憎和濃厚的感情色彩，所以它的詼諧滑稽能激起讀者的同情與悲憤，後世雖有人想模仿〈毛穎傳〉作過一些文章，但多數都流於浮滑，是無法和韓愈此文相提並論的。

這篇作品，推陳出新，寓莊於諧的寫法，有人評其「贊論尤高古，直逼馬遷。」又有人說：「傳後論追述毛穎身世，若有餘慨，則眞肖史公矣。」事實上，〈毛穎傳〉在繼承傳統中有拓展，有創新；在選材與立意方面，更和司馬遷有別；至於行文選語，尤見昌黎自家本色。

五、碑祭文的選讀

碑志是一種古老的文體。「自後漢以來，碑碣雲起。」（《文心雕龍・誄碑》）「至漢，杜子夏始勒文埋墓側，遂有墓志，後人因之」。（徐師曾：《文體明辨序說》）可見這種文體在漢代已漸趨成熟。這種文體的主要作用在敍述功德，褒揚忠烈，以便「信今傳後」，即是說，頌死人以諛活人，故當時王公貴族都樂於爲其先人撰寫碑志，於是就形成了碑志文的兩大弊病：一、是虛假，諛死人以欺世；二、是程式化，空泛、板滯，千篇一律。桓範在《世要論・銘誄》中就指出：那些「爵以賂至，官以賄成」的權貴們死後，「門生故吏，合集財貨，刊石紀功，稱述功德，高邈伊（尹）周（公），下陵管（仲）晏（嬰）」，並尖銳地指出其「欺曜當代，疑誤後世，罪莫大焉。」《晉書・裴松之傳》說裴松之曾指出：「勒銘寡取信之實，刊石成虛僞之常。眞假相蒙，殆使合美者不貴。」他曾上表請求禁止立碑。可見，碑志假手文士，潤飾太過，隱惡揚善，是這類文字的通病。

到了六朝，隨著詩賦的駢體化，碑志也駢體化。正如章學誠所說：「六朝駢儷，爲人誌銘，鋪排郡望，藻飾官階，殆於以人爲賦，更無質實之意。」（《文史通義》外篇卷二〈墓志辨例〉）到了盛唐，張說所寫的一些墓志已開始擺脫這種程式，寫得比較自由靈活，如〈貞節君碣〉等，在刻畫人物、描寫事態方面都表現了高度的技巧，但還沒有成爲一種普遍的風氣。一直到了韓愈手裏，這種文體才發生了較大的變化。

韓愈所寫碑志，祭文，現存者不下百篇，占其全部文章的四分之一以上，數量之大，可謂驚人；但其文學成就，也更爲驚人。

從其碑志、祭文的內容來看，其中雖也有爲權貴阿諛、曲諛之作：如《贈工部尙書太原郡公神道碑》，對唐憲宗的舅舅王用的稱譽，《司徒兼侍中中書令贈太尉許國公神道碑銘》中對韓弘的曲諛。但就其總體來看，他爲王侯將相撰的墓誌不多，爲中小官吏、至親好友所撰的墓誌不少；諛墓者不多，有充實內容和眞情實性者不少。韓愈自己在〈題歐陽生哀辭〉中說：「古之道不苟毀譽於人，則吾之爲斯文，皆有實也。」縱觀韓愈的這類文章，可以說，韓愈的話是基本可信的。章學誠說：「昌黎文起八代之衰，大書深刻，羣推韓碑。然諛墓之譏，當時不免。今觀韓集墓誌諸篇，實未嘗有苟譽。惟應酬無實之文，十居其五」。（《文史通義》外編三〈答某友請碑誌書〉）章氏以此言頗爲中肯。吳子良也曾指出：「退之作銘數十，時亦有諷有勸，諒非特虛美而已」。（〈退之作墓誌〉）的確，韓愈的碑誌祭文，基本上做到了「不苟毀譽」，對扭轉寫墓誌一味諛墓的風氣是一個很大的改變。碑誌祭文是韓愈創作中重要組成部分，我們要想了解韓愈的思想、態度、文學主張以及其人品道德，這些作品都是重要依據。

韓愈的碑志祭文之歷來受人稱道，主要原因還在其獨到的藝術手法。他徹底突破了歷來碑祭文字「鋪排郡望，藻飾官階」的成規。起筆不拘於「世系」、「歲月」、「名字」、「爵里」等固定程式，而是根據需要，不斷變化，像〈唐河中府法曹張君墓誌銘〉，開頭卽用很大篇幅寫女奴轉述張圓之妻的話，敍述張圓遇害的事實，而在後邊的銘文中才敍其世系等。他也不拘於碑誌必須有誌、有銘的成例，像〈故太學博士李君墓誌銘〉、〈故貝州司法參軍李君墓誌銘〉等，均有誌無銘；〈盧渾墓誌銘〉、〈試大理評事胡君墓誌銘〉等，均有銘無誌。就碑誌文的篇幅來講，大到像〈曹成王碑〉、〈平淮西碑〉、〈贈太尉許國公神道碑銘〉等，均爲洋洋千言的長篇巨製，而小到像〈盧渾墓誌銘〉，全文不足五十字。銘文的長短亦隨人而異，像〈柳子厚墓志銘〉、〈四門博士周幹妻韓氏墓誌銘〉等銘文均只有十餘字，而〈劉統軍碑〉的銘文則長達近五百字。韓愈不但將六朝的誌文由駢體改爲散體，而且對銘文也有意打破其韻文的體制，隨意變化。其銘文有用四言韻語者，有雖爲四言而不爲韻語者，有用韻與不用韻摻雜者，有的則乾脆用散文，如〈柳子厚墓誌銘〉、〈盧渾墓銘〉等。這些都可以說是碑誌文的變體，章學誠稱韓愈「心識古人源流，隨時通其變化。」（〈墓銘辨例〉）這確實是韓愈對碑誌祭文文體的創新和改造。李塗說：「退之諸碑志，一人一樣，絕妙。」「退之墓誌，篇篇不同，蓋相題而設施也。」（《文章精義》）吳訥說：「古今作者，惟昌黎最高。行文敍事，面目首尾，不再蹈襲。」（《文章辨體序》）曾國藩說：「或先序世系而後銘功德，或先表其能而後及世系，或有誌有詩，或有詩無志，皆韓公創法，後來文家宗之，遂援爲金石定例。」這些評論，都一致肯定了韓愈在碑祭文體方面的大膽創新。

韓愈對碑誌文的貢獻，還在於他塑造出一大批栩栩如生的人物。以往的碑誌爲成法所拘，面目模糊，多爲墓主的個性特色，而韓愈憑其文才，大膽採用史傳寫法，寫出了每個人的特色。泛言之，碑誌亦屬史傳；但碑志並不等於人物傳記。劉勰要求碑誌文是「其序則傳，其文則銘」，「寫實追虛，碑誄以立……觀風似面，聽辭如泣。」（《文心雕龍・誄碑》）卽要求碑誌要敍述人物的生平傳記，讓人能從中觀其風采而如面見其人。但劉勰所謂的「傳」，主要指「其敍事眩而要」，只注重「累其德行」，羅列事件，並不重視對人物的刻劃，所以難收到「觀風似面」的效果。韓愈突破了這一點。方苞說：「退之、永叔、介甫俱以墓誌擅長。但敍事之文，義法根於《左》《史》。退之變《左》《史》之格調，而陽同其文法。」（《古文約選序例》）近人錢基博說：「碑誌之文，韓愈事多實敍而馭以奇，乃用太史公之傳體。」（《韓愈志》）這些說法都指出韓愈在碑誌文中活用史傳文學的特色，在特定的環境中，展示人物的性格和精神風貌，而不是如數家珍式的羅列事實。如〈試大理評事王君墓志銘〉中，關於「奇男子」王适當年騙婚一事的追敍，令人拍案稱奇。再如〈南陽樊紹述墓志銘〉，寫其生平不多，但卻典型的，只選了他家庭富貴而自己不藏一錢，因言某縣不治而被罷官和觀樂三件事，就把一個有傑出文學成就、樂道不阿，有德於民的知識分子形象生動地描繪出來。此外像〈國子助教河東薛君墓誌銘〉中的「讀不識句」而嫉賢妬能的將軍和磊落不羈，文武全才的薛公形象，〈故幽州節度判官給事中清河張君墓誌銘〉中忠勇義烈的張御，〈唐朝散大夫贈司勳員外郎孔君墓誌銘〉中剛正不阿的孔戡，〈貞曜先生墓誌銘〉中一生落魄、身後蕭條的苦吟詩人孟郊，〈唐故監察御史衞府君墓誌銘〉中迷信水銀丹砂，愚不可及的衞之玄等，無一不是韓愈人物畫廊中有血有肉，風采各異的人物肖像。錢基博說韓愈的墓誌「隨事賦形，各肖其文。」（《韓愈志》）韓愈碑誌中一大批栩栩如生的人物出現。使碑誌這種歷來枯燥無味的文體增輝生色，大大提昇了它的文學價值。

㈠　祭十二郎文

開頭交代祭文的時間、情況及致祭的對象。

次段概嘆從幼至今，聚少離多，乃至終不可合，而十二郎遽逝。

年月日，季父㈠愈聞汝喪㈡之七日，乃能銜哀致誠㈢，使建中遠具時羞之奠㈣，告汝十二郎之靈：

嗚呼！吾少孤㈤，及長，不省所怙㈥，惟兄嫂㈦是依。中年，兄歿南方㈧，吾與汝俱幼，從嫂歸葬河陽㈨；既㈩又與汝就食江南(十一)。零丁孤苦，未嘗一日相離也。吾上有三兄(十二)，皆不幸早世(十三)。承先人(十四)後者，在孫惟汝，在子惟吾；兩世一身(十五)，形單影隻。嫂嘗撫汝指吾而言曰：「韓氏兩世，惟此而已！」汝時尤小，當不復記憶；吾時雖能記憶，亦未知其言之悲也。吾年十九，始來京城(十六)。其後四年，而歸視汝；又四年(十七)，吾往河陽省墳墓，遇汝從嫂喪來葬。又二年，吾佐董丞相於汴州(十八)，汝來省(十九)吾；止一歲，請歸取其孥(二十)。明年，丞相薨(二一)，吾去汴州，汝不果來。是年，吾佐戎徐州(二二)，使取汝者始行，吾又罷去(二三)，汝又不果來。吾念汝從於東(二四)，東亦客也，不可以久；圖久遠者，莫如西歸(二五)，將成家而致汝(二六)。嗚呼！孰謂汝遽去吾而歿乎(二七)？吾與汝俱少年，以為雖暫相別，終當久相與處，故捨汝而旅食京師(二八)，以求斗斛之祿(二九)；誠知其如此，雖萬乘之公三段嘆人生於世，死生難明，壽夭不可知，借此發抒沈痛悼念之情。

相，吾不以一日輟㉚汝而就也。

去年，孟東野往㉛，吾書與汝曰：「吾年未四十㉜，而視茫茫㉝，而髮蒼蒼㉞，而齒牙動搖。念諸父㉟與諸兄，皆康彊而早世；如吾之衰者，其能久存乎？吾不可去，汝不肯來，恐旦暮死，而汝抱無涯之戚㊱也！」孰謂少者歿而長者存，彊者夭而病者全乎！嗚呼！其信然邪？其夢邪？其傳之非其眞邪？信也㊲，吾兄之盛德而夭其嗣乎㊳？汝之純明而不克蒙其澤乎㊴？少者、彊者而夭歿，長者、衰者而存全乎？未可以爲信也；夢也，傳之非其眞也，東野之書㊵，耿蘭之報㊶，何爲而在吾側也？嗚呼！其信然矣！吾兄之盛德而夭其嗣矣！汝之純明宜業其家者㊷，不克蒙其澤矣！所謂天者誠難測㊸，而神者誠難明㊹矣！所謂理者不可推㊺，而壽者不可知㊻矣！雖然，吾自今年來，蒼蒼者或化而爲白矣，動搖者或脫而落矣。毛血㊼日益衰，志氣㊽日益微，幾何不從汝而死也㊾。死而有知㊿，其幾何離(51)；其無知，悲不幾時，而不悲者無窮期矣。汝之子始十歲(52)，吾之子始五歲(53)；少而彊者不可保，如此孩提者，又可冀其成立邪！嗚呼哀哉！嗚呼哀哉！

四段痛問死因及去世日期，爲下文自責鋪墊。

汝去年書云：「比得軟腳病(54)，往往而劇(55)。」吾曰：「是疾也，江南之人，常常有之。」未始以爲憂也。嗚呼！其竟以此而殞其生(56)乎？抑別有疾而至斯乎？汝之書，六月十七日也。東野云，汝歿以六月二日；耿蘭之報無月日。蓋東野之使者，不知問家人以月日；如耿蘭之報，不知當言月日。東野與吾書，乃問使者，使者妄稱以應之耳(五七)。其然乎？其不然乎？

五段痛告如何辦理善後事宜。

今吾使建中祭汝，弔(五八)汝之孤與汝之乳母。彼有食，可守以待終喪(五九)，則待終喪而取以來(六〇)；如不能守以終喪，則遂取以來。其餘奴婢，並令守汝喪。吾力能改葬，終葬汝於先人之兆(六一)，然後惟其所願(六二)。

六段痛責自己對死者未能善盡職責。

嗚呼！汝病吾不知時，汝歿吾不知日；生不能相養以共居，歿不得撫汝以盡哀(六三)；斂(六四)不憑其棺，窆(六五)不臨其穴。吾行負神明，而使汝夭；不孝不慈，而不得與汝相養以生，相守以死。一在天之涯，一在地之角；生而影不與吾形相依，死而魂不與吾夢相接。吾實爲之，其又何尤(六六)？彼蒼者天，曷其有極(六七)！

七段告慰在天之靈。

自今已往，吾其無意於人世矣！當求數頃之田於伊潁(六八)之上，以待餘年(六九)，教吾子與汝子，幸(七〇)其成；長吾女與汝女，待其嫁，如此而已。

結尾盼對方地下有知，能了解其哀痛之情。

嗚呼！言有窮而情不可終，汝其知也邪？其不知也邪？嗚呼哀哉！尚饗(七一)！

【題解】

這是韓愈悼念亡侄的祭亡，作於貞元十九年（八〇三）在京師長安任監察御史時。

十二郎是韓愈次兄韓介之子，韓愈兄長韓會的繼子。在韓氏家族中排行十二，唐時，稱年輕男子為郎子，女子為娘子，郎即郎子，故稱十二郎，名叫老成。老成正值年富力強之時，竟於貞元十九年五月病死江南。

韓愈幼年喪父，由兄嫂韓會夫婦撫養成人，從小與老成共同生活，分屬叔侄，情同兄弟。後來三個哥哥都先後去世了，大嫂帶領他們叔侄輾轉南北，艱苦度日。十二郎之死，使他無限悲痛，於是寫下了這篇哀慟欲絕的祭文。

這篇祭文一反韻語的常規，面對死者之靈，連用四十個「汝」字，回憶早年患難與共的生活經歷，訴說叔侄幾番聚首，和幾番分離的心情，悲嘆家道淪落，世路坎坷的不幸遭遇。用口頭語，道家常事，不假雕飾而無限悽愴，實為祭文中的創格。故被歷來不少評論家推為「千古絕調」（見明茅坤《唐宋八大家文鈔》及清沈德潛《唐宋八家文讀本》），確是催人淚下的不朽之作。

【注釋】

㈠ **季父** 叔父。父輩中排行最小的統稱為叔父。

㈡ **聞汝喪** 由於各方傳報的去世日期不同，韓愈想得到確實報導後再寫祭文，故有此說。

㈢ **銜哀致誠** 言含著悲哀，表達我的誠意。

㈣ **使建中遠具時羞之奠** 言打發建中從遠處備辦些應時佳餚為祭品。使，派遣。建中，人名，當是韓愈的家僕。具，準備。時羞，應時食品。奠，祭品。

㈤ **少孤** 年幼喪父。韓愈生三歲而孤，由兄嫂撫養成人。

⑥ **不省所怙**　由於幼年早孤，不知道自己的父親。不省，不知道。怙，依靠，憑恃。所怙，指父親。

⑦ **兄嫂**　指韓會及其妻鄭氏，即十二郎的繼父母。

⑧ **中年兄歿南方**　中年，指兄長韓會言。兄歿南方，韓會卒於大曆十二年（七七七）五月，韶州（唐屬嶺南道，今在廣東省曲江縣）刺史任內，年四十一歲，時韓愈年十一，老成更小。

⑨ **河陽**　今河南省孟縣西，韓家祖墳所在地。

⑩ **既**　不久。

⑪ **就食江南**　到江南謀生。建中二年（七八一）北方藩鎭李希烈爲亂，局勢動盪，韓愈隨嫂遷居宣州（今安徽省宣城縣）。就食，謀生。韓家在宣城置有產業。

⑫ **上有三兄**　韓愈有長兄韓會，次兄韓介，三兄不詳，可能死時尚幼，未及命名。

⑬ **早世**　早死。

⑭ **先人**　韓愈指自己的父親韓仲卿。

⑮ **兩世一身**　言兒孫兩代各剩下一個繼承人。

⑯ **吾年十九始來京城**　言貞元二年（七八六），韓愈十九歲，始由宣城至京師長安。

⑰ **又四年**　韓愈嫂鄭氏死於貞元九年，貞元十一年（七九五）韓愈往河陽掃墓，恰遇老成奉母親鄭氏靈柩來河陽安葬。

⑱ **吾佐董丞相於汴州**　貞元十三年（七九七），董丞相晉以檢校尚書左僕射，同中書門下平章事（宰相）任宣武節度使，汴、宋、亳、潁等州觀察使，韓愈爲其節度推官。佐，助理。汴州，今屬河南

開封。

⑲**省** 問候，探望。此與前句「省」字用法有別。

⑳**請歸取其孥** 請回宣城把家眷接來。孥，妻子兒女的統稱。

㉑**明年丞相薨** 貞元十五年（七九九）二月董晉死於汴州，薨，唐代稱二品以上官員之死曰薨。

㉒**是年吾佐戎徐州** 貞元十五年秋，韓愈從汴州到徐州後，武寧節度使張建封任命韓愈爲節度推官。佐戎，助理軍務。

㉓**吾又罷去** 貞元十六年（八〇〇）五月，張建封死，韓愈罷職，離開徐州，西歸洛陽。

㉔**從於東** 隨我至東方。東，指汴州、徐州，二地均在韓愈河陽老家之東。

㉕**西歸** 指回河陽。

㉖**將成家而致汝** 言打算在故鄉把家安置好，再把老成接來同住。成家，把家安置好。致，招引而來。

㉗**孰謂汝遽去吾而歿乎** 言誰能知道你突然離開我而死了呢！遽，急，驟然。

㉘**旅食京師** 到京師來謀生活，旅食，寄食他鄉。韓愈離開徐州後，於貞元十七年（八〇一）來長安選官，十八年春調爲四門博士，十九年遷監察御史。

㉙**斗斛之祿** 微薄的俸祿。

㉚**輟** 中止、停止。此處有離開之意。

㉛**去年孟東野往** 貞元十八年（八〇二），孟東野由京師選官，去江南任溧陽尉，溧陽離宣城不遠，

所以韓愈托他帶信。孟東野，即孟郊，名詩人，韓愈好友，湖州武康（今浙江省武康縣）人，仕途不得志。

㉜ **吾年未四十**　貞元十八年（八〇二）韓愈年三十五歲。

㉝ **視茫茫**　眼睛昏花，看不淸楚。

㉞ **髮蒼蒼**　頭髮斑白。

㉟ **諸父**　指伯父輩。

㊱ **無涯之戚**　無邊的悲哀。戚，憂愁、悲傷之意。

㊲ **信也**　眞的這樣。

㊳ **吾兄之盛德而夭其嗣乎**　言以我兄的大德，竟夭亡其子嗣嗎？盛德，大德。嗣，後代。

㊴ **汝之純明而不克蒙其澤乎**　言以你的品德純潔聰明，竟不能蒙受父親的遺澤嗎？不克，不能。澤，恩惠。

㊵ **東野之書**　孟東野在溧陽縣將老成去世，向韓愈寫的書信。

㊶ **耿蘭之報**　耿蘭帶來報喪的信。耿蘭，人名，似韓氏在宣城的管家。

㊷ **宜業其家者**　應當繼承家業的人。業，作動詞用。有繼承之意。

㊸ **天者誠難測**　是說天道確實難以猜度。

㊹ **神者誠難明**　是說神靈眞是難以明白。

㊺ **理者不可推**　是說天理難以推想。

㊻ **壽者不可知**　是說壽命長短不可預知。

㊼ **毛血**　指身體。

㊽ **志氣**　指精神。

㊾ **幾何不從汝而死也**　是說用不了多久也將跟從十二郎之後死去。幾何，若干，多少，在此指時間不多。

㊿ **死而有知**　指老成如死後有知覺。

(51) **其幾何離**　卽「其離幾何」的倒裝句，意思是說分離的時間不會太久。

(52) **汝之子始十歲**　韓老成有二子，長子韓湘，次子韓滂，這裏指韓湘。

(53) **吾之子始五歲**　指韓昶。貞元十五年（七九九），韓愈避汴州軍亂，居符離集時所生，乳名符郎。

(54) **比得輭脚病**　言近得腳氣病。

(55) **往往而劇**　是說時常發作。劇，病情加重。

(56) **殞其生**　喪失生命。

(57) **使者妄稱以應之耳**　言使者信口胡說以應付東野罷了。

(58) **弔**　慰問。

(59) **終喪**　古禮，人死三年，守孝期滿，稱爲終喪。

(60) **取以來**　指接老成的兒子及老成的乳母來。

(61) **先人之兆**　指韓氏的祖墳河陽，先人，韓氏祖先，兆，墓地。

(六二) **然後惟其所願**　是說待安葬老成後，其餘奴婢的去留，任其自願。

(六三) **撫汝以盡哀**　言撫著你的遺體痛哭、哀悼。撫，通拊。

(六四) **斂**　同殮。舊俗爲死者換衣稱小殮，安置尸體入棺稱大殮。

(六五) **窆**　下棺入穴。

(六六) **其又何尤**　又能怨恨誰。尤，怨恨。

(六七) **彼蒼者天曷其有極**　意爲那個蒼天啊！請問我的苦難何時才到盡頭？曷，何。極，盡。

(六八) **伊潁**　即今河南省伊水和潁水。伊水出河南盧氏縣東南，潁水出河南登封縣西境，東南注入淮河。

(六九) **以待餘年**　來等待渡過我的晚年。

(七〇) **幸**　希望。

(七一) **尚饗**　希望死者來享受祭品。古代祭文多用此做結尾。

【賞　析】

古來祭文均有一套成規定例的程式，內容多對死者稱頌，形式爲駢體或四言韻文。韓愈這篇祭文，寫得與衆不同。全篇既無稱頌之詞，又非韻語或駢體。感情深沈，形式活潑，是千年以來傳誦不已的名篇。

這篇祭文是韓愈的力作，被讀者譽爲至情至性之妙品，歸納其成功的要素，主要有以下三點：

一、在內容方面，有強烈的抒情性：文貴有情，情貴眞實，祭文既是對死者的哀悼，自然更重視它的情眞意切了。通觀全篇，幾乎無一句無一字不在寫情，而且寫得眞，寫得深。作者寫自己「少孤」「兄歿」的不幸身世，寫同老成「零仃孤苦，未嘗一日相離」的深情厚誼，寫自己離家後與老成的離合不定，以及寫老成的死，自己的負疚、悔恨、哀痛等，始終貫注著一個「情」字，而且語語從肺腑中流出，如泣如訴。其披肝瀝膽的痛苦情狀，歷歷如在目前。清代過珙在《古文評注全集》中說：「想提筆作此文時，定自夾哭夾寫，乃是逐段連接語，不是一氣貫注語。看其中幅，接連幾個『乎』字，一句作一頓，慟極後人，眞有如此一番恍惚猜疑光景；又接連幾個『矣』字，一句作一頓，慟極後人，又眞有如此一番搥胸頓足光景。寫生前離合，是追述處要哭；寫死後慘切，是處置處要哭。至今猶疑滿紙血淚，不敢多讀也。」這就是這篇祭文具有巨大感染力的關鍵所在。

二、在行文方面，採用對話形式，是這篇祭文另一個重要特點。全文用了四十個「汝」字，用第二人稱稱呼老成，好像老成並沒有死，正坐在他對面聽他傾訴衷腸；又好像老成雖死，但其亡魂還能聽到他的家常絮語。他甚至向老成直接提問：「其竟以此而殞生乎？抑別有疾而至斯乎？」「其然乎？」「其不然乎？」詢問其病因、死期。這種對話方式，平易曉暢，長長短短，錯錯落落，奇偶駢散，參差披拂，疑問、感嘆，陳述等各種句形，反復、重迭、排比、呼告等各種修辭手法，任意調遣，全依感情的需要。此一前無古人的語言藝術（韓愈之前無散體祭文，也無人採對話方式致祭），造成了一種行文流水的氣勢，和令人如聞謦咳，身臨其境的氛圍。

三、在布局方面，結構謹嚴而又富變化，過接清楚，轉換自然。全文段落、層次甚至語句之間，互有聯繫；又通過迴環轉折，使意思一層翻進一層。如第三大段寫到得知老成死訊後，從信說到疑，再從疑說到信，再把老成之死歸於神明、天理、壽數。接著又寫自己不久將隨老成之後死去。寫痛極之後反視死爲幸，轉而想到自己死後，二人的幼子難以避免的遭遇，層層轉換，變化無窮。而字字句句，情眞意摯，如血似淚。初看好像是作者刻意經營，精心結撰，事實上皆行於所當行，止於不可不止，意到筆隨，文章自有催人淚下之妙。

東坡有言：「讀出師表不下淚者，其人必不忠；讀陳情表不下淚者，其人必不孝；讀祭十二郎文不下淚者，其人必不友。」（清章懋勛「古文析觀解」卷五引）對於本文所呈現的感情力量極爲推崇。我們選祭文，不能不選這篇；讀者讀祭文，不能不讀這篇。不管大家對文中的思想感情作何評價，贊也好，貶也好，相信任何人在吟哦之下，都不能不隨作者之筆墨而眼澀心悲！

(二) 祭田橫墓文

貞元(一)十一年九月，愈如(二)東京(三)，道出田橫墓下。感橫義高能得士，因取酒以祭，爲文而弔之，其辭曰：

開頭交代寫本文的時間、地點、祭者、被祭者以及祭墓之緣由。

事有曠百世(四)而相感者，余不自知其何心！非今世之所稀，孰爲使余歔欷(五)而不可禁？余既博觀乎天下，曷(六)有庶幾(七)乎夫子(八)之所爲！死者不復生，嗟余此去其從誰？

其次贊嘆田橫生前所爲，感懷不止。

當秦氏(九)之敗亂，得一士而可王；何五百人之擾擾(一〇)，而不能脫夫子於劍鋩(一一)？抑所寶之非賢(一二)，亦天命之有常(一三)？昔闕里(一四)之多士，孔聖亦云其遑遑(一五)。苟余行之不迷，雖顛沛(一六)其何傷！自古死者皆一(一七)，夫子至今有耿光(一八)。跽(一九)陳辭而薦(二〇)酒，魂髣髴(二一)而來享！

最後論田橫之敗亡，並非所寶非賢，乃由於天命。但這不影響他名垂萬古，光照千秋的高義。

【解　題】

田橫，秦末漢初狄縣人（今山東省高青縣東南），戰國齊王田氏之後。秦末，天下大亂，田橫乘楚漢相爭之際，隨其兄田儋、田榮起兵，重建齊國，自立爲王。失敗後，投奔彭越。漢朝既建，他害怕被誅，率領黨徒五百餘人逃亡海外荒島上。漢高祖聽說齊人賢者多歸附田橫，恐有後患，於是派遣使者前往招降。並說：「田橫來，大者王，小者乃侯耳；不來，且舉兵加誅。」田橫無奈，隨與門下客二人赴洛陽，在距洛陽三十里的地方，因不願稱臣於漢，自刎而死。那跟著來的兩個門下客也自刎於墓旁。其他在海島上的五百餘人，聽到田橫的死訊，也皆自殺報主。

本文雖名爲祭墓文，實際上則是借贊揚田橫義高能得士，來諷刺當時的宰相。以抒發個人未遇知己，受到壓抑的悲憤心情。所謂「悵望千秋一洒淚，蕭條異代不同時。」韓愈之於田橫，隱約之中，大有隔代相望，意憤辭悲之概。

【注釋】

㊀ **貞元** 唐德宗年號，其元年爲西元七八五年。

㊁ **如** 作「往」解。

㊂ **東京** 洛陽的別稱。漢唐兩代皆以陝西長安爲國都，稱爲西京；河南洛陽則稱爲東京。

㊃ **曠百世** 曠，這裏作相隔解。百世，前人稱三十年爲一世，又或以易姓改代爲一世。百世，極言時間的久遠。

㊄ **歔欷** 也可以寫作欷歔。悲痛哭泣時氣咽的樣子。讀作ㄒㄩ ㄒㄧ。

㊅ **曷** 作「何」解。

㊆ **庶幾** 近似之意。

㊇ **夫子** 對可敬仰者的尊稱，一般都用於男性。

⑼ **秦氏** 指秦朝。

⑽ **擾擾** 紛亂的樣子。這裏形容士人之多。

⑾ **鋩** 音ㄇㄤˊ，鋒刃的尖端。

⑿ **抑所寶之非賢** 是說難道所重視的這五百餘人並非賢士？抑，疑詞。作「還是」解。寶，愛重。

⒀ **有常** 一定的規則或定數。

⒁ **闕里** 地名。在今山東省曲阜縣城中。是孔子家居的地方，相傳孔子生前便在那裏設帳授徒。

⒂ **遑遑** 形容四方奔走，找不到歸宿的樣子。惶惶，心緒不安。

⒃ **顛沛** 跌倒的樣子，或指遭遇拂逆挫折。

⒄ **死者皆一** 意思是每個人死後都一樣，無富貴貧賤之分，也不再有成敗得失之別。

⒅ **耿光** 光彩、光耀。

⒆ **跽** 音ㄐㄧˋ，長跪的樣子，與「跪」字微有不同。

⒇ **薦** 作「獻」解。

㉑ **髣髴** 好像。今人多採「彷彿」兩字，意思相同。

【賞析】

讀本文須注意幾個地方，才能掌握要領，探得韓愈寫作本文的用心。

首先、是韓愈寫作本文的背景：德宗貞元八年（七九二），韓愈二十五歲進士及第，屢試博學宏詞科無成，貞元十一年（七九五）一月至三月，韓愈三次上書宰相求官不得，只好於五月黯然東歸老家河陽。途中還有進獻二鳥於天子者，想起自己徒有滿腹經綸，胸懷用世之志，反不如二鳥之得意，內心憤懣不平，感觸良深，於是作〈二鳥賦〉以自寬解！同年九月，韓愈前往東京洛陽途中，經田横墓，深被這位義高得士的古人所感動，聯想起自己徒懷雄才大略，卻不為世用的際遇，思緒萬端，如潮似水，一起湧上心頭，遂提筆和墨，寫下了這篇紙短情長的鴻文。

其次，是本文的結構布局：通觀全篇組織，分序和正文兩部分。在序文中，作者以簡潔之筆，交待了祭文的作者，寫作時間、地點以及寫作緣由。其中「感横義高能得士」句，最為精要。點明作者之所以要為之獻祭，不是為其寧死不降的氣節，而是為「義高」能「得士」的精神，暗伏對自己不為世用的抱怨。是本文的重點所在。《古文筆法百篇》說：「田横義高，固自可貴；文傷其得士而不能興，慷慨激昂，欷歔欲絕」，正指此為說。

最後，是祭文的作法：唐朝以前，祭文的正文一般都用駢儷的韻文寫成，唐以後不再受此限制。韓愈的〈祭十二郎文〉卽是打破祭文傳統形式的顯例。而韓愈作此文，當時年僅二十有九，尚未完全擺脫六朝駢儷的格局，因此正文仍然沿用舊體，採行駢儷，整齊對仗，通篇入韻，節奏和諧，讀來抑揚頓挫，琅琅上口。

祭文是一種哀悼亡人的文體，行文應以表述哀情為主。劉勰《文心雕龍・哀弔》篇說：「原夫哀辭大體，情主於痛傷，而辭窮乎愛惜，……若奢體為辭，則雖麗不哀；必使情往會悲，文來引泣，乃其貴耳。」就是說祭文不能只求詞藻華麗，而重在抒情眞實。只有情眞意摯，哀傷感人，能夠催人下淚的，才是祭文中的上品。韓愈這篇祭文，雖然，全篇不足二百字，但卻寫得言辭激越，寄意深長。

通觀全文，作者先爲田橫及其門下賢士的義舉以及當時世風之不古而欷歔不可禁。繼而又爲田橫早去，「余此去其從誰」而哀嘆。最後又在獻祭時感覺到死者的靈魂在與之共飮，無限淒惋，令人愴怏難懷！作者與死者，時隔百代，非親非故，何以如此哀傷，以致喉塞氣阻，泣不成聲呢？一言以蔽之，不過是借他人酒杯，澆胸中塊壘而已。韓愈不僅是爲田橫得賢納士的精神，不爲世傳而惋惜，更是爲自己的學識才智得不到明主的賞識而悲哀。本篇是韓愈哀祭文中的力作，讀者不可不加之意。

(三) 殿中少監馬君墓誌

首段鋪敘家世，說明官職。

君諱㊀繼祖，司徒、贈太師北平莊武王㊁之孫，少府監、贈太子少傅諱暢㊂之子。生四歲，以門功拜太子舍人㊃。積三十四年，五轉㊄而至殿中少監㊅。年三十七以卒。有男八人，女二人。

次段寫見知於其先世之情誼，及其幼時狀態。以見作誌，義不容辭。

始余初冠㊆，應進士貢㊇在京師，窮不自存。以故人稚弟㊈拜北平王於馬前，王問而憐之，因得見於安邑里㊉第。王軫⑪其寒飢，賜食與衣。召二子使為之主，其季⑫遇我特厚，少府監、贈太子少傅者也。姆⑬抱幼子立側，眉眼如畫，髮漆黑，肌肉玉雪可念⑭，殿中君也。

三段寫三人之所在曰傑魁、曰能守業，曰茁芽，皆為後面哭字反振。

當是時，見王於北亭，猶高山深林鉅谷，龍虎變化不測，傑魁人也⑮。退見少傅，翠竹碧梧，鸞鵠停峙⑯，能守其業者也。幼子娟⑰好靜秀，瑤環瑜珥⑱，蘭茁⑲其芽，稱其家兒也。後四五年，吾成進士⑳。去而東游，哭北平王於客舍㉑。後十五六年，吾為尚書都官郎，分司東都㉒，而分府少傅㉓卒，哭之。又十餘年至今，哭少監焉㉔。

最後用感慨語總束前文

嗚呼！吾未耄㉕老，自始至今，未四十年，而哭其祖子孫三世，於人世何如，暮墨無多而精神飽滿。也㉖！人欲久不死，而觀居此世者，何也！

【解　題】

馬繼祖是一個王孫公子，庸碌平生，無事可述。本篇墓誌主要在追記作者與馬家祖孫三代的交誼，回憶當年初見馬燧的偉人威儀，馬暢的公子風采，和尚在孩提的馬繼祖的玉雪可愛，形象生動如畫。列敍在不太長的時間內，先後悼哭三人的逝世，並由此引出不盡哀思。三世官位，三世交情，三世死喪，層層傳寫，字字嗚咽，具有強烈的抒情氣氛。面對世事盛衰，變幻無常，人非草木，寧不感慨遙深！

韓愈擅爲碑誌，一生著述頗豐；大多不拘一格，情文並茂，故世人以「韓碑」「杜律」並舉，譽爲唐代文化的精華。＜殿中少監馬君墓誌＞近似哀祭文，爲碑誌的變體。由此亦可體現韓文富有獨創性的一端。宋朝歐陽修爲朋友所作的墓誌銘大多承習此體。

【注　釋】

㊀ **諱**　名的意思。古時對尊長不直呼其名，叫做避諱，在人死後稱其名時，名前加「諱」字，以示尊敬。

㊁ **司徒贈太師北平莊武王**　指馬燧。燧屢立戰功，曾官司徒，北平郡王，死後追贈太師，謚莊武。司徒爲三公之一，太師爲三師之一，爲大臣之最高榮譽官銜。本文因馬燧官高，故只稱官爵而不稱名，以示尊敬。

㊂ **少府監贈太子少傅諱暢**　指馬暢，馬燧的次子。少府監，官名，掌理百工技藝供皇帝使用事項。太

子少傅，東宮六傅之一，隋唐後多用爲加官或贈官，此處指馬暢死後被贈的榮譽官銜。

㈣**以門功拜太子舍人**　門功，先人的功業。太子舍人，官名，正五品上。馬繼祖因爲是功臣後代，四歲便封此官，但非實任其職。

㈤**轉**　升遷。

㈥**殿中少監**　殿中少監，掌理皇帝的車、馬、衣、食、藥品、禮物之事的官，少監是副職，從四品上。

㈦**冠**　古禮男子二十歲加冠後，便爲成人。按貞元三年（七八七）韓愈年二十歲。

㈧**貢**　指州府將初試及格的士子，送往京城去應進士考試之稱。

㈨**故人稚弟**　老朋友的幼弟。韓愈從父兄韓弇原任馬燧屬下判官，馬燧主張與吐蕃和好，不料於貞元三年，吐蕃背盟，伏兵突發，韓弇在戰役中遇害。

㈩**安邑里**　長安城內里名，馬燧住宅在其中。

(一一)**軫**　憐念。

(一二)**季**　兄弟中最幼者曰季。

(一三)**姆**　娒姆。

(一四)**玉雪可念**　玉雪，指肌肉潔白。可念，可愛。

(一五)**傑魁人也**　燧身高六尺二寸，故以是稱之。

(一六)**鸞鵠停峙**　謂猶鸞鵠停峙於碧梧之上。峙，立。

(一七)**娟**　姿態美好。

⑱ **瑤環瑜珥**　四者皆玉器名。

⑲ **茁**　草初生貌。

⑳ **後四五年吾成進士**　貞元八年，韓愈二十五歲，進士及第。

㉑ **哭北平王於客舍**　貞元十一年八月，韓愈東歸河陽，馬燧卒，時在旅次，故云哭於客舍。

㉒ **吾爲尙書都官郎分司東都**　元和四年（八〇九）韓愈爲都官員外郎分司東都。都官員外郎，佐刑部尙書、侍郎推行法令。東都卽洛陽。

㉓ **分府少傅**　太子少傅分司洛陽者，指馬暢。分府，當時分司官的稱號。

㉔ **又十餘年至今哭少監焉**　所指時間當在長慶初年，卽西元八二一至八二二年左右，繼祖卒。

㉕ **耄**　八九十歲老人曰耄。

㉖ **於人世何如也**　一說此六字疑衍。意思是指對於人生在世該怎麼說呢！

【賞　析】

本文既緣情抒哀，又巧於摹寫，注意剪裁，刻畫人物，既敍事、抒情，又議論於無形，堪稱別具風格的佳構。

感人心者，莫先乎情。墓誌濫觴於兩漢，興盛於六朝，至唐作者尤多。所撰雖浩如烟海，但多不脫述閥閱，敍履官，以及歌功頌德的格局。本文卻能獨闢蹊徑，別具特色，墓主馬繼祖年僅三十七歲，本以門功授官，平生碌碌，並無錚錚可記者；但作者與其三世交好，特別是對其祖父北平王馬燧的臨難之惠，刻不能忘。所以敍述自己與馬家三代深切懷念和痛惋。同時，對自己奔走仕途，半生淪落的身世，發出了深沈的感慨。憐人悼己，筆墨落處，纏綿悱惻；感慨追懷，字裏行間，眞情畢露，至今讀來，尙催人淚下。

神韻的描繪，是本文寫作成功的重要條件。作者在文中沒有敍述馬燧的彪炳功業，也不寫馬暢父子的能守其家，只是以「高山深林巨谷，龍虎變化不測」，「翠竹碧梧，鸞鵠停峙，瑤環瑜珥，蘭茁其芽」，等生動而形象的比喻，典型地概括其祖孫三代每個人的特徵，使其形神兼俱，呼之欲出。在作者的彩箋上，祖爲蒼山古柏，子如翠竹依依，孫如蘭芽初發；一位姿態魁偉，指揮若定的中唐名將，兩個雍容華貴，出類拔萃的貴家公子，眞是三代風采，交相輝映，宛如一幅賞心悅目的風景畫。讀者對畫中所勾勒而出的熱情照料故交子弟，親切長者的風度，「眉眼如畫，髮漆黑，肌肉玉雪可念」的繼祖幼時形象，栩栩如生，眞是隨形賦文，各肖其態。何焯《義門讀書記》曾說：「如此俯仰淋漓，仍是簡古，不覺繁溢。屈指三四十年事，寫得歷歷在目，依依如畫，眞神筆也。」對人事的滄桑，作者更是滿懷感情，對冷酷的現實，則發深沈的嘆惋。所謂「後四五年」，「哭北平王於客舍」；「後十五六年」，「少傅卒，哭之」，「又十餘年至今，哭少監焉」。在三十三年的仕途奔波中，作者一身而哭馬氏祖孫三代，親眼目睹一個繁華似錦的豪門貴族的興衰，「但看古來歌舞地，唯有黃昏鳥雀悲。」此情此景，他不禁對人生發出內心的詰問，這詰問既是對馬家三代的懷念，也蘊含著對自身、對現實社會重大問題的思考。情詞懇摯，頗能發人猛省。

本文結尾，更以極強烈的抒情綰收全篇，所謂：「嗚呼！吾未耄老，自始至今，未四十年，而哭其祖子孫三世，於人世何如也！人欲久不死，而觀居此世者，何也！」一唱三歎，百感交集！作者把自己無盡的哀思、慨憾，如水湧山出般，在反復跌宕中達到高潮。前人說末幾句義不可曉，疑有誤字或闕脫，其實，依我看來，無限悲感，常在這可解與不可解之間得之！

(四) 柳子厚墓誌銘

首段先敘柳宗元先世，為後來出處影響鋪墊。

子厚諱㊀宗元。七世祖慶㊁為拓跋魏㊂侍中㊃，封濟陰公㊄。曾伯祖奭㊅，為唐宰相，與褚遂良㊆、韓瑗㊇俱得罪武后，死高宗朝。皇考㊈諱鎮，以事母棄太常博士㊉，求為縣令江南，其後以不能媚權貴⑪，失御史；權貴人死⑫，乃復拜侍御史，號為剛直。所與游，皆當世名人。

次段言其時雖少年，而名聲已得。

子厚少精敏⑬，無不通達。逮其父時⑭，雖少年已自成人⑮，能取進士第⑯，嶄然見頭角⑰，衆謂柳氏有子矣。其後以博學宏詞⑱授集賢殿正字⑲，儁傑廉悍⑳，議論證據今古㉑，出入㉒經史百子，踔厲風發㉓，率常屈其座人㉔，名聲大振，一時皆慕與之交。諸公要人，爭欲令出我門下㉕，交口薦譽㉖之。

三段寫其坐王叔文黨遭貶，及貶後發憤寫作的情況。

貞元十九年，由藍田尉㉗，拜監察御史。順宗㉘即位，拜禮部員外郎。遇用事者㉙得罪，例出㉚為刺史；未至，又例貶州司馬。居閒㉛，益自刻苦，務記覽，為詞章，汎濫停蓄㉜，為深博無涯涘㉝，而自肆於山水間㉞。

四段言其貶後的政績，及文章為人所師之情形。

元和㉟中，嘗例召至京師，又偕出為刺史㊱，而子厚得柳州㊲。既至，歎曰：「是豈不足為政邪㊳！」因其土俗，為設教禁㊴，州人順賴㊵。其俗以男女質。

錢(四一)，約不時贖(四二)，子本相侔(四三)，則沒爲奴婢(四四)。子厚與設方計(四五)，悉令贖歸，其尤貧力不能者，令書其傭(四六)，足相當，則使歸其質(四七)。觀察使(四八)下其法於他州，比(四九)一歲，免而歸者且千人(五〇)。衡湘以南(五一)爲進士者，皆以子厚爲師。其經承子厚口講指畫爲文詞者，悉有法度可觀。

五段寫柳宗元以柳易播之事，說明其對朋友的節義。

其召至京師而復爲刺史也，中山劉夢得禹錫(五二)，亦在遣中，當詣播州(五三)。子厚泣曰：「播州非人所居；而夢得親在堂(五四)。吾不忍夢得之窮(五五)，無辭以白其大人(五六)；且萬無母子俱往理。」請於朝，將拜疏(五七)，願以柳易播；雖重得罪(五八)，死不恨。遇有以夢得事白上者，夢得於是改刺連州(五九)。嗚呼！士窮乃見節義(六〇)。今夫平居里巷相慕悅(六一)，酒食游戲相徵逐(六二)，詡詡強笑語以相取下(六三)，握手出肺肝相示(六四)，指天日涕泣(六五)，誓生死不相背負，眞若可信；一旦臨小利害，僅如毛髮比(六六)，反眼若不相識，落陷穽(六七)，不一引手救(六八)；反擠之，又下石焉者，皆是也。此宜禽獸夷狄所不忍爲(六九)；而其人自視以爲得計，聞子厚之風，亦可以少媿矣！

六段爲其坐王叔文黨被貶事，進行深刻論述；並慶幸他因禍得福，換來文章必傳於後的成果。

子厚前時少年，勇於爲人(七〇)，不自貴重顧藉(七一)，謂功業可立就(七二)，故坐廢退(七三)；既退，又無相知有氣力得位者推挽，故卒死於窮裔(七四)。材不爲世用，道不行於時也。使子厚在臺省時(七五)，亦自持其身(七六)，已能如司馬刺史時(七七)，亦自不斥(七八)；斥時有人力能舉之，且必復用不窮(七九)。然子厚斥不久(八〇)，窮不極(八一)，雖有出於人(八二)，其文學辭章，必不能自力以致必傳於後如今(八三)，無疑也。雖使子厚得所願，爲將相於一時；以彼易此，孰得孰失，必有能辨之者。

七段記柳宗元卒葬及其後事。

子厚以元和十四年十一月八日卒(八四)，年四十七，以十五年七月十日，歸葬萬年(八五)先人墓側。子厚有子男二人：長曰周六，始四歲；季曰周七，子厚卒乃生。女子二人，皆幼。其得歸葬也，費(八六)皆出觀察使河東裴君行立(八七)。行立有節概(八八)，重然諾(八九)，與子厚結交；子厚亦爲之盡(九〇)，竟賴其力。葬子厚於萬年之墓者，舅弟(九一)盧遵。遵，涿(九二)人，性謹愼，學問不厭。自子厚之斥，遵從而家焉，逮其死不去。既往葬子厚，又將經紀其家(九三)，庶幾有始終者。銘曰：

文末銘文，告慰死者安息。

是惟子厚之室，既固既安，以利其嗣人(九四)。

【解　題】

本文作於唐憲宗元和十五年（八二〇），韓愈任袁州刺史時，柳宗元於元和十四年（八一九）冬卒於柳州。這年韓愈從潮州量移袁州（今江西省宜春縣），寫了〈祭柳子厚文〉，第二年，又寫了這篇〈柳子厚墓誌銘〉。以後還寫了〈柳州羅池廟碑〉，表示對死者沈痛的哀悼。

這篇充滿情感激流的墓銘誌，不落俗套，經過作者的精心剪裁，擷取了柳宗元一生中最典型的四個片斷，即少年英俊，柳州德政，以柳易播，文學成就等加以描述。突出而具體的概括了柳宗元的一生。全文熔敍事、議論、抒情於一爐，和諧自然。敍事狀物，詳略得宜，生動形象；說理透闢，邏輯性強；感情眞實而濃烈。加上行文運筆的含蓄委婉，簡潔明朗，靈活多變，更增強了本文的藝術魅力。

清沈德潛《唐宋八家文讀本》說：「子厚之失足於叔文，躁進則有之，阿黨則非也。昌黎不沒其事，感慨惋惜，在隱躍間，先表其好學，次詳其政績，次述其交誼，而歸結於文章之必傳。沈鬱蒼涼，墓誌中千秋絕調。」儲欣於《唐宋八大家類選》中推許此文爲：「昌黎墓誌第一，亦古今墓誌第一。以韓誌柳，如太史公傳李將軍，爲之不遺餘力矣。」高度評價了本文在文學史上的地位。

【注釋】

㊀**諱** 音ㄏㄨㄟˋ，避忌。古人爲尊敬死者，不直稱其名。

㊁**慶** 卽柳慶，字更興。

㊂**拓拔魏** 指南北朝時的北魏王朝，拓拔是北魏皇帝的姓。

㊃**侍中** 官名，北魏時侍中位同宰相。

㊄**濟陰公** 北魏時郡名，今山東省荷澤縣一帶。據柳宗元〈先侍御史府君神道表〉所載，劉慶仕周曾封平齊公，並未封濟陰公。封濟陰公的是柳慶子柳旦。或韓愈誤記，或傳寫有錯。

㊅**奭** 音ㄕˋ，卽柳奭，字子燕，柳宗元的高伯祖，並非他的曾伯祖，曾任中書令，其外孫女王氏爲高宗皇后。後來武則天爲奪取皇后地位，王皇后被廢，柳奭被貶爲愛州刺史。

㊆**褚遂良** 字登善，錢塘縣（今浙江省杭州）人，時爲尚書右僕射，因反對高宗立武則天爲皇后而被

貶，後憂憤而死。

㈧**韓瑗**　字伯玉，雍州三原（今陝西省三原縣）人，高宗時官至侍中，高宗廢王皇后，他泣諫，高宗不納。被貶斥而死。

㈨**皇考**　對亡父的尊稱，這裏指子厚已死的父親柳鎮。

㈩**太常博士**　太常寺的屬官，掌管宗廟禮儀等事。

⑪**權貴**　身居高位，有權勢的人，此指竇參。

⑫**權貴人死**　貞元九年（七九三），竇參因罪貶死，柳鎮復任侍御史之職。

⑬**精敏**　精明聰敏。

⑭**逮其父時**　當他父親在世時。

⑮**已自成人**　已經自立成人。

⑯**能取進士第**　以才能考取進士科第。貞元九年，柳宗元二十一歲考中進士。

⑰**嶄然見頭角**　才華傑出超衆。嶄然，突出。見，同「現」，顯露。頭角，指柳宗元少年時所顯露出來的才華。

⑱**博學宏詞**　唐代科舉考試的一種科目，用以選拔博學能文之士。貞元十二年（七九七），柳宗元二十四歲中博學宏詞科。又二年，授集賢殿正字。

⑲**集賢殿正字**　宮廷裏收藏、整理圖書之機構。正字：官名，擔任整理經籍、搜求佚書、校勘文字等事。

㉀**儁傑廉悍** 儁傑，才德出衆。廉，品行端正，淸廉。悍，強勁，堅毅。

㉁**議論證據今古** 議論中以今古事實作證據。稱贊柳宗元的議論是以事實作根據，絕不空談。

㉂**出入** 是說他的議論出自經史百子，並從中取證。

㉃**踔厲風發** 議論縱橫，精神振奮。踔，音ㄓㄨㄛ。

㉄**屈其座人** 使同座的人皆屈從於他。

㉅**爭欲令出我門下** 都爭著想使柳宗元爲自己門下之士，再經自己推薦出仕。

㉆**交口薦譽** 衆口一辭的推薦、贊譽。

㉇**藍田尉** 藍田，藍田縣，今在陝西省內。尉，這裏指縣尉，官位次於縣令，掌管全縣治安等事。

㉈**順宗** 德宗之子，名誦，公元八〇四年卽位，任用王叔文等管理朝政。王叔文等倡導革新，推行新法。柳宗元參與了當時的革新活動，並由王叔文等引薦，任禮部員外郎。

㉉**用事者** 指王叔文等掌權執政的人。

㉊**例出** 照例貶謫遣出。永貞元年（八〇五）九月柳宗元與同黨韓泰、韓曄、劉禹錫等人，皆被貶爲刺史。十一月又都被貶爲司馬。因當時被貶的不只柳宗元一人，故說例出。

㉋**居閒** 指做司馬時公事少而淸閒。

㉌**汎濫渟蓄** 泛濫，借水之橫溢，譬喻學問廣博。渟蓄，以蓄積之水，譬喻文章深厚。

㉍**涯涘** 原意是水邊，這裏作邊際講。

㉎**自肆於山水間** 放縱地游山玩水，抒散胸懷。肆，放縱，恣意。

㉟ **元和**　唐憲宗年號。

㊱ **又偕出爲刺史**　指柳宗元等人又離開京城到地方任刺史。

㊲ **子厚得柳州**　元和十一年（八一五）三月，柳宗元任柳州刺史。得，得到，獲得。柳州，今在廣西省境內。

㊳ **是豈不足爲政邪**　是說在柳州這個荒僻之地，仍能以施展抱負做出政績。是，指柳州。

㊴ **爲設敎禁**　爲當地設立提倡和禁止人民所做事情的敎令、禁令。

㊵ **順賴**　依順信賴。

㊶ **其俗以男女質錢**　柳州的風俗，窮人向富人借錢以子女作抵押。質，抵押。

㊷ **約不時贖**　約定如果到期不贖回子女。

㊸ **子本相侔**　息金和本錢相等。侔，相等。

㊹ **則沒爲奴婢**　則把借錢人抵押的子女，沒收爲奴婢。

㊺ **與設方計**　給以子女做質錢的人想辦法。

㊻ **令書其傭**　讓他們把佣工的工錢記下來。

㊼ **則使歸其質**　就讓債主歸還做抵押的人質。

㊽ **觀察使**　唐代於不設節度使的區域設觀察使，官位在州以上，掌管考察州、縣政績。

㊾ **比**　及，等到。

㊿ **免而歸者且千人**　免爲奴婢而贖回的近千人。

(五一) **衡、湘以南**　指衡山、湘水以南。

(五二) **中山劉夢得禹錫**　中山，地名，在今河北省定縣。劉夢得，卽劉禹錫，字夢得，唐代著名詩人，因參加王叔文等人的革新運動而被貶。

(五三) **播州**　今貴州省遵義縣一帶。

(五四) **親在堂**　舊時父母均在世稱爲親在堂，這裏是說劉禹錫家有母親。

(五五) **窮**　困窘。

(五六) **無辭以白其大人**　無話稟告他的母親。大人，古時對父母的尊稱。

(五七) **拜疏**　拜，表示恭敬。疏，上疏，古時臣向帝王分條陳述事情的文字。

(五八) **雖重得罪**　卽使因此再一次獲罪。

(五九) **「遇有」二句**　正趕上御史中丞裴度把劉禹錫的困境奏章給唐憲宗，於是憲宗將劉禹錫改任連州刺史。《新唐書・劉禹錫傳》曾記載：「御史中丞裴度爲言：『播極遠，猿狖所宅，禹錫母八十餘，不能往，當與其子死訣，恐傷陛下孝治，請稍內遷』……乃易連州。」連州，今廣東省連縣。

(六〇) **士窮乃見節義**　士人窮困時，才看出他的節操和義氣。

(六一) **平居里巷相慕悅**　平居里巷，平時在家時。相慕悅，互相仰慕、歡悅。

(六二) **徵逐**　朋友之間召來隨往，互相邀請宴飲。

(六三) **詡詡強笑語以相取下**　詡詡，說大話，誇耀。相取下，卽互相謙遜，願居別人之下。取，語詞。

(六四) **出肺肝相示**　極言彼此親密赤誠到可以挖出肺肝給人看的程度。

（六五）**指天日涕泣**　指著上天流淚發誓。

（六六）**毛髮比**　毛髮，譬喻事情細小。比，類似。

（六七）**落陷穽**　這裏指陷入圈套，遭到禍患。陷穽，捕捉野獸的地坑。

（六八）**不一引手救**　不肯伸手去挽救他。

（六九）**此宜禽獸夷狄所不忍爲**　宜，謂宜做的事。夷狄，指少數民族。所不忍爲，不忍心做。

（七〇）**勇於爲人**　勇於幫助別人，此指柳宗元幫助王叔文一事。

（七一）**不自貴重顧籍**　這是韓愈批評柳宗元附和王叔文是不尊重和顧惜自己。顧籍，顧惜。

（七二）**謂功業可立就**　認爲功業可立刻成功。此指王叔文、柳宗元等人的革新運動。

（七三）**故坐廢退**　因而獲罪被貶，不爲朝廷所用。坐，這裏是因事獲罪的意思。

（七四）**窮裔**　窮僻荒遠之地。

（七五）**使子厚在臺省時**　指柳宗元在御史臺任監察御史，在尚書省任禮部員外郞時。使，假設。臺、省，均是朝廷官署名稱，御史臺稱臺，尚書省稱省。

（七六）**自持其身**　謹愼自守。

（七七）**已能如司馬刺史時**　能像做永州司馬和柳州刺史時。

（七八）**亦自不斥**　也自然不被排斥、貶官。

（七九）**復用不窮**　重新被任用而不會窮困。

（八〇）**然子厚斥不久**　然而柳宗元被貶不久。

(八一) **窮不極**　窮困不到極點。

(八二) **雖有出於人**　雖然能出人頭地（指功名業績）。

(八三) **必不能自力以致必傳於後如今**　言必然不能像現在這樣通過自己的努力，取得流傳後世的成就。

(八四) **以元和十四年十一月八日卒**　以，在。元和，唐憲宗李純年號。元和十四年，即八一九年。十一月八日，《舊唐書》本傳作十月五日。

(八五) **萬年**　唐時縣名，今陝西省長安縣境內。

(八六) **費**　歸葬的費用。

(八七) **河東裴君行立**　河東，唐時郡名，今山西省永濟縣。裴君行立，即裴行立，元和十二年（八一七）任桂管觀察使，是柳宗元的上司。

(八八) **節概**　志節度量。

(八九) **重然諾**　言而有信。然、諾，均是應允之意。

(九〇) **盡**　盡心，盡力。

(九一) **舅弟**　舅父之子，即表弟。

(九二) **涿**　唐時州名，今河北省涿縣。

(九三) **經紀其家**　經紀，經管料理。其家，指柳宗元家事。

(九四) **嗣人**　後代子孫。

【賞　析】

墓主柳宗元與作者同為唐代古文運動的領導者，長期相互支援，相互敬佩，友誼至為深厚。柳的逝世，引起作者異常的悲痛，為作誌銘，自然與一般應酬文字迥然不同。本文除側重描述柳宗元的政績、為人和文學成就之外，文字亦飽含激情；讀之感人肺腑，回味不盡。

在材料組織方面：顯示了韓愈史傳文寫作的才能。如寫柳宗元的政績，作者只選取其在柳州設教禁，純風俗，使民「歸其質」一事，概括而生動地說明了柳宗元興利除弊的優異政績。因為當時各地以子女質錢之風甚為嚴重，所以韓愈以此來突出柳宗元的政績，在選材上具有普遍和典型的意義。

在語言洗煉方面：敍柳宗元的才華，說他「議論證據古今，出入經史百子，踔厲風發，率常屈其座人。」不僅用詞得體，描述恰當，特別用「率常屈其座人」，來刻劃柳宗元壓倒衆人的才氣，生動活潑，歷歷如在目前，接著文章又以「諸公要人，爭欲令出我門下，交口稱譽。」句中「爭」字，巧妙地對達官貴人爭相羅致名士的情狀加以勾勒，再次補襯柳宗元才氣過人。這個「爭」字和上文的「屈」字兩兩相照，於是又引出下面的「交口薦譽」。由於顯宦們爭相羅致，就暗為下文柳宗元參與王叔文的政治革新預下伏筆。可見韓氏對文章的結構和語言洗煉是頗具匠心的。

在抒情眞切方面：文中寫柳宗元以柳易播一段文字，寫柳宗元且泣且訴的情態，眞是充滿激情，懇切動人。文章至此，不僅體現了柳宗元急朋友之危的美德，同時又繼之以「士窮乃見節義」飽含哲理的話來總結上文，更顯出寄意深遠，耐人尋味；並由此發出無限感慨。這段充滿激情的議論文字，是對世態炎涼，人情冷暖的生動描摹，是對那些見利忘義，賣友求榮者的無情鞭笞。文筆犀利，氣勢奔放，正是作者抒情眞切動人的具體表現。

在創作理論方面：墓志指出柳文之所以達到「泛濫停蓄，深博無涯涘」的成就，其根本原因由於「久斥」和「窮極」，這一評論證明柳文的精裁密致，沈鬱峭拔，是在其困頓不幸的人生遭遇中刻苦磨礪的結果。這和作者在〈荆潭唱和詩序〉中說的：「和平之音淡薄，而愁思之聲要妙，歡愉之辭難工，而窮苦之言易好也。是故文章之作，恆發於羈旅草野。」幾乎如出一轍。證明柳宗元和前人「發憤著書」的經驗，是完全一致的。韓愈對柳宗元創作道路的認定和評價，對我國文學創作理論和發展具有深遠的影響。

至於本篇最後的銘文，很有特色，既不作韻語，也不作贊頌之詞，文字又極簡略，雖然寥寥三個短語十五個字，但在感情上卻不乏韻味。死者長已矣，生者將何堪，衰老殘燭，同病相憐，只有吞聲一哭，其他還有甚麼話可說呢！此韓愈內心的感情世界，只有好學深思者，方能於文字以外求得。

韓愈爲悼念爲古文運動並肩奮鬪的好友柳宗元，除了本篇墓誌銘寫於柳宗元去世後的第二年，卽唐憲宗十五年（八二〇）外，在這之前，他還寫過〈祭柳子厚文〉，內容重點談柳宗元的文學成就：在這之後，卽唐穆宗長慶三年（八二三），他還寫過〈柳州羅池廟廟〉，內容專談柳宗元生前的政績，說他：「賢而有文章，嘗位於朝光顯矣，已而擯不用，」本文是第二篇，著重談柳氏的風義，也就是篤於友朋之道。他無論是升遷貶斥，生前身後，無一不以濃厚的友情一線貫串。所以三篇文章雖同寫一人，但卻互相補充而各有側重，必須合讀，才能體會作者爲文的體要。

通觀全文，在敍述中有議論，在議論中有抒情，寫得含蓄飽滿，加上語言的簡潔凝煉，句法的長短參差，布局的照應得體，均在在增強了文章的藝術感染力。近人高步瀛《唐宋文舉要》說：「韓柳至交，此文以全力發明子厚之文學風義。其酣恣淋漓頓挫盤鬱處，乃韓公眞實本領。而視所爲墓銘以雕琢奇詭勝者，反爲別調。蓋至情之所發，而文字之變格也。」此評深可玩索。

伍、附　錄

附錄一：舊唐書韓愈傳

韓愈字退之，昌黎人。父仲卿，無名位。愈生三歲而孤，養於從父兄。愈自以孤子，幼刻苦學儒，不俟奬勵。大曆、貞元之間，文字多尚古學，效揚雄、董仲舒之述作，而獨孤及、梁肅最稱淵奧，儒林推重。愈從其徒遊，銳意鑽仰，欲自振於一代。洎舉進士，投文於公卿間，故相鄭餘慶頗爲之延譽，由是知名於時。

尋登進士第。宰相董晉出鎮大梁，辟爲巡官。府除，徐州張建封又請其爲賓佐。愈發言眞率，無所畏避，操行堅正，拙於世務。調授四門博士，轉監察御史。德宗晚年，政出多門，宰相不專機務，宮市之弊，諫官論之不聽。愈嘗上章數千言極論之，不聽，怒貶爲連州陽山令，量移江陵府掾曹。元和初，召爲國子博士，遷都官員外郎。時華州刺史閻濟美以公事停華陰令柳澗縣務，俾攝掾曹。居數月，濟美罷郡，出居公館，澗遂諷百姓遮道索前年軍頓役直。後刺史趙昌按得澗罪以聞，貶房州司馬。愈因使過華，知其事，以爲刺史相黨，上疏理澗，留中不下。詔監察御史李宗奭按驗，得澗贓狀，再貶澗封溪尉。以愈妄論，復爲國子博士。愈自以才高，累被擯黜，作〈進學解〉以自喩曰：

國子先生晨入太學，召諸生立館下，誨之曰：「業精于勤荒于嬉，行成于思毀于隨。方今聖賢相逢，治具畢張，拔去兇邪，登崇俊良。占小善者率以錄，名一藝者無不庸。爬羅剔抉，刮垢磨光。蓋有幸而獲選，孰云多而不揚？諸生業患不能精，無患有司之不明；行患不能成，無患有司之不公。」

言未既，有笑于列者曰：「先生欺予哉！弟子事先生，于茲有年矣。先生口不絕吟於六藝之文，手不停披於百家之編。記事者必提其要，纂言者必鉤其玄。貪多務得，細大不捐。燒膏油以繼晷，常矻矻以窮年。先生之業，可謂勤矣。觝排異端，攘斥佛、老，補苴罅漏，張皇幽眇。尋墜緒之茫茫，獨旁搜而遠紹；障百川而東之，迴狂瀾於既倒。先生之於儒，可謂有勞矣。沉浸濃郁，含英咀華，作為文章，其書滿家。上規姚、姒，渾渾無涯。周〈誥〉、殷〈盤〉，佶屈聱牙。《春秋》謹嚴，《左氏》浮誇。《易》奇而法，《詩》正而葩。下逮《莊》、《騷》，太史所錄，子雲、相如，同工異曲。先生之於文，可謂閎其中而肆其外矣。少始知學，勇於敢為；長通於方。左右具宜。先生之為人，可謂成矣。然而公不見信於人，私不見助於友，跋前躓後，動輒得咎。暫為御史，遂竄南夷。三為博士，冗不見治。命與仇謀，取敗幾時。冬煖而兒號寒，年豐而妻啼饑。頭童齒豁，竟死何裨？不知慮此，而反教人為！」

先生曰：「吁，子來前。夫大木為宗，細木為桷，欂櫨侏儒，椳闑扂楔，各得其宜，施以成室者，匠氏之工也。玉札丹砂、赤箭青芝、牛溲馬勃、敗鼓之皮，俱收并蓄，待用無遺者，醫師之良也。登明選公，雜進巧拙，紆餘為妍，卓犖為傑，校短量長，唯器是適者，宰相之方也。昔者，孟軻好辯，孔道以明，轍環天下，卒老于行。荀卿守正，大論是弘，逃讒于楚，廢死蘭陵。是二儒者，吐辭為經，擧足為法，絶類離倫，優入聖域，其遇于世何如也？今先生學雖勤，不由其統；言雖多，不要其中；文雖奇，不濟於用；行雖修，不顯於衆。猶且月費俸錢，歲靡廩粟，子不知耕，婦不知織，乘馬從徒，安坐而食，踵常塗之促促，窺陳編以盜竊。然而聖主不加誅，宰臣不見斥，此非其幸哉！動而得謗，名亦隨之。投閒置散，乃分之宜。若夫商財賄之有無，計班資之崇庳，忘己量之所稱，指前人之瑕疵，是所謂詰匠氏之不以杙為楹，而訾醫師以昌陽引年，欲進其豨苓也。」

執政覽其文而憐之，以其有史才，改比部郎中、史館修撰。踰歲，轉考功郎中、知制誥，拜中書舍人。俄有不悅愈者，摭其舊事，言愈前左降爲江陵掾曹，荆南節度使裴均館之頗厚，均子鍔凡鄙，近者鍔還省父，愈爲序餞鍔，仍呼其字。此論喧於朝列，坐是改太子右庶子。元和十二年八月，宰臣裴度爲淮西宣慰處置使，兼彰義軍節度使，請愈爲行軍司馬，仍賜金紫。淮、蔡平，十二月隨度還朝，以功授刑部侍郎，仍詔愈撰〈平淮西碑〉，其辭多敍裴度事。時先入蔡州擒吳元濟，李愬功第一，愬不平之。愬妻出入禁中，因訴碑辭不實，詔令磨愈文。憲宗命翰林學士段文昌重撰文勒石。

鳳翔法門寺有護國眞身塔，塔內有釋迦文佛指骨一節，其書本傳法，三十年一開，開則歲豐人泰。十四年正月，上令中使杜英奇押宮人三十人，持香花，赴臨皐驛迎佛骨。自光順門入大內，留禁中三日，乃送諸寺。王公士庶，奔走捨施，唯恐在後。百姓有廢業破產、燒頂灼臂而求供養者。愈素不喜佛，上疏諫曰：

伏以佛者，夷狄之一法耳。自後漢時始流入中國，上古未嘗有也。昔黃帝在位百年，年百一十歲；少昊在位八十年，年百歲；顓頊在位七十九年，年九十八歲；帝嚳在位七十年，年百五歲；帝堯在位九十八年，年百一十八歲；帝舜及禹年皆百歲。此時天下太平，百姓安樂壽考，然而中國未有佛也。其後殷湯亦年百歲，湯孫太戊在位七十五年，武丁在位五十年，書史不言其壽，推其年數，蓋亦俱不減百歲。周文王年九十七歲，武王年九十三歲，穆王在位百年。此時佛法亦未至中國，非因事佛而致此也。

漢明帝時始有佛法，明帝在位纔十八年耳。其後亂亡相繼，運祚不長，宋、齊、梁、陳、元魏已下，事佛漸謹，年代尤促。唯梁武帝在位四十八年，前後三度捨身施佛，宗廟之祭，不用牲牢，晝日一食，止於菜果；其後竟為侯景所逼，餓死臺城，國亦尋滅，事佛求福，乃更得禍。由此觀之，佛不足信，亦可知矣。

高祖始受隋禪，則議除之。當時羣臣識見不遠，不能深究先王之道、古今之宜，推闡聖明，以救斯弊，其事遂止。臣嘗恨焉！伏惟皇帝陛下，神聖英武，數千百年以來未有倫比。卽位之初，卽不許度人為僧尼、道士，又不許別立寺觀。臣當時以為高祖之志，必行於陛下之手。今縱未能卽行，豈可恣之轉令盛也！

今聞陛下令羣僧迎佛骨於鳳翔，御樓以觀，舁入大內，令諸寺遞迎供養。臣雖至愚，必知陛下不惑於佛，作此崇奉以祈福祥也。直以年豐人樂，徇人之心，為京都士庶設詭異之觀、戲玩之具耳。安有聖明若此而肯信此等事哉？然百姓愚冥，易惑難曉，苟見陛下如此，將謂真心信佛。皆云天子大聖，猶一心敬信，百姓微賤，於佛豈合惜身命。所以灼頂燔指，百十為羣，解衣散錢，自朝至暮，轉相倣效，唯恐後時，老幼奔波，棄其生業。若不卽加禁遏，更歷諸寺，必有斷臂臠身以為供養者。傷風敗俗，傳笑四方，非細事也。

佛本夷狄之人，與中國言語不通，衣服殊製。口不道先王之法言，身不服先王之法服，不知君臣之義、父子之情。假如其身尚在，奉其國命，來朝京師，陛下容而接之，不過宣政一見，禮賓一設，賜衣一襲，衛而出之於境，不令惑於衆也。況其身死已久，枯朽之骨，兇穢之餘，豈宜以入宮禁！孔子曰：「敬鬼神而遠之。」古之諸侯，行弔於國，尚令巫祝先以桃茢，祓除不祥，然後進弔。今無故取朽穢之物，親臨觀之，巫祝不先，桃茢不用，羣臣不言其非，御史不舉其失，臣實恥之。乞以此骨，付之水火，永絕根本，斷天下之疑，絕後代之惑。使天下之人，知大聖人之所作為，出於尋常萬萬也，豈不盛哉！豈不快哉！佛如有靈，能作禍祟，凡有殃咎，宜加臣身。上天鑒臨，臣不怨悔。

疏奏，憲宗怒甚。間一日，出疏以示宰臣，將加極法。裴度、崔羣奏曰：「韓愈上忤尊聽，誠宜得罪，然而非內懷忠懇，不避黜責，豈能至此？伏乞稍賜寬容，以來諫者。」上曰：「愈言我奉佛太過，我猶爲容之。至謂東漢奉佛之後，帝王咸致夭促，何言之乖剌也？愈爲人臣，敢爾狂妄，固不可赦。」于是人情驚惋，乃至國戚諸貴亦以罪愈太重，因事言之，乃貶爲潮州刺史。

愈至潮陽，上表曰：

臣今年正月十四日，蒙恩授潮州刺史，卽日馳驛就路。經涉嶺海，水陸萬里。臣所領州，在廣府極東，去廣府雖云二千里，然來往動皆踰月。過海口，下惡水，濤瀧壯猛，難計期程，颶風鱷魚，患禍不測。州南近界，漲海連天，毒霧瘴氛，日夕發作。臣少多病，年纔五十，髮白齒落，理不久長。加以罪犯至重，所處又極遠惡，憂惶慚悸，死亡無日。單立一身，朝無親黨，居蠻夷之地，與魑魅同羣。苟非陛下哀而念之，誰肯為臣言者。

臣受性愚陋，人事多所不通，唯酷好學問文章，未嘗一日暫廢，實為時輩推許。臣於當時之文，亦未有過人者，至於論述陛下功德，與《詩》、《書》相表裏，作為歌詩，薦之郊廟，紀太山之封，鏤白玉之牒，鋪張對天之宏休，揚厲無前之偉跡，編於《詩》、《書》之策而無愧，措於天地之間而無虧。雖使古人復生，臣未肯多讓。伏以大唐受命有天下，四海之內，莫不臣妾，南北東西，地各萬里。自天寶之後，政治少懈，文致未優，武克不綱。孽臣姦隸，外順內悖，父死子代，以祖以孫，如古諸侯，自擅其地，不朝不貢，六七十年。四聖傳序，以至陛下，躬親聽斷，干戈所麾，無不從順。宜定樂章，以告神明，東巡泰山，奏功皇天，使永永萬年，服我成烈。當此之際，所謂千載一時不可逢之嘉會，而臣負罪嬰纍，自拘海島，戚戚嗟嗟，日與死迫，曾不得奏薄伎於從官之內、隸御之間，窮思畢精，以贖前過。懷痛窮天，死不閉目！瞻望宸極，魂神飛去。伏惟陛下，天地父母，哀而憐之。

憲宗謂宰臣曰：「昨得韓愈到潮州表，因思其所諫佛骨事，大是愛我，我豈不知？然愈爲人臣，不當言人主事佛乃年促也。我以是惡其容易。」上欲復用愈，故先語及，觀宰臣之奏對。而皇甫鎛惡愈狷直，恐其復用，率先對曰：「愈終太狂疏，且可量移一郡。」乃授袁州刺史。

初，愈至潮陽，既視事，詢吏民疾苦，皆曰：「郡西湫水有鱷魚，卵而化，長數丈，食民畜產將盡，以是民貧。」居數日，愈往視之，令判官秦濟炮一豚一羊，投之湫水，呪之曰：

前代德薄之君，棄楚、越之地，則鱷魚涵泳於此可也。今天子神聖，四海之外，撫而有之。況揚州之境，刺史縣令之所治，出貢賦以共天地宗廟之祀，鱷魚豈可與刺史雜處此土哉？刺史受天子命，令守此土，而鱷魚睅然不安谿潭，食民畜熊鹿麞豕，以肥其身，以繁其卵，與刺史爭為長。刺史雖駑弱，安肯為鱷魚低首而下哉？今潮州大海在其南，鯨鵬之大，蝦蟹之細，無不容，鱷魚朝發而夕至。今與鱷魚約，三日乃至七日，如頑而不徙，須為物害，則刺史選材伎壯夫，操勁弓毒矢，與鱷魚從事矣！

呪之夕，有暴風雷起於湫中。數日，湫水盡涸，徙於舊湫西六十里。自是潮人無鱷患。

袁州之俗，男女隸於人者，踰約則沒入出錢之家。愈至，設法贖其所沒男女，歸其父母。仍削其俗法，不許隸人。

十五年，徵爲國子祭酒，轉兵部侍郎。會鎮州殺田弘正，立王廷湊，令愈往鎮州宣諭。愈既至，集軍民，諭以逆順，辭情切至，廷湊畏重之。改吏部侍郎。轉京兆尹，兼御史大夫。以不臺參，爲御史中丞李紳所劾。愈不伏，言準敕仍不臺參。紳、愈性皆褊僻，移刺往來，紛然不止，乃出紳爲浙西觀察使，愈亦罷尹，爲兵部侍郎。及紳面辭赴鎮，泣涕陳敍，穆宗憐之，乃追制以紳爲兵部侍郎，愈復爲吏部侍郎。

長慶四年十二月卒，時年五十七，贈禮部尚書，謚曰文。

愈性弘通，與人交，榮悴不易。少時與洛陽人孟郊、東郡人張籍友善。二人名位未振，愈不避寒暑，稱薦於公卿間，而籍終成科第，榮於祿仕。後雖通貴，每退公之隙，則相與談讌，論文賦詩，如平昔焉。而觀諸權門豪士，如僕隸焉，瞪然不顧。而頗能誘厲後進，館之者十六七，雖晨炊不給，怡然不介意。大抵以興起名教弘獎仁義爲事。凡嫁內外及友朋孤女僅十人。

常以爲自魏、晉已還，爲文者多拘偶對，而經誥之指歸，遷、雄之氣格，不復振起矣。故愈所爲文，務反近體，抒意立言，自成一家新語。後學之士，取爲師法。當時作者甚衆，無以過之，故世稱「韓文」焉。然時有恃才肆意，亦有盭孔、孟之旨。若南人妄以柳宗元爲羅池神，而愈譔碑以實之；李賀父名晉，不應進士，而愈爲賀作〈諱辨〉，令舉進士；又爲〈毛穎傳〉，譏戲不近人情：此文章之甚紕繆者。時謂愈有史筆，及撰《順宗實錄》，繁簡不當，敍事拙於取捨，頗爲當代所非。穆宗、文宗嘗詔史臣添改，時愈壻李漢、蔣係在顯位，諸公難之。而韋處厚竟別撰《順宗實錄》三卷。有《文集》四十卷，李漢爲之序。

子昶，亦登進士第。

附錄二：新唐書韓愈傳

韓愈字退之，鄧州南陽人。七世祖茂，有功於後魏，封安定王。父仲卿，爲武昌令，有美政，既去，縣人刻石頌德。終秘書郎。

愈生三歲而孤，隨伯兄會貶官嶺表。會卒，嫂鄭鞠之。愈自知讀書，日記數千百言，比長，盡能通六經、百家學。擢進士第。會董晉爲宣武節度使，表署觀察推官。晉卒，愈從喪出，不四日，汴軍亂，乃去依武寧節度使張建封，建封辟府推官。操行堅正，鯁言無所忌。調四門博士，遷監察御史。上疏極論宮市，德宗怒，貶陽山令。有愛在民，民生子多以其姓字之。改江陵法曹參軍。元和初，權知國子博士，分司東都，三歲爲眞。改都官員外郎，卽拜河南令。遷職方員外郎。

華陰令柳澗有罪，前刺史劾奏之，未報而刺史罷。澗諷百姓遮索軍頓役直，後刺史惡之，按其獄，貶澗房州司馬。愈過華，以爲刺史陰相黨，上疏治之。既御史覆問，得澗贓，再貶封溪尉。愈坐是復爲博士。既才高數黜，官又下遷，乃作《進學解》以自諭曰：

國子先生晨入太學，召諸生立館下，誨之曰：「業精于勤，荒于嬉；行成于思，毀于隨。方今聖賢相逢，治具畢張，拔去兇邪，登崇畯良。占小善者率以錄，名一藝者無不庸。把羅剔抉，刮垢磨光。蓋有幸而獲選，孰云多而不揚？諸生業患不能精，無患有司之不明；行患不能成，無患有司之不公。」

言未既，有笑于列者曰：「先生欺予哉！弟子事先生，于茲有年矣。先生口不絕吟於六藝之文，手不停披於百家之編。記事者必提其要，纂言者必鉤其玄。貪多務得，細大不捐。燒膏油以繼晷，常矻矻以窮年。先生之業，可謂勤矣。觝排異端，攘斥佛老。補苴罅漏，張皇幽眇。尋墜緒之茫茫，獨旁搜而遠紹。停百川而東之，回狂瀾於既倒。先生之於儒，可謂有勞矣。沈浸醲郁，含英咀華。作為文章，其書滿家。上規姚姒，渾渾亡涯。周《誥》商《盤》，佶屈聱牙。《春秋》謹嚴，《左氏》浮夸。《易》奇而法，《詩》正而葩。下逮《莊》《騷》，太史所錄，子雲相如，同工異曲。先生之於文，可謂閎其中而肆其外矣。少始知學，勇於敢為。長通於方，左右其宜。先生之於為人，可謂成矣。然而公不見信於人，私不見助於友。跋前躓後，動輒得咎。暫為御史，遂竄南夷。三年博士，冗不見治。命與仇謀，其敗幾時。冬煖而兒號寒，年豐而妻啼飢。頭童齒豁，竟死何裨？不知慮此，而反教人為！」

先生曰：「吁！子來前。夫大木為宗，細木為桷，欂櫨侏儒，椳闑扂楔，各得其宜。施以成室者，匠氏之工也。玉札丹砂，赤箭青芝，牛溲馬勃，敗鼓之皮，俱收並蓄，待用無遺者，醫師之良也。登明選公，雜進巧拙，紆餘為妍，卓犖為傑，校短量長，唯器是適者，宰相之方也。昔者孟軻好辯，孔道以明；轍環天下，卒老于行。荀卿宗王，大倫以興；逃讒于楚，廢死蘭陵。是二儒者，吐詞為經，舉足為法，絕類離倫，優入聖域，其遇於世何如也？今先生學雖勤而不繇其統，言雖多而不要其中；文雖奇而不濟於用，行雖脩而不顯於眾。猶且月費俸錢，歲靡廩粟，子不知耕，婦不知織；乘馬從徒，安坐而食；踵常塗之促促，窺陳編以盜竊。然而聖主不加誅，宰臣不見斥。茲非其幸歟?動而得謗,名亦隨之。投閑置散,乃分之宜。若夫商財賄之有無,計班資之崇庳,忘量己之所稱,指前人之瑕疵,是所謂詰匠氏之不以杙為楹,而訾醫師以昌陽引年,欲進其豨苓也。」

執政覽之,奇其才,改比部郎中、史館脩撰。轉考功,知制誥,進中書舍人。

初,憲宗將平蔡,命御史中丞裴度使諸軍按視。及還,且言賊可滅,與宰相議不合。愈亦奏言:

淮西連年脩器械防守,金帛糧畜耗於給賞,執兵之卒四向侵掠,農夫織婦餉於其後,得不償費。比聞畜馬皆上槽櫪,此譬有十夫之力,自朝抵夕,跳躍叫呼,勢不支久,必自委頓。當其已衰,三尺童子可制其命。況以四州殘弊困劇之餘而當天下全力,其敗可立而待也。然未可知者,在陛下斷與不斷耳。夫兵不多不足以取勝,必勝之師不在速戰,兵多而戰不速則所費必廣。疆場之上,日相攻劫,近賊州縣,賦役百端,小遇水旱,百姓愁苦。方此時,人人異議以惑陛下,陛下持之不堅,半塗而罷,傷威損費,為弊必深。所要先決於心,詳度本末,事至不惑,乃可圖功。

又言:「諸道兵羈旅單弱不足用,而界賊州縣,百姓習戰鬭,知賊深淺,若募以內軍,教不三月,一切可用。」又欲「四道置兵,道率三萬,畜力伺利,一日俱縱,則蔡首尾不救,可以責功」。執政不喜。會有人詆愈在江陵時為裴均所厚,均子鍔素無狀,愈為文章,字命鍔,謗語讙暴,由是改太子右庶子。及度以宰相節度彰義軍,宣慰淮西,奏愈行軍司馬。愈請乘遽先入汴,說韓弘使叶力。元濟平,遷刑部侍郎。

憲宗遣使者往鳳翔迎佛骨入禁中,三日,乃送佛祠。王公士人奔走膜唄,至為夷法灼體膚,委珍貝，騰沓係路。愈聞惡之，乃上表曰：

佛者，夷狄之一法耳。自後漢時始入中國，上古未嘗有也。昔黃帝在位百年，年百一十歲；少昊在位八十年，年百歲；顓頊在位七十九年，年九十歲；帝嚳在位七十年，年百五歲；堯在位九十八年，年百一十八歲；帝舜在位及舜年皆百歲。此時天下太平，百姓安樂壽考，然而中國未有佛也。其後，湯亦年百歲，湯孫太戊在位七十五年，武丁在位五十年，書史不言其壽，推其年數，蓋不減百歲。周文王年九十七歲，武王年九十三歲，穆王在位百年。此時佛法亦未至中國，非因事佛而致然也。漢明帝時始有佛法，明帝在位纔十八年。其後亂亡相繼，運祚不長。宋、齊、梁、陳、元魏以下，事佛漸謹，年代尤促。唯梁武帝在位四十八年，前後三捨身施佛，宗廟祭不用牲牢，晝日一食，止於菜果，後為侯景所逼，餓死臺城，國亦尋滅。事佛求福，乃更得禍。由此觀之，佛不足信，亦可知矣。

高祖始受隋禪，則議除之。當時羣臣識見不遠，不能深究先王之道、古今之宜，推闡聖明，以救斯弊，其事遂止。臣常恨焉！伏惟睿聖文武皇帝陛下，神聖英武，數千百年以來，未有倫比。卽位之初，卽不許度人為僧尼、道士，又不許別立寺觀。臣當時以為高祖之志，必行於陛下。今縱未能卽行，豈可恣之令盛也？今陛下令羣僧迎佛骨於鳳翔，御樓以觀，舁入大內，又令諸寺遞加供養。臣雖至愚，必知陛下不惑於佛，作此崇奉以祈福祥也。直以豐年之樂，徇人之心，為京都士庶設詭異之觀、戲玩之具耳。安有聖明若此，而肯信此等事哉？然百姓愚冥，易惑難曉，苟見陛下如此，將謂真心信佛，皆云：「天子大聖，猶一心信向，百姓微賤，於佛豈合更惜身命？」

以至灼頂燔指，十百為羣，解衣散錢，自朝至暮，轉相放效，唯恐後時，老幼奔波，棄其生業。若不卽加禁遏，更歷諸寺，必有斷臂臠身以為供養者。傷風敗俗，傳笑四方，非細事也。佛本夷狄之人，與中國言語不通，衣服殊製，口不道先王之法言，身不服先王之法服，不知君臣之義、父子之情。假如其身尚在，奉其國命來朝京師，陛下容而接之，不過宣政一見，禮賓一設，賜衣一襲，衛而出之於境，不令貳於衆也。況其身死已久，枯朽之骨，凶穢之餘，豈宜以入宮禁？孔子曰：「敬鬼神而遠之。」古之諸侯弔於其國，必令巫祝先以桃茢祓除不祥，然後進弔。今無故取朽穢之物，親臨觀之，巫祝不先，桃茢不用，羣臣不言其非，御史不舉其失，臣實恥之。乞以此骨付之水火，永絕根本，斷天下之疑，絕前代之惑，使天下之人知大聖人之所作為出於尋常萬萬也。佛如有靈，能作禍祟，凡有殃咎，宜加臣身。上天鑒臨，臣不怨悔。

表入，帝大怒，持示宰相，將抵以死。裴度、崔羣曰：「愈言訐牾，罪之誠宜。然非內懷至忠，安能及此？願少寬假，以來諫爭。」帝曰：「愈言我奉佛太過，猶可容；至謂東漢奉佛以後，天子咸夭促，言何乖刺邪？愈，人臣，狂妄敢爾，固不可赦。」於是中外駭懼，雖戚里諸貴，亦爲愈言，乃貶潮州刺史。

既至潮，以表哀謝曰：

臣以狂妄戇愚，不識禮度，陳佛骨事，言涉不恭，正名定罪，萬死莫塞。陛下哀臣愚忠，恕臣狂直，謂言雖可罪，心亦無它，特屈刑章，以臣為潮州刺史，既免刑誅，又獲祿食，聖恩寬大，天地莫量，破腦刳心，豈足為謝！

臣所領州，在廣府極東，過海口，下惡水，濤瀧壯猛，難計期程，颶風鱷魚，患禍不測。州南近界，漲海連天，毒霧瘴氛，日夕發作。臣少多病，年纔五十，髮白齒落，理不久長。加以罪犯至重，所處遠惡，憂惶慚悸，死亡無日。單立一身，朝無親黨，居蠻夷之地，與魑魅同羣，苟非陛下哀而念之，誰肯為臣言者？

臣受性愚陋，人事多所不通，維酷好學問文章，未嘗一日暫廢，實為時輩所見推許。臣於當時之文，亦未有過人者。至於論述陛下功德，與《詩》《書》相表裏，作為歌詩，薦之郊廟，紀太山之封，鏤白玉之牒，鋪張對天之宏休，揚厲無前之偉蹟，編於《詩》、《書》之策而無愧，措於天地之間而無虧，雖使古人復生，臣未肯讓。

伏以皇唐受命有天下，四海之內，莫不臣妾，南北東西，地各萬里。自天寶以後，政治少懈，文致未優，武剋不剛，孽臣奸隸，蠹居棋處，搖毒自防，外順內悖，父死子代，以祖以孫，如古諸侯，自擅其地，不朝不貢，六七十年。四聖傳序，以至陛下。陛下卽位以來，躬親聽斷，旋乾轉坤，關機闔開，雷厲風飛，日月清照，天戈所麾，無不從順。宜學樂章，以告神明，東巡泰山，奏功皇天，具著顯庸，明示得意，使永永年服我成烈。當此之際，所謂千載一時不可逢之嘉會，而臣負罪嬰釁，自拘海島，戚戚嗟嗟，日與死迫，曾不得奏薄伎於從官之內、隸御之間，窮思畢精，以贖前過。懷痛窮天，死不閉目，伏惟陛下天地父母哀而憐之。

帝得表，頗感悔，欲復用之，持示宰相曰：「愈前所論是大愛朕，然不當言天子事佛乃年促耳。」皇甫鎛素忌愈直，卽奏言：「愈終狂疏，可且內移。」乃改袁州刺史。

初，愈至潮，問民疾苦，皆曰：「惡溪有鱷魚，食民畜産且盡，民以是窮。」數日，愈自往視之，令其屬秦濟以一羊一豚投谿水而祝之曰：

昔先王既有天下，迾山澤，罔繩擉刃以除蟲蛇惡物為民物害者，驅而出之四海之外。及德薄，不能遠有，則江、漢之間尚皆棄之以與蠻夷楚、越，況潮、嶺之間去京師萬里哉？鱷魚之涵淹卵育於此，亦固其所。

今天子嗣唐位，神聖慈武，四海之外，六合之內，皆撫而有之，況禹跡所揜，揚州之近地，刺史縣令之所治，出貢賦以供天地、宗廟、百神之祀之壤者哉？鱷魚其不可與刺史雜處此土也。刺史受天子命，守此土，治此民，而鱷魚睅然不安溪潭，據處食民畜熊豕鹿麞以肥其身，以種其子孫，與刺史拒爭為長雄。刺史雖駑弱，亦安肯為鱷魚低首下心，伈伈睍睍，為吏民羞，以偷活於此也？承天子命來為吏，固其勢不得不與鱷魚辨。鱷魚有知，其聽刺史。

潮之州，大海在其南，鯨鵬之大，蝦蟹之細，無不容歸，以生以食，鱷魚朝發而夕至也。今與鱷魚約：「盡三日，其率醜類南徙于海，以避天子之命吏。三日不能，至五日；五日不能，至七日。七日不能，是終不肯徙也，是不有刺史，聽從其言也。不然，則是鱷魚冥頑不靈，刺史雖有言，不聞不知也。夫傲天子之命吏，不聽其言，不徙以避之，與冥頑不靈而為民物害者，皆可殺。刺史則選材技民，操彊弓毒矢，以與鱷魚從事，必盡殺乃止，其無悔！」

祝之夕，暴風震電起谿中，數日水盡涸，西徙六十里，自是潮無鱷魚患。

袁人以男女為隸，過期不贖，則沒入之。愈至，悉計庸得贖所沒，歸之父母七百餘人。因與約，禁其爲隸。召拜國子祭酒，轉兵部侍郎。

鎭州亂，殺田弘正而立王廷湊，詔愈宣撫。既行，衆皆危之，元稹言：「韓愈可惜。」穆宗亦悔，詔愈度事從宜，無必入。愈至，廷湊嚴兵迓之，甲士陳廷。既坐，廷湊曰：「所以紛紛者，乃此士卒也。」愈大聲曰：「天子以公爲有將帥材，故賜以節，豈意同賊反邪？」語未終，士前奮曰：「先太師爲國擊朱滔，血衣猶在，此軍何負，乃以爲賊乎？」愈曰：「以爲爾不記先太師也，若猶記之，固善。天寶以來，安祿山、史思明、李希烈等有子若孫在乎？亦有居官者乎？」衆曰：「無。」愈曰：「田公以魏、博六州歸朝廷，官中書令，父子受旗節，劉悟、李祐皆大鎭，此爾軍所共聞也。」衆曰：「弘正刻，故此軍不安。」愈曰：「然爾曹亦害田公，又殘其家矣，復何道？」衆讙曰：「善。」廷湊慮衆變，疾麾使去。因曰：「今欲廷湊何所爲？」愈曰：「神策六軍將如牛元翼者爲不乏，但朝廷顧大體，不可棄之。公久圍之，何也？」廷湊曰：「卽出之。」愈曰：「若爾，則無事矣。」會元翼亦潰圍出，廷湊不追。愈歸奏其語，帝大悅。轉吏部侍郎。

時宰相李逢吉惡李紳，欲逐之，遂以愈爲京兆尹、兼御史大夫，特詔不臺參，而除紳中丞。紳果劾奏愈，愈以詔自解。其後文刺紛然，宰相以臺、府不協，遂罷愈爲兵部侍郎，而出紳江西觀察使。紳見帝，得留，愈亦復爲吏部侍郎。長慶四年卒，年五十七，贈禮部尙書，謚曰文。

愈性明銳，不詭隨。與人交，終始不少變。成就後進，士往往知名。經愈指授，皆稱「韓門弟子」，愈官顯，稍謝遣。凡內外親若交友無後者，爲嫁遺孤女而卹其家。嫂鄭喪，爲服期以報。

每言文章自漢司馬相如、太史公、劉向、揚雄後，作者不世出，故愈深探本元，卓然樹立，成一家言。其〈原道〉、〈原性〉、〈師說〉等數十篇，皆奧衍閎深，與孟軻、揚雄相表裏而佐佑六經云。至它文造端置辭，要爲不襲蹈前人者。然惟愈爲之，沛然若有餘，至其徒李翱、李漢、皇甫湜從而效之，遽不及遠甚。從愈游者，若孟郊、張籍，亦皆自名於時。

孟郊者，字東野，湖州武康人。少隱嵩山，性介，少諧合。愈一見爲忘形交。年五十，得進士第，調溧陽尉。縣有投金瀨、平陵城，林薄蒙翳，下有積水。郊閒往坐水旁，裴回賦詩，而曹務多廢。令白府，以假尉代之，分其半奉。鄭餘慶爲東都留守，署水陸轉運判官。餘慶鎮興元，奏爲參謀。卒，年六十四。張籍謚曰貞曜先生。

郊爲詩有理致，最爲愈所稱，然思苦奇澀。李觀亦論其詩曰：「高處在古無上，平處下顧二謝」云。

張籍者，字文昌，和州烏江人。第進士，爲太常寺太祝。久次，遷秘書郎。愈薦爲國子博士。歷水部員外郎、主客郎中。當時有名士皆與游，而愈賢重之。籍性狷直，嘗責愈喜博簺及爲駁雜之說，論議好勝人，其排釋老不能著書若孟軻、揚雄以垂世者。愈最後答書曰：

吾子不以愈無似，意欲推之納諸聖賢之域，拂其邪心，增其所未高。謂愈之質有可以至於道者，浚其源，道其所歸，溉其根，將食其實。此盛德之所辭讓，況於愈者哉？抑其中有宜復者，故不可遂已。

昔者聖人之作《春秋》也，既深其文辭矣，然猶不敢公傳道之，口授弟子，至於後世，其書出焉。其所以慮患之道微也。今夫二氏之所宗而事之者，下及公卿輔相，吾豈敢昌言排之哉？擇其可語者誨之，猶時與吾悖，其聲嘵嘵。若遂成其書，則見而怒之者必多矣，必且以我為狂為惑。其身不能恤，書於何有？夫子，聖人也，而曰：「自吾得子路，而惡聲不入於耳。」其餘輔而相者周天下，猶且絕糧於陳，畏於匡，毀於叔孫，奔走於齊、魯、宋、衛之郊。其道雖尊，其窮亦至矣。賴其徒相與守之，卒有立於天下。嚮使獨言之而獨書之，其存也可冀乎？今夫二氏行乎中土也，蓋六百年有餘矣。其植根固，其流波漫，非所以朝令而夕禁也。自文王沒，武王、周公、成、康相與守之，禮樂皆在，及乎夫子未久也，自夫子而至乎孟子未久也，自孟子而至乎揚雄亦未久也。然猶其勤若此，其困若此，而後能有所立，吾豈可易而為之哉？其為也易，則其傳也不遠，故余所以不敢也。然觀古人，得其時，行其道，則無所為書。為書者，皆所為不行乎今，而行乎後世者也。今吾之得吾志、失吾志未可知，則俟五十、六十為之，未失也。天不欲使茲人有知乎，則吾之命不可期；如使茲人有知乎，非我其誰哉！其行道，其為書，其化今，其傳後，必有在矣。吾子其何遽戚戚於吾所為哉？

前書謂吾與人論不能下氣，若好勝者。雖誠有之，抑非好己勝也，好己之道勝也。非好己之道勝也，己之道乃夫子、孟軻、揚雄之道。傳者若不勝，則無所為道，吾豈敢避是名哉！夫子之言曰：「吾與回言終日，不違如愚。」則其與衆人辯也有矣。駁雜之譏，前書盡之，吾子其復之。

昔者夫子猶有所戲，詩不云乎：「善戲謔兮，不為虐兮。」記曰：「張而不弛，文武不為也。」惡害於道哉？吾子其未之思乎？

籍爲詩，長於樂府，多警句。仕終國子司業。

皇甫湜字持正，睦州新安人。擢進士第，爲陸渾尉，仕至工部郎中，辨急使酒，數忤同省，求分司東都。留守裴度辟爲判官。度修福先寺，將立碑，求文於白居易。湜怒曰：「近捨湜而遠取居易，請從此辭。」度謝之。湜即請斗酒，飲酣，援筆立就。度贈以車馬繒綵甚厚，湜大怒曰：「自吾爲顧況集序，未常許人。今碑字三千，字三縑，何遇我薄邪？」度笑曰：「不羈之才也。」從而酬之。湜嘗爲蜂螫指，購小兒斂蜂，擣取其液。一日命其子錄詩，一字誤，詬躍呼杖，杖未至，嚙其臂血流。

盧仝居東都，愈爲河南令，愛其詩，厚禮之。仝自號玉川子，嘗爲〈月蝕〉詩以譏切元和逆黨，愈稱其工。

時又有賈島、劉叉，皆韓門弟子。

島字浪仙，范陽人，初爲浮屠，名無本。來東都，時洛陽令禁僧午後不得出，島爲詩自傷。愈憐之，因敎其爲文，遂去浮屠，舉進士。當其苦吟，雖逢値公卿貴人，皆不之覺也。一日見京兆尹，跨驢不避，譁詰之，久乃得釋。累舉，不中第。文宗時，坐飛謗，貶長江主簿。會昌初，以普州司倉參軍遷司戶，未受命卒，年六十五。

劉叉者，亦一節士。少放肆爲俠行，因酒殺人亡命。會赦，出，更折節讀書，能爲歌詩。然恃故時所負，不能俛仰貴人，常穿屐、破衣。聞愈接天下士，步歸之，作冰柱、雪車二詩，出盧仝、孟郊右。樊宗師見，爲獨拜。能面道人短長，其服義則又彌縫若親其屬然。後以爭語不能下賓客，因持愈金數斤去，曰：「此諛墓中人得耳，不若與劉君爲壽。」愈不能止，歸齊、魯，不知所終。

贊曰：唐興，承五代剖分，王政不綱，文弊質窮，𪏭俚混並。天下已定，治荒剔蠹，討究儒術，以興典憲，薰醲涵浸，殆百餘年，其後文章稍稍可述。至貞元、元和間，愈遂以六經之文爲諸儒倡，障隄末流，反刓以樸，剗僞以眞。然愈之才，自視司馬遷、揚雄，至班固以下不論也。當其所得，粹然一出於正，刊落陳言，橫騖別驅，汪洋大肆，要之無抵捂聖人者。其道蓋自比孟軻，以荀況、揚雄爲未淳，寧不信然？至進諫陳謀，排難卹孤，矯拂媮末，皇皇於仁義，可謂篤道君子矣。自晉汔隋，老佛顯行，聖道不斷如帶。諸儒倚天下正議，助爲怪神。愈獨喟然引聖，爭四海之惑，雖蒙訕笑，跆而復奮，始若未之信，卒大顯於時。昔孟軻拒楊、墨，去孔子才二百年。愈排二家，乃去千餘歲，撥衰反正，功與齊而力倍之，所以過況、雄爲不少矣。自愈沒，其言大行，學者仰之如泰山、北斗云。

附錄三：韓文公行狀

李　翺

曾祖泰，皇任曹州司馬。祖叡素，皇任桂州長史。父仲卿，皇任秘書郎，贈尚書左僕射。

公諱愈，字退之，昌黎某人。生三歲，父歿，養於兄會舍。及長，讀書能記他生之所習。年二十五，下進士第。汴州亂，詔以舊相東都留守董晉爲平章事，宣武軍節度使，以平汴州。晉辟公以行，遂入汴州，得試秘書省校書郎，爲觀察推官。晉卒，公從晉喪以出，四日而汴州亂，凡從事之居者皆殺死。武寧軍節度使張建封奏爲節度推官，得試太常寺協律郎。選授四門博士，遷監察御史。爲幸臣所惡，出守連州陽山縣令。政有惠於上。及公去，百姓多以公之姓名其子。改江陵府法曹參軍，入爲權知國子博士。宰相有愛公文者，將以文學職處公。有爭先者，構公語以非之。公恐及難，遂求分司東都。權知三年，改眞博士。入省，爲分司都官員外郎。改河南縣令，日以職分辨於留守及尹，故軍士莫敢犯禁。入爲職方員外郎，華州刺史奏華陰縣令柳澗有罪，遂將貶之，公上疏請發御史辨曲直，方可處以罪，則下不受屈。既柳澗有犯，公由是復爲國子博士。改比部郎中，史館修撰，轉考功郎中，修撰如故。數月，以考功知制誥。

上將平蔡州，先命御史中丞裴公度使諸軍以視兵。及還，奏兵可用，賊勢可以滅，頗與宰相意忤。既數月，盜殺宰相。又害中丞，不克，中丞微傷，馬逸以免。遂爲宰相，以主東兵。自安祿山起范陽，陷兩京，河南北六七鎭節度使身死，則立其子，作軍於表以請，朝廷因而與之。及貞元季年，雖順地節將死，多卽軍中取行軍副使將校以授之節，習以成故矣。朝廷之賢，恬於所安，以苟不用兵爲貴，議多與裴丞相異。唯公以爲盜殺宰相而遂息兵，其爲懦甚大，兵不可以息。以天下力取三州，尚何不可？與裴丞相議合，故兵遂用。而宰相有不便之者。月滿，遷中書舍人，賜緋魚袋，後竟以他事改太子右庶子。元和十二年秋，以兵老久屯，賊未滅，上命裴丞相爲淮西節度使，以招討之，丞相請公以行。於是以公兼御史中丞，賜三品衣魚，爲行軍司馬，從丞相居於郾城。公知蔡州精卒悉聚界上，以拒官軍，守城者率老弱，且不過千人，亟白丞相，請以兵三千人間道以入，必擒吳元濟。丞相未及行，而李愬自唐州文城壘，提其卒以夜入蔡州，果得元濟。蔡州既平，布衣柏耆以計謁公，公與語奇之，遂白丞相曰：「淮西滅，王承宗膽破，可不勞用衆，宜使辯士奉相公書，明禍福以招之，彼必服。」丞相然之，公令柏耆口占爲丞相書，明禍福，使柏耆袖之以至鎮州。承宗果大恐，上表請割德、棣二州以獻。丞相歸京師，公遷刑部侍郎。

歲餘，佛骨自鳳翔至，傳京師諸寺，百姓有燒指與頂以祈福者。公奏疏言，自伏羲至周文、武時，皆未有佛，而年多至百歲，有過之者。自佛法入中國，帝王事之，壽不能長。梁武帝事之最謹，而國大亂，請燒棄佛骨。疏入，貶潮州刺史，移袁州刺史。百姓以男女爲人隸者，公皆計傭以償其直，而出歸之。

入遷國子祭酒，有直講能說禮而陋於容，學官多豪族子，擯之不得其食。公命吏曰：「召直講來，與祭酒共食。」學官由此不敢賤直講。奏儒生爲學官，日使會講，生徒多奔走聽聞，皆相喜曰：「韓公來爲祭酒，國子監不寂寞矣。」改兵部侍郎。

鎭州亂，殺其帥田弦正，征之不克，遂以王廷湊爲節度使。詔公往宣撫，旣行，衆皆危之。元稹奏曰：「韓愈可惜。」穆宗亦悔，有詔令至境觀事變，無必於入。公曰：「安有受君命而滯留自顧？」遂疾驅入，廷湊嚴兵拔刃弦弓矢以逆。及館，甲士羅於庭，公與廷湊監軍使三人就位。旣坐，廷湊言曰：「所以紛紛者，乃此士卒所爲，本非廷湊心。」公大聲曰：「天子以爲尙書有將帥材，故賜之以節。實不知公共健兒語未得，乃大錯。」甲士前奮言曰：「先太史爲國打朱滔，滔遂敗走，血衣皆在，此軍何負朝廷，乃以爲賊乎？」公告曰：「兒郎等且勿語，聽愈言。愈將爲兒郎已不記先太史之功與忠矣，若猶記得，乃大好。且爲逆與順利害，不能遠引古事，但以天寶來禍福，爲兒郎等明之。安祿山、史思明、李希烈、梁崇義、朱滔、朱泚、吳元濟、李師道復有若子若孫在乎？亦有居官者乎？」衆皆曰：「無。」又曰：「令公以魏博六州歸朝廷，爲節度使，後至中書令，父子皆受旄節，子與孫雖在童幼者，亦爲好官。窮富極貴，寵榮耀天下。劉悟、李祐皆居大鎭，王承元年始十七，亦杖節。此皆三軍耳所聞也。」衆乃曰：「田弦正刻此軍，故軍不安。」公曰：「然，汝三軍亦害田令公身，又殘其家矣，復何道？」衆乃讙曰：「侍郎語是，侍郎語是。」廷湊恐衆心動，遽麾衆散出，因泣謂公曰：「侍郎來，欲令廷湊何所爲。」公曰：「神策六軍之將，如牛元翼比者不少，但朝廷顧大體，不可以棄之耳，而尙書久圍之何也？」廷湊曰：「卽出之。」公曰：「若眞耳，則無事矣。」因與之宴而歸，而牛元翼果出。及還，於上前盡奏與廷湊及三軍語。上大悅曰：「卿直向伊如此道。」由是有意欲大用之。王武俊贈太師，呼太史者，燕趙人語也。

轉吏部侍郎，凡令史皆不鎖，聽出入。或問公，公曰：「人所以畏鬼者，以其不能見也。鬼如可見，則人不畏之矣。選人不得見令史，故令史勢重，聽其出入，則勢輕。」改京兆尹，兼御史大夫，特詔不就御史臺謁，後不得引爲例。六軍將士皆不敢犯，私相告曰：「是尙欲燒佛骨者，安可忤？」故盜賊止。遇旱，米價不敢上。李紳爲御史中丞，械囚送府，使以尹杖杖之。公曰：「安有此？」使歸其囚。是時紳方幸，宰相欲去之，故以臺與府不協爲請，出紳爲江西觀察使，以公爲兵部侍郎。紳既復留，公入謝，上曰：「卿與李紳爭何事？」公因自辨。數日復爲吏部侍郎。長慶四年得病，滿百日假；既罷，以十二月二日卒於靖安里第。

公氣厚性通，論議多大體，與人交，始終不易。凡嫁內外及交友之女無主者十人。幼養於嫂鄭氏，及嫂歿，爲之服朞以報之。深於文章，每以爲自揚雄之後，作者不出，其所爲文，未嘗效前人之言，而固與之並。自貞元末，以至於茲，後進之士，其有志於古文者，莫不視公以爲法。有集四十卷，小集十卷。及病，遂請告以罷。每與交友言既終以處妻子之語，且曰：「某伯兄德行高，曉方藥，食必視本草，年止於四十二。謀疏愚，食不擇禁忌，位爲侍郎，年出伯兄十五歲矣，如又不足，於何而足？且獲終於牖下，幸不至失大節，以下見先人，可謂榮矣。」享年五十七，贈禮部尙書。謹具任官事跡如前，請牒考功，下太常定謚，並牒史館，謹狀。

附錄四：韓文公墓銘

皇甫湜

長慶四年八月，昌黎韓先生既以疾免吏部侍郎，書諭湜曰：「死能令我躬所以不隨世磨滅者，唯子以爲囑。」其年十二月丙子，遂薨。明年正月，其孤昶使奉功緒之鐵繼訃以至。三月癸酉，葬河南河陽，乃哭而敍銘其墓。其詳將揭之於神道碑云。

先生諱愈，字退之。後魏安桓王茂六代孫。祖朝散大夫桂州長史諱叡素，父秘書郎贈尚書左僕射仲卿。先生七歲好學，言出成文。及冠，恣爲書以傳聖人之道。人始未信，既發不掩，聲震業光，衆方驚爆而萃排之。乘危將顚，不懈益張，卒大信於天下。先生之作，無圓無方，至是歸工。抉經之心，執聖之權，尚友作者，跋邪觝異，以扶孔氏，存皇之極。知與罪非我計。茹古涵今，無有端涯，渾渾灝灝，不可窺校。及其酣放，豪曲快字，凌紙怪發，鯨鏗春麗，驚耀天下。然而栗密窈眇，章妥句適，精能之至，入神出天。嗚呼！極矣。後人無以加之矣。姬氏以來，一人而已矣。

始先生以進士三十有一仕，歷官，其爲御史尚書郎中書舍人，前後三貶，皆以疏陳治事，廷議不隨，爲罪。常惋佛老氏法，潰聖人之隄，乃唱而築之。及爲刑部侍郎，遂章言憲宗迎佛骨非是，任爲身恥，震怒天顏。先生處之安然，就貶八千里海上。嗚呼！古所謂非苟知之，亦允蹈之者耶！吳元濟反，吏兵久屯無功，國涸將疑，衆懼恟恟。先生以右庶子兼御史中丞行軍司馬。宰相軍出潼關，請先乘遽至汴，感說都統，師乘遂和，卒擒元濟。王庭湊反，圍牛元翼於深，救兵十萬，望不敢前。詔擇廷臣往諭，衆慄縮，先生勇行。元稹言於上曰：「韓愈可惜。」穆宗悔，馳詔無徑入。先生曰：「止，君之仁。死，臣之義。」遂至賊營，麾其衆責之，賊惶汗伏地，乃出元翼。春秋美臧孫辰告糴於齊，以爲急病，校其難易，孰爲宜褒？嗚呼！先生眞古謂大臣者耶！遷拜京兆尹，斂禁軍，帖旱糴，獻倖臣之鋌，再爲吏部侍郎，薨年五十七，贈禮部尙書。

先生與人洞朗軒闢，不施戟級。族姻友舊不自立者，必待我然後衣食嫁娶喪葬。平居雖寢食未嘗去書，怠以爲枕，飡以飴口，講評孜孜，以磨諸生。恐不完美，游以詼笑嘯歌，使皆醉義忘歸。嗚呼！可謂樂易君子鉅人者矣。

夫人高平郡范陽盧氏，孤前進士昶，壻左拾遺李漢，集賢校理樊宗懿，次女許嫁陳氏，三女未笄。

銘曰：

維天有道，在我先生。萬頸胥延，坐廟以行。令望絕邪，痌此四方。惟聖有文，乖微歲千。先生起之，焯役於前。彍義滂仁，耿照充天。有如先生，而合亙年。按我章書，經紀大環。唫不時施，昌極後昆。噫嘻永歸，奈知之悲。

附錄五：研究韓愈散文參考資料類列

韓愈是我國中唐時期的文學家、思想家、政治家。其在文學、思想、政治等各方面的成就與卓識，對當時及後世均發生廣泛的影響，受到天下學者們的矚目。後世研究他而卓然有成的名家，代不乏人。今爲方便讀者的繼續鑽研，特將平日蒐輯所得，分爲韓愈文集，專門著作，單篇論文等三部分，開列於後，俾便檢索。至於非以韓愈及其散文爲主題之其他論著，概不計算在內。

一、韓愈文集部分

昌黎先生集　臺灣國立故宮博物院善本叢書。

方崧卿「韓集舉正」　文淵閣四庫全書本　臺北商務。

朱文公校昌黎先生集　四部叢刊初編縮本　臺北商務。

祝充音註韓文公文集　文祿堂本　美國康奈爾大學收藏。

王伯大重編「別本韓文考異」　文淵閣四庫全書本　臺北商務。

廖瑩中「東雅堂昌黎文集註」　文淵閣四庫全書本　臺北商務。

魏仲舉編「五百家註昌黎文集」　文淵閣四庫全書本　臺北商務。

陳景雲「韓集點勘」　文淵閣四庫全書本　臺北商務。

曾滌生「音注韓昌黎文」　臺北華正。
蔣箸超「註釋評點韓昌黎文全集」　上海會文堂本　臺北廣文。
馬其昶「韓昌黎文集校注」　臺北華正。
童第德「韓集校詮」　北京中華。
莊適、臧勵龢「選註韓愈文」　人人文庫本　臺北商務。
金民天「韓柳散文選」　臺北新文豐。
殷孟倫、楊慧文「韓愈散文選注」　上海古籍。
童第德「韓愈文選」　北京新華。
胡楚生「韓文選析」　臺北華正。
顧易生、徐粹育「注解韓愈散文選」　香港三聯。
呂晴飛主編「韓愈散文新賞」　臺北地球。

二、專門著作部分

呂大防「韓吏部文公集年譜」　北京中華。
程俱「韓文公歷官記」　北京中華。
洪興祖「韓子年譜」　北京中華。
樊汝霖「韓文公年譜」　北京中華。

方崧卿「韓文年表」　北京中華。
顧嗣立「昌黎先生年譜」　北京中華。
方成珪「昌黎先生詩文年譜」　北京中華。
馬曰璐「韓柳年譜」　臺北商務。
林紓「韓柳文研究法」　臺北廣文。
龔書熾「韓愈與其古文運動」　四川商務。
羅克典「論韓愈」　臺北國家。
羅聯添「韓愈研究」　臺北學生。
錢基博「韓愈志」　臺北華正。
蘇文擢「韓文四論」　香港自印本。
錢冬父「韓愈」　北京中華。
周康燮「韓柳文學研究叢刊」　香港龍門。
周康燮「韓愈研究論叢」　香港大東圖書。
朱傳譽「韓愈傳記資料」　臺北天一。
何法周「韓愈新論」　開封河南大學出版社。
韓愈學術討論編委會編「韓愈研究論文集」　廣州廣東人民。
韓廷一「韓昌黎思想研究」　臺北商務。

存萃學社編「韓愈研究論叢」　臺北大東圖書公司。
張特生「韓愈」　臺北商務中國歷代思想家。
黃華表「韓文導讀」　香港大道。
孫昌武「韓愈散文藝術論」　天津南開大學出版社。
鄧潭洲「韓愈研究」　湖南教育出版社。
陳克明「韓愈述評」　北京中國社會科學出版社。
金性堯「夜闌話韓柳」　香港中華。
黃雲眉「韓愈柳宗元文學評價」　香港龍門。
清水茂「韓愈」　日本東京筑摩書房。
前野直彬「韓愈の生涯」　日本東京秋山書局。
齋藤義著、譚繼山譯「韓愈」　臺北萬盛。
劉耕路「韓愈及其作品」　長春吉林人民出版社。
陳幼石「韓柳歐蘇古文論」　上海文藝出版社。
汪淳「韓歐詩文比較研究」　臺北文史哲。
聯合報社編「誹韓案論叢」　臺北聯合報社。
鄧國光「韓愈文統探微」　臺北文史哲。
簡添興「韓愈之思想及其文論」　臺灣師大碩士論文。一九七八、六。

吳達芸「韓愈生平及其詩之研究」　臺灣臺大碩士論文。一九六一、六。
儲砥中「韓柳文比較研究」　臺灣政大碩士論文。一九六六、六。
王士瑞「韓文研究」　臺灣政大碩士論文。一九七七、六。
方介「韓柳比較研究」　臺灣臺大博士論文。一九九〇、六。
黎光蓮「韓文公闢佛的研究」　臺灣師大博士論文。一九八一、七。
吳華陽「韓愈文結構的研究」　臺灣高師院碩士論文。一九七九、六。
柳在國「韓愈文述要」　臺灣高師院碩士論文。一九八六、一。
李章佑「韓退之散文研究」　韓愈漢城大學中文碩士論文。一九六五、二。
李章佑「韓昌黎文體研究」　臺灣臺大碩士論文。一九六八、六。
蔣美華「韓柳交誼及其相角作品之研究」　臺灣高師院碩士論文。一九八八、一二。
張哲鎬「韓愈文學思想研究」　韓國成均館大學中文碩士論文。一九八四、八。
李鍾漢「韓愈散文之分析與研究」　韓國漢城大學中文博士論文。一九九二、二。
韓愈資料彙編（上、下）册　臺北學海。

三、單篇論文部分

陳登原「韓愈評」　金陵學報二卷二期。
梁居平「論韓退之對唐宋以後文章之影響」　文史學報二期。

陳柱「證韓篇」 國學專刊一卷三期。
陳幼石「韓愈的古文」 清華學報新七卷一期。
陳寅恪「論韓愈」 臺北學生書局「中國文學史論文選集㈢」。
屈萬里「滕王閣序的兩個問題」 大陸雜誌十二卷九期。
顧易生「試讀韓愈的尙奇及韓文與辭賦駢文的關係」 文學遺產增刊一〇。
仇永明「韓愈諛墓辨」 華東師大學報一九八二年第三期。
羅聯添「宋儒對韓愈原道篇批評及其廻響」 臺北學生書局「唐代文學論文集」一九八八、十二。
羅聯添「張籍上韓昌黎書的幾個問題」 臺北學生書局「唐代文學論文集」一九八九、五。
羅聯添「韓文淵源與傳承」 臺北學生書局「書目季刊」。
羅聯添「韓文辭句來源與改造」 臺北學生書局「書目季刊」。
羅聯添「韓愈事蹟考述」 臺北國立編譯館館刊。
熊煥章「韓愈里籍考」 臺灣法商學報七期。
任卓宣「韓愈原道中的道統論」 臺灣中華文化復興月刊三卷一一期。
周世輔「論理學先驅韓愈李翺的哲學思想」 臺灣反攻三五七期。
李金城「韓愈古文論」 臺灣高雄師院學報一期。
葉慶炳「從平淮西碑看韓愈的古文」 臺灣現代文學第三五期。
袁飛翰「韓愈三至廣東及其影響」 香港珠海學報第八期。

何澤恒「韓愈與歐陽修」　臺灣學生書局書目季刊十卷四期。
淡江中文系「韓愈詩文彙評」　臺灣文史季刊第一、二期。
路劍「建國以來韓柳評價論爭簡介」　大陸新華文摘一九八三、六。
盧盛江「韓愈氣說的特點」　大陸江西師大學報一九八六、三。
范道濟「試論韓愈的碑誌作品」　大陸上海師大學報一九八六、三。
任訪秋「論韓愈和柳宗元的散文」　大陸新建設第九期一九五七。
劉國盈「論韓愈的散文藝術」。(不明出處)
李嘉言「韓愈詩文系年辨證」　李嘉言古典文學論集　上海古籍。
李嘉言「評龔書熾『韓愈及其古文運動』」　國文月刊第四〇期。
丁振家「對韓愈及其文學的評價」　大陸文學遺產增輯第五輯。
曾子魯「試析韓愈散文立意謀篇的『奇』處」　大陸江西師院學報第四期一九八二。
吳文治「韓愈研究述評」　大陸蘇州大學學報一九八二、二。
吳小林「論韓愈散文的結構美」　大陸文學評論一九八六、一。
劉大杰「韓愈與古文運動」　大陸學習與批判一九七六、四。
李嘉言「韓愈復古運動的新探索」　文學二卷六期。
李建崑「論韓愈贈僧徒詩」　臺灣與大中文學報二期。
李光富「論韓愈並不諛墓」　大陸四川大學學報一九八九、一。

張立偉「韓愈氣盛言宜新探」　大陸文學遺產一九八八、四。
李章佑「韓愈文小考」　韓國中國學報三。
李章佑「韓愈文研究緒說」　韓國中國文學報三期。
李章佑「韓昌黎序類文研究」　韓國淵民李家源博士六秩頌壽紀念論叢。一九七七、四。
李章佑「韓愈的古文理論」　韓國東洋學一四期。
李章佑「韓愈的古文運動」　韓國中國學報二五期。
張靜二「韓愈的氣盛言宜說」　臺灣中外文學一六卷七期。
鄭騫「古今誹韓考辨」　臺灣書目季刊一一卷四期。
陳光崇「關於評價韓愈的幾個問題」　大陸光明日報，一九七八、一。
崔琴玉「韓愈文論的特徵與古文運動的開展」　韓國中國文學一六期。
許捲朱「韓愈詩文在韓國」　韓國中國語文學九期。
洪寅杓「韓、柳、劉的天人關係論」　韓國車柱環博士頌壽論文集。一九八一、八。
孫昌武「關於『論語筆解』，韓愈研究中值得重視的一份材料」　香港國際潮訊第十六期一九九二、十二。
劉振亞「『韓昌黎集』的流傳與北宋古文運動」　香港國際潮訊第十六期一九九二、十二。

附錄六：

本書作者已出版著作年表（根據出版年月編訂）

一、專門著作部分

一、中國文化概論　民國五十七年八月　海天出版社印行

二、賈誼學述三編　民國六十年十一月　自印

三、籀廎學記（一名孫詒讓先生之生平及其學術）　民國六十一年八月　文史哲出版社印行

四、晏子春秋研究　民國六十五年三月　文史哲出版社印行

五、文心雕龍研究　民國六十五年三月　文史哲出版社印行

六、文心雕龍導讀　民國六十六年三月　華正書局印行

七、陸賈　民國六十七年七月　臺灣商務印書館印行

八、賈誼　民國六十七年七月　臺灣商務印書館印行

九、孝園尊者戴傳賢傳　民國六十七年十二月　近代中國出版社印行

一〇、重修增訂文心雕龍研究　民國六十八年七月　文史哲出版社印行

一一、文心雕龍范注駁正　民國六十八年十月　華正書局印行

一二、文心雕龍研究論文選粹　民國六十九年八月　育民出版社印行
一三、我們的國旗　民國七十年一月　中央文物供應社印行
一四、我們的國名　民國七十年一月　中央文物供應社印行
一五、我們的國歌　民國七十年一月　中央文物供應社印行
一六、我們的國徽和國花　民國七十年一月　中央文物供應社印行
一七、國文教學新論　民國七十一年四月　明文書局印行
一八、三民主義的文藝創作原理　民國七十二年七月　中央文物供應社印行
一九、中國國民黨與中華文化　民國七十三年十一月　中央文物供應社印行
二〇、文心雕龍讀本（上下册）　民國七十四年三月　文史哲出版社印行
二一、晏子春秋今註今譯　民國七十六年八月　臺灣商務印書館印行
二二、重修增訂文心雕龍導讀　民國七十七年三月　華正書局印行
二三、中國文學的本源　民國七十七年十一月　臺灣學生書局印行
二四、中國文學講話　民國七十九年七月　三民書局印行
二五、文心雕龍新論　民國八十年五月　文史哲出版社印行
二六、韓愈散文研讀　民國八十二年十一月　文史哲出版社印行
二七、柳宗元散文研讀　民國八十三年七月　文史哲出版社印行
二八、文心雕龍選讀（大學用書）　民國八十三年十月　國立編譯館主編，巨流圖書公司印行

二九、中國古代文學理論的秘寶—文心雕龍　民國八十四年七月　黎明文化事業公司印行
三〇、歐陽修散文研讀　民國八十五年五月　文史哲出版社印行
三一、國文教學面面觀　民國八十五年六月　臺灣師範大學中輔會印行

二、編纂著作部分

一、六十年文心雕龍之研究　民國六十四年五月　見程師旨雲主編，正中書局發行的「六十年來之國學」(五)四五三至五一〇頁。
二、中國歷史　見高師仲華主編，黎明文化公司出版之中華文化百科全書第二編第一章。
三、中國氏族　見高師仲華主編，黎明文化公司出版之中華文化百科全書第二編第二章。
四、中國工技　見高師仲華主編，黎明文化公司出版之中華文化百科全書第四編第三章。
五、中國文學　見高師仲華主編，黎明文化公司出版之中華文化百科全書第五編第三章。
六、白話資治通鑑周紀五卷、秦紀三卷　民國七十三年三月　見黃師錦鋐主編，文化圖書公司出版之白話資治通鑑第一册
七、中國文學概論辭賦、詞曲兩部分　民國七十六年十一月　見國立空中大學出版之中國文學概論第二章，八一頁至一八二頁，第五章一頁至一二二頁。
八、今註今譯古文觀止　民國八十一年十一月　見高師仲華主編，黎明文化事業公司出版，書中經由作者註譯的古典散文約四十篇。

三、有聲著作部分

一、中國歷代詩詞曲文美讀一套二捲　民國七十二年四月　錄有吟誦作品八十首，由師大視聽教育館監製，師大員工國文進修班補充教材。

二、中國歷代詩詞曲文美讀一套四捲　民國七十二年六月　錄有吟誦作品六十四首，由臺北華陽文教出版公司發行。

三、最新增訂中國歷代詩詞曲文錄音帶一套四捲　民國七十七年一月　錄有吟誦作品八十首，由臺北華陽文教出版公司發行。